AF371079

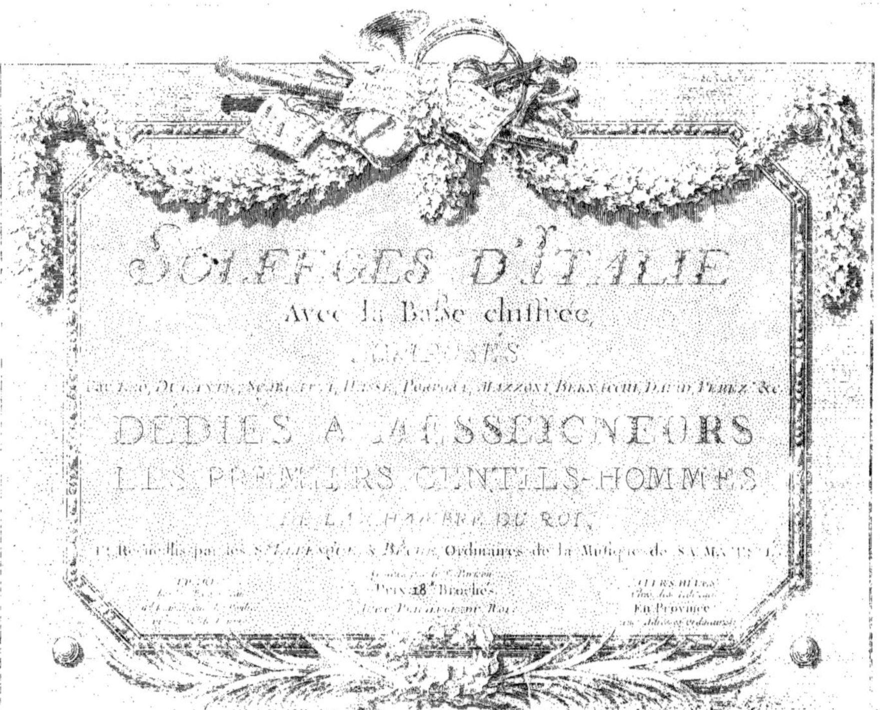
SOLFEGES D'ITALIE
Avec la Basse chiffrée
par LEO, DURANTE, SCARLATTI, HASSE, PORPORA, MAZZONI, BERNACCHI, DAVID, PEREZ &c
DEDIES A MESSEIGNEORS
LES PREMIERS GENTILS-HOMMES
DE LA CHAMBRE DU ROI
Recueillis par les S.rs LEVESQUE & BÉCHE, Ordinaires de la Musique de S.A M.
Prix 18.t Broché
Avec Privilege du Roi
A PARIS
En Province

A Messeigneurs Les Premiers Gentils-Hommes
de la Chambre du Roi.

Messeigneurs

La confiance dont vous avez bien voulu nous honorer en nous chargeant de l'Éducation des Pages de la
Musique de Sa Majesté, est le motif qui nous fait rechercher tout ce qui peut servir à leur
avancement dans les sçavantes. Nous renfermés dans cette Methode, ne pouvons que recueillir les vues que nous
nous proposons à ce sujet, la célébrité des Auteurs qui les ont composées, est la seule qui nous fait prendre
la liberté de vous faire hommage d'un ouvrage né du Calcul.

Nous sommes avec le plus profond Respect,

Messeigneurs

Vos très humbles et très obéissants serviteurs
P. Levesque & Bêche

PREFACE

LES ÉDITEURS de cet Ouvrage, en cherchant a se procurer les Solféges des grands Maîtres d'Italie, n'ont eu d'abord d'autres vues que l'avancement des Pages de la Musique du Roi, dont l'éducation leur est confiée. Les Progrès rapides que ces jeunes-gens font dans la Musique, depuis qu'ils sont enseignés avec ces sçavantes Leçons, ont fait naître l'idée d'en recueillir une plus grande quantité, dans laquelle on a fait choix de celles qui composent cette Méthode. La plus grande partie n'étoit pas chiffrée, parcequ'on est dans l'usage en Italie d'accompagner sans ce secours. Il y a aussi en France beaucoup d'Artistes qui possedent cette Science au plus haut degré de perfection : mais comme cette Méthode est destinée pour les Commençants, on a jugé nécessaire que tous les accords y fussent indiqués suivant l'usage reçu.

La pluspart des Maîtres à Chanter sont dans l'habitude de faire Solfier leurs Élèves sans les accompagner ; il est certain que pour apprendre à connoître les différens signes de la Musique, et même à chanter à livre ouvert, on peut se passer d'accompagnement : mais les Écoliers conduits de la sorte chantent-ils toujours bien juste ? Cette façon d'enseigner ne peut être utile que jusqu'à un certain point ; il seroit à souhaiter qu'on put l'abandonner pour toujours.

On ne doute nullement que les Maîtres de Musique placés dans les Cathédrales, soient très en état de faire de bonnes Leçons, mais ils n'en ont pas toujours le tems, vu les Ouvrages qu'ils sont obligés de composer pour leurs Églises. Cette Méthode est particulièrement destinée à abriger leur Travail.

En supposant même qu'un Maître voulut prendre la peine d'en composer une quantité suffisante, pour faire l'Éducation entière des Enfans de Chœur dont il est chargé, il seroit presqu'impossible qu'il put donner à ses leçons autant de varieté qu'il s'en trouve dans les Solféges rassemblés de huit ou dix Auteurs différens : on ne sort pas facilement de son genre. D'ailleurs il est essentiel pour l'avancement des Enfants, qu'ils étudient dans les Ouvrages de différens Maîtres : ils se trouvent moins empruntés lorsqu'ils se présentent dans une Place en sortant des Maîtrises.

AVERTISSEMENT.

Cette Méthode est partagée en Quatre Parties.

LA PREMIERE contient les Principes qu'il est indispensable d'apprendre avant de commencer à chanter; ils sont courts, intelligibles, et peuvent se retenir sans beaucoup de peine: ils sont suivis de la Gamme, et de toutes les différentes intonations, sur lesquelles on n'a point mis de Basse, pour ne pas distraire l'Ecolier de l'Intonation des différens intervalles, dont il est censé n'avoir encore aucune idée: cependant si le Maître le juge à propos, il peut de tems-à-autre faire entendre quelques Notes de Basse, pour préparer l'oreille de son Elève à l'Harmonie.

Dans les petits Solféges avec la Basse qui terminent cette première Partie, on s'est attaché à ne mettre que des intonations très faciles, et le chant le plus simple, afin que l'Ecolier s'accoutume sans peine à chanter avec Accompagnement.

La Seconde Partie présente toutes les Clefs, et les trois mesures usitées avec leurs composés: on n'a pas cru qu'il fût nécessaire de mettre des Solféges à la Clef de Sol sur la première ligne, parceque celle de Fa sur la Quatrième le représente pour la Position des Notes.

On trouvera dans la Troisième Partie des Solféges sur tous les Tons, suivant l'ordre des Dièzes et des Bémols, ainsi que beaucoup d'autres mêlés, dans lesquels les plus grandes difficultés se succèdent par gradation.

La Quatrième renferme douze Solféges en Trio, composés chacun de trois Morceaux.

Le Mouvement est indiqué au Commencement de chaque Leçon: en voici l'Explication pour ceux qui n'entendent pas l'Italien.

Explication des Termes Italiens.

Cantabile. Chanter mélodieusement sans forcer ni gêner la Voix.	Con Brio. Avec Gaieté et Eclat.
Largo ou Lento. Le plus lent des mouvemens, il exige que les sons soient filés.	Tempo Giusto. Dans le Mouvement propre à la Mesure.
Larghetto. Un peu moins Lent que le Largo.	Grazioso. Gracieusement.
Adagio. Posément.	Moderato. Mouvement moyen entre le Lent et le Gai.
Affettuoso. Affectueusement, mouvement moyen entre le Cantabile et l'Allegro.	Sostenuto. Soutenu.
Andante. Gracieusement et détaché.	Mezzo Forte ou Mezza Voce. à demi-voix ou à demi jeu.
Andantino. Un peu moins vite que l'Andante.	Piano ou Doucement.
Allegro. Gai.	Pianissimo. Très doux.
Allegretto. Moins vif que l'Allegro.	Forte. Fort.
Grazioso. Tendrement, Passionnément.	Fortissimo. Très fort.
Vivace. Gai et animé.	
Presto. Vite.	
Prestissimo ou Presto assai. Très vite.	

PRINCIPES DE MUSIQUE.

ON se sert en France de sept Sillabes pour prononcer les Notes de la Gamme, sçavoir, Ut, Re, Mi, Fa, Sol, La, Si.

Il y a trois Clefs qui donnent le Nom à ces sept Notes, qui sont la Clef d'Ut, la Clef de Sol, et la Clef de Fa.

La Clef d'Ut se peut poser sur quatre lignes, sur la première, seconde, troisième et quatrième en montant. La Clef de Sol ne se pose que sur deux, sur la première et seconde en montant. Celle de Fa ne se pose aussi que sur deux Lignes, sur la troisième et quatrième en montant.

EXEMPLES

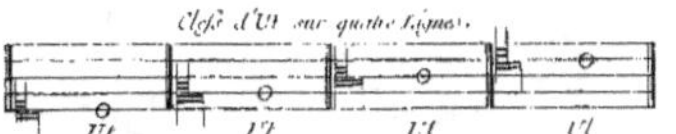

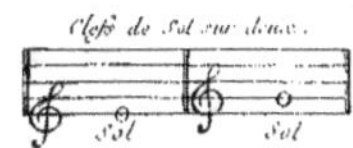

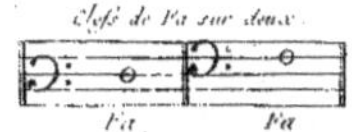

Il y a sept espèces de Notes, que l'on nomme Ronde, Blanche, Noire, Croche, Double-Croche, Triple-Croche et Quadruple-Croche. Chacune de ces Notes a une Figure différente qui détermine sa valeur, et un Signe qui lui répond, pour observer les silences.

FIGURES des Notes et des Signes qui leur répondent.

Ronde	Blanche	Noire	Croche	Double-Croche	Triple-Croche	Quadruple-Croche
Pause	Demi-Pause	Soupir	Demi-Soupir	Quart de Soupir	Demi-Quart de Soupir	Seizième de Soupir
Bâton valant 4 Pauses	Bâton valant 2 Pauses					

Le Point vaut toujours la moitié de la Note qui le précède, de sorte que s'il est après une Ronde, il vaut une Blanche, après une Blanche il vaut une Noire, ainsi de suite jusqu'à la Triple-Croche, après laquelle il vaut une Quadruple-Croche.

EXEMPLE

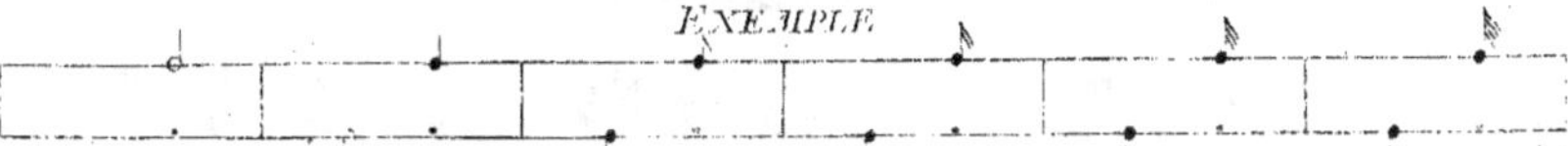

10.

Il y a trois Accidens dans la Musique, Sçavoir le Dièze ♯, le Bémol ♭, et le Béquarre ♮. Le ♯ sert à hausser la note d'un demi Ton, le ♭ à la baisser d'un demi Ton, et le ♮ la remet dans son Ton naturel.

Il y a trois Mesures principales, Sçavoir La Mesure à deux Tems, qui se marque par un 2 ou un ¢. La Mesure à trois Tems, qui se marque par un 3, et La Mesure à quatre Tems, qui se marque par un C.

Il y a plusieurs autres Mesures composées de celles-cy (Voyez les Exemples suivans.)

EXEMPLES de toutes les Mesures et des Notes qu'elles peuvent contenir.

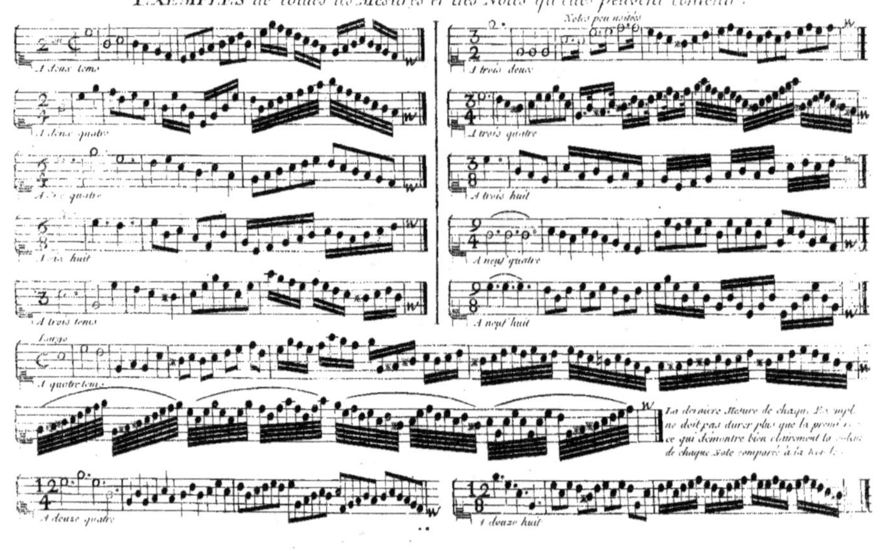

III

On pourroît en démontrer davantage telles que le $\frac{3}{1}$ le $\frac{6}{2}$ &c : mais ces sortes de Mesures ne sont d'aucune utilité ; les Mesures à **2** et **3** Tems égaux pourroient seules suffire à Noter tous les Chants possibles.

Quand il y a deux chiffres l'un sur l'autre, le Chiffre supérieur marque la quantité de Notes qui doit entrer dans la Mesure, et le Chiffre inférieur en marque la qualité ; par exemple, dans la Mesure au Signe $\frac{3}{2}$ il faut trois Notes valant chacune la deuxieme partie d'une Ronde ; Dans la Mesure au Signe $\frac{2}{4}$ il faut deux Notes valant chacune la quatrieme partie d'une Ronde ; Dans la Mesure au Signe $\frac{6}{8}$ il faut six Notes valant chacune la huitieme partie d'une Ronde &c.

Outre le point dont nous avons parlé, il y en a encore de différentes espèces : les uns se nomment **Points d'Orgue**, ou de **Repos**, et les autres **Points détachés**. Les **Points détachés** se placent au dessus ou au dessous des Notes, pour avertir qu'elles doivent se prononcer sèchement et détachées. Le **Point de Repos** se met au dessus des Notes pour suspendre la Mesure. Si ce point est sur la Note finale d'une seule partie, alors on l'appelle **Point d'Orgue** : il faut continuer le son de cette Note, jusqu'à ce que les autres parties arrivent à leur conclusion naturelle.

Points d'Orgue ou de Repos .   Points détachés .

La **Liaison** ou **Syncope** sert à lier deux ou plusieurs Notes ensemble.

La **Reprise** est un Signe de répétition ; quand la Reprise est ponctuée à Gauche et à Droite, elle marque qu'il faut recommencer deux fois ce qui la précède, et ce qui la suit ; quand elle a seulement des Points à sa Gauche on ne répette que ce qui précède ; quand au contraire elle n'en a qu'à sa Droite, on ne répette que ce qui suit.

Le **Renvoi** est un signe qui se place au dessus de la portée, et qui indique l'endroit où il faut reprendre.

Le **Guidon** est un petit signe qui se met à la fin de chaque portée de Musique, et qui indique la Note qui doit commencer à la portée suivante.

EXEMPLES.

Syncopes et Liaisons .   Reprises .   Renvois .   Guidons .

IV

Quand il y a un **3** ou un **6** posés sur une suite de Notes, le **3** avertit qu'il faut passer trois de ces Notes, au-lieu de deux, dans le même espace de tems, sans ralentir la Mesure ; le **6** avertit qu'il en faut passer six au-lieu de Quatre.

EXEMPLE

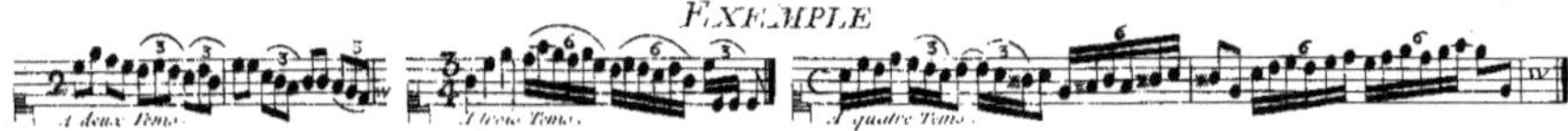

Il n'y a que deux Modes l'un Majeur et l'autre Mineur, aux quels se rapportent tous les Tons. Le Mode est Majeur, quand de la Tonique à la Médiante il y a deux Tons pleins ; il est Mineur quand il n'y a qu'un Ton et demi.

EXEMPLES

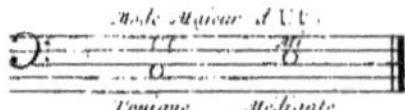

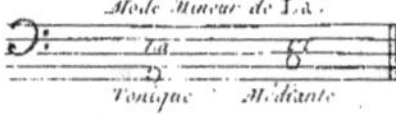

La Gamme ou Octave est composée de cinq Tons, et deux Semi-Tons Majeurs.

EXEMPLE

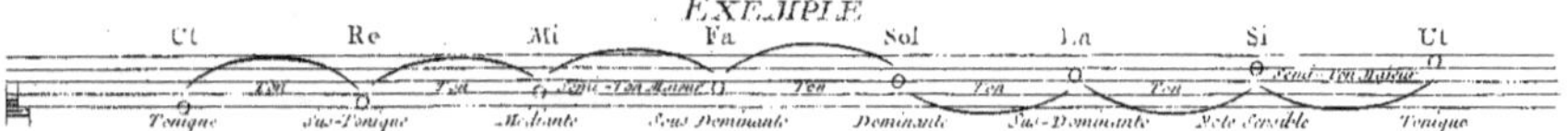

Remarquez que les deux Semi-Tons sont du Mi au Fa, et du Si à l'Ut le Mi est la Médiante du Ton, et le Si en est la Note sensible. Chacun des cinq Tons de la Gamme peut se partager en 2 Semi-Tons l'un Majeur et l'autre Mineur ce qui fait en tout 12 demi-Tons.

EXEMPLE des 12 Demi-Tons.

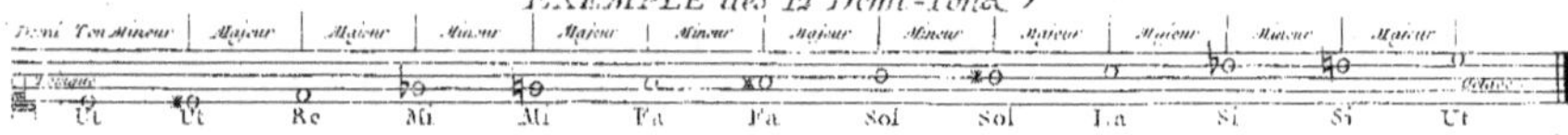

Pour connoître de quelle nature est le demi-Ton, observez que lorsqu'il est Majeur, les 2 Notes qui le forment ont une dénomination différente, et ne sont pas sur le même degré ; quand il est Mineur, les deux Notes sont sur le même degré, et portent le même nom.

Ces douze demi-Tons contenus dans la Gamme, peuvent être chacun en particulier, Toniques dans l'un et l'autre Mode ; il est nécessaire pour cela, d'employer des Dièzes et des Bémols à la Clef. En voici la Régle.

Les Dièzes se posent après la Clef, sur Fa, Ut, Sol, Ré, La, Mi, Si, et les Bémols sur Si, Mi, La, Ré, Sol, Ut, Fa.

On ne sçauroit employer les derniers à la Clef sans employer aussi ceux qui les précédent : par exemple, le Dieze de l'Ut ne se pose qu'avec celui du Fa, celui du Sol, qu'avec les 2 précédens, ainsi des autres. on observe la même Régle pour les Bémols.

On n'est plus dans l'Usage de mettre après la Clef des Dièzes sur le Mi et sur le Si, parceque le Mi Dièze ne diffère point du Fa dans la pratique, comme le Si Dièze ne diffère point de l'Ut. La même raison subsiste pour les Bémols, celui que l'on mettroit sur l'Ut, ne différeroit point du Si dans la pratique, comme celui du Fa ne différeroit point du Mi.

Les Douze demi-Tons contenus dans la Gamme, donnant chacun un Mode Majeur et son Mineur relatif, cela fait en tout vingt quatre Tons; il s'en trouveroit même davantage, si l'on employoit à la Clef les sept Dièzes, ainsi que les sept Bémols; nous n'entreprendrons point d'en développer ici le Système, parcequ'il y seroit déplacé: on peut apprendre à Solfier sans cela. Nous allons seulement donner la connoissance des Tons les plus usités.

EXEMPLE des Tons Majeurs et Mineurs relatifs, par Dièzes et par Bémols, suivant l'Ordre prescrit.

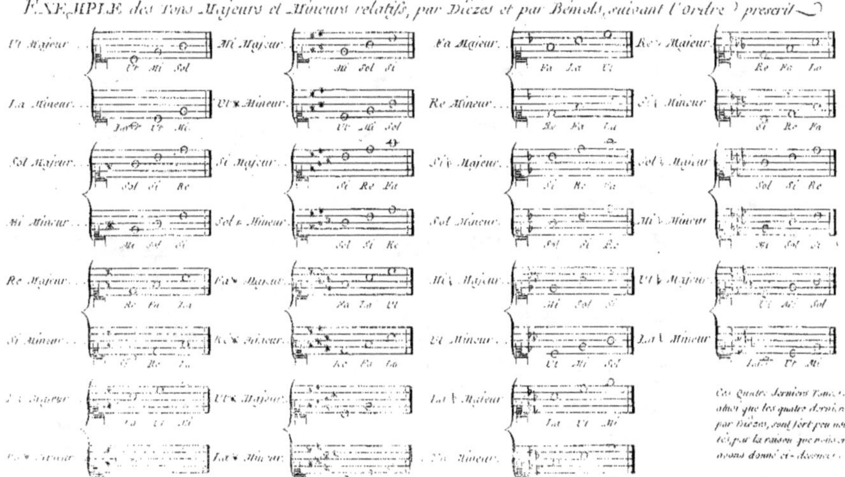

AGRÉMENS DU CHANT.

Il seroit difficile de démontrer d'une manière invariable le nombre précis de tous les Agrémens du Chant, parceque les Maîtres à Chanter en ont adoptés, les uns plus, les autres moins, et qu'ils ne les marquent pas tous de la même façon. Quoiqu'il en soit, nous allions donner ici la connoissance de ceux qui sont le plus généralement reçus; ils sont au nombre de Dix. Sçavoir le Coulé, le Martellement, le Flatté, le Port de Voix feint, le Port de Voix achevé, l'Accent, le Son enflé & diminué, la Chute, le Tour de Gozier et la Cadence, dont il y a plusieurs espèces.

Le Coulé se fait toujours en descendant d'un Ton ou d'un Demi Ton.

Coulé — *Effet*

Pour faire le Martellement, il faut continuer le son de la première Note sur la seconde, et ne tomber sur cette 2.e Note que par un seul coup de gozier.

Martellement — *Effet*

La différence qu'il y a du Flatté au Martellement, c'est que le Flatté est plus lent, et le Martellement plus vif et plus gai.

Flatté — *Effet*

L'un et l'autre Port de voix sont toujours accompagnés d'un Flatté.

Port de Voix feint — *Effet* — *Port de Voix achevé* — *Effet*

L'Accent est une répétition ou Élévation feinte de la voix, qui se fait ordinairement à la fin d'un son soutenu.

Accent — *Effet*

Le Son enflé se fait sur une Note longue, ou sur une tenue: on le commence très doux, et on l'enfle imperceptiblement jusqu'au fort de la voix, et l'on revient au foible en diminuant la voix aussi imperceptiblement.

Son enflé et diminué — *Effet*

Il est des sons qu'on enfle sans les diminuer, et d'autres que l'on commence d'abord en force et que l'on diminue ensuite.

Sons enflés sans être diminués — *Sons commencés en force et diminués*

La Chute est une inflexion tendre de la voix, qui se fait après un son appuyé, et qui tombe comme en mourant sur un degré plus bas.

Chute — *Chute de Basse*

La Cadence parfaite ou achevée, se prépare sur la Note immédiatement au dessus de celle qui doit être tremblée.

Cadence appuyée ou achevée — *Effet*

La préparation de la Cadence brisée est moins appuyée que la précédente.

Cadence brisée — *Effet*

La Cadence subite se bat d'abord sans être préparée.

Cadence subite ou nette

La Cadence feinte se prépare comme la Cadence appuyée, et se termine par un seul Martellement.

Cadence feinte

Cadence avec Chutte et Tour de Gozier.

Chute — *Tour de Gozier*

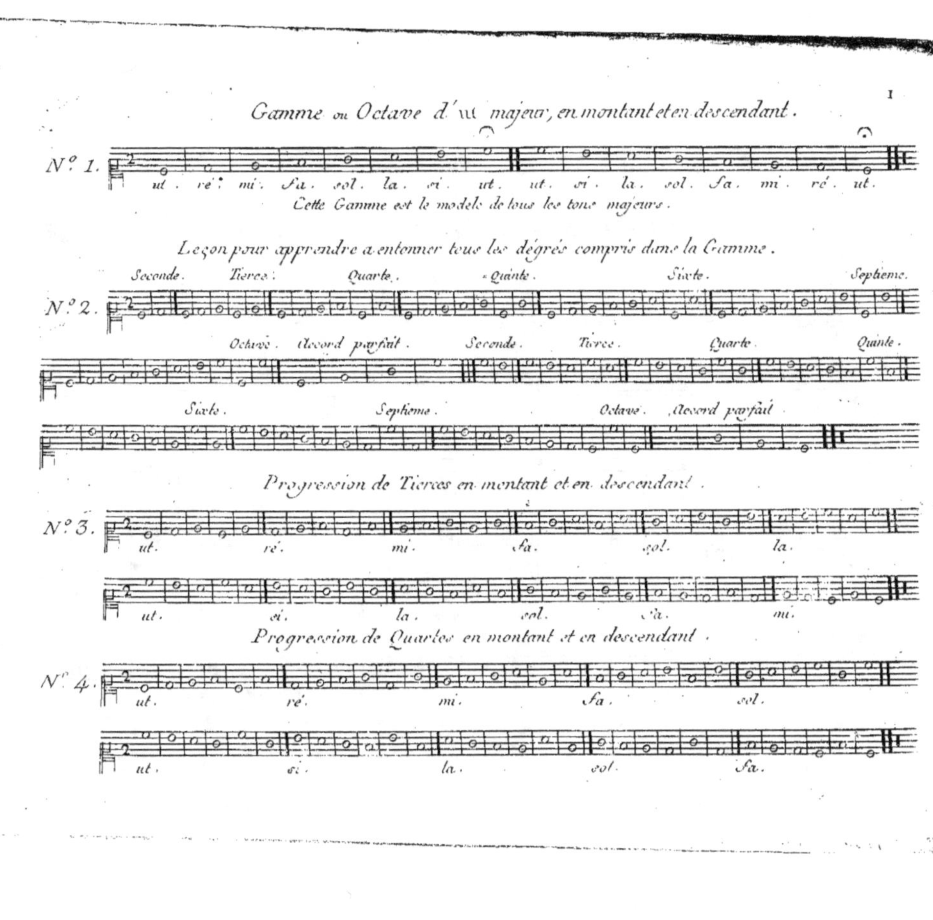

Gamme ou Octave d'ut majeur, en montant et en descendant.
I
N.º 1.
ut. ré. mi. fa. sol. la. si. ut. ut. si. la. sol. fa. mi. ré. ut.
Cette Gamme est le modele de tous les tons majeurs.
Leçon pour apprendre a entonner tous les dégrés compris dans la Gamme.
Seconde. Tierce. Quarte. Quinte. Sixte. Septieme.
N.º 2.
Octave. Accord parfait. Seconde. Tierce. Quarte. Quinte.
Sixte. Septieme. Octave. Accord parfait.
Progression de Tierces en montant et en descendant.
N.º 3.
ut. ré. mi. fa. sol. la.
ut. si. la. sol. fa. mi.
Progression de Quartes en montant et en descendant.
N.º 4.
ut. ré. mi. fa. sol.
ut. si. la. sol. fa.

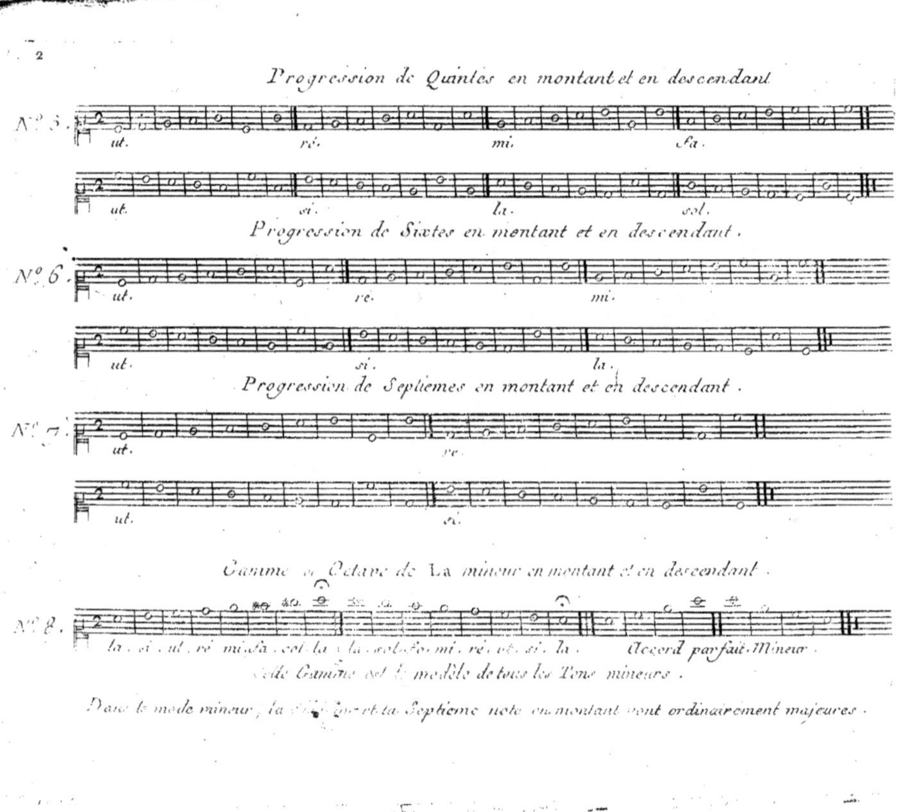

N.º 5.
N.º 6.
N.º 7.
N.º 8.

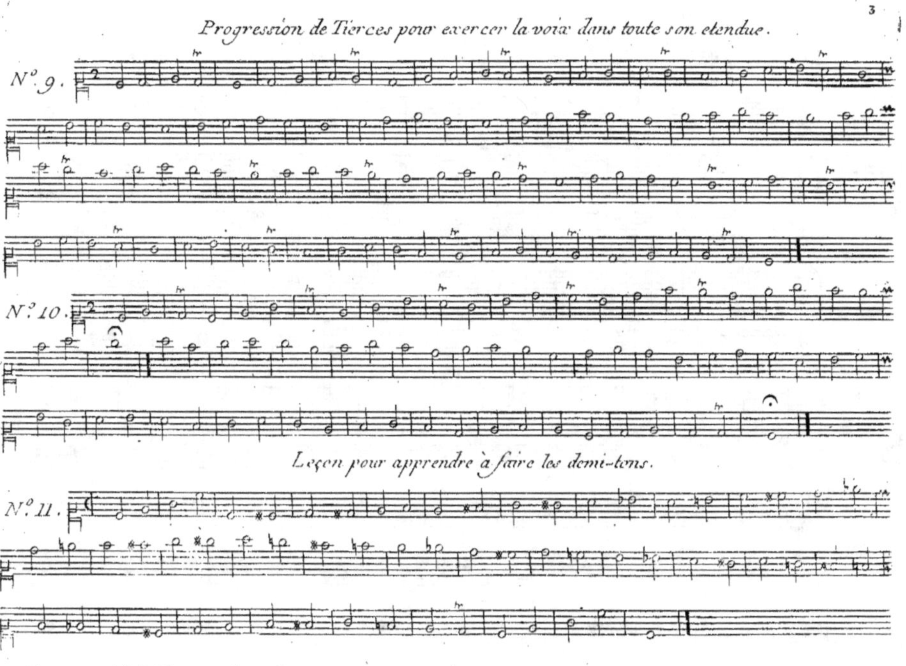

Il est essentiel de bien sçavoir ces petites leçons et les suivantes avant de commencer la 2.^e Partie.

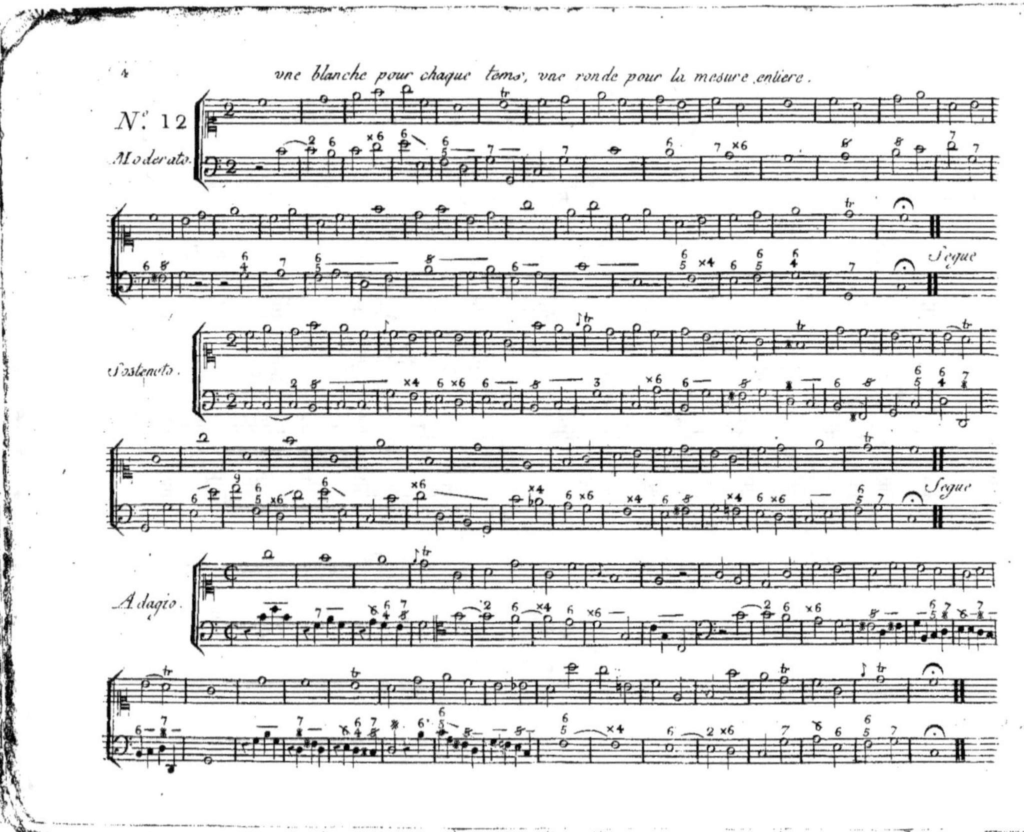

une blanche pour chaque tems, une ronde pour la mesure entiere.
N: 12
Moderato.
Segue
Sostenuto.
Segue
Adagio.

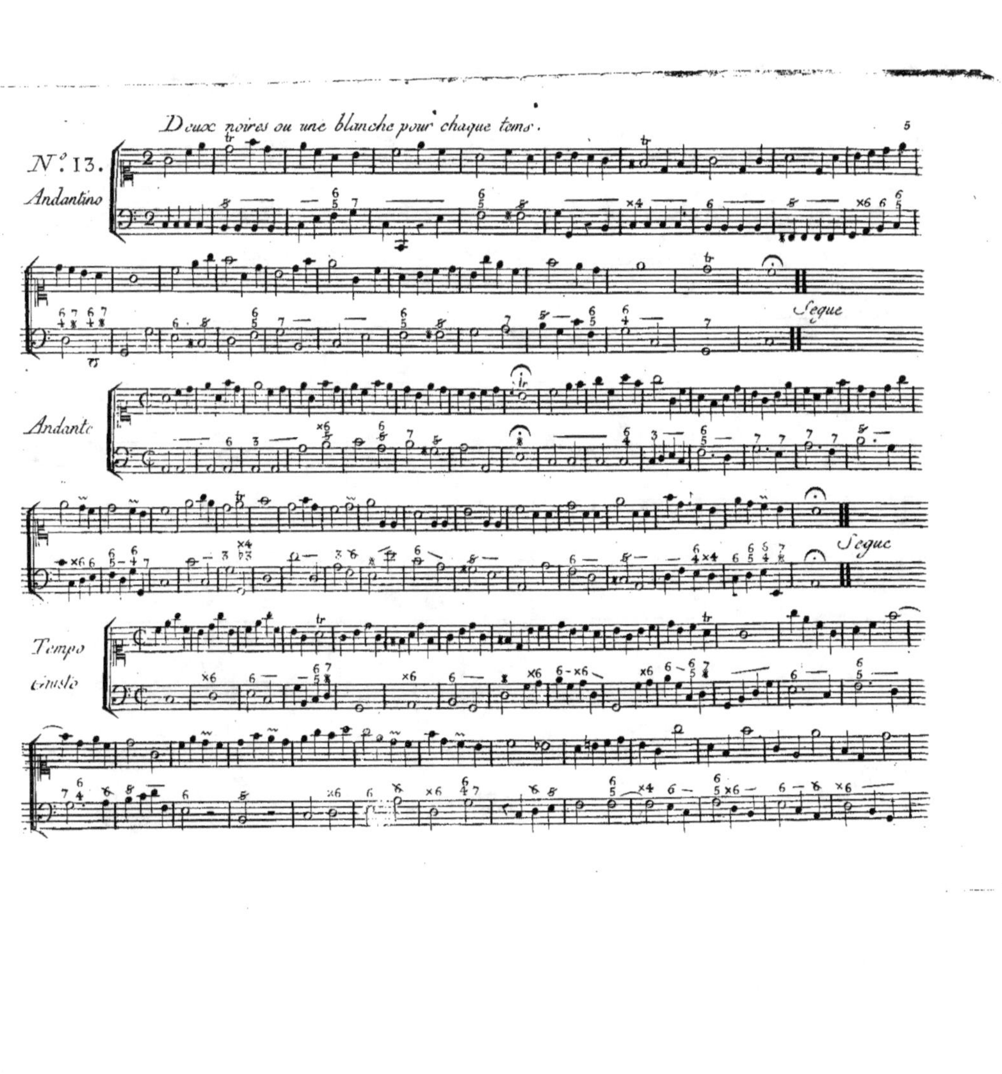

Deux noires ou une blanche pour chaque tems.
N.º 13.
Andantino
Segue
Andante
Segue
Tempo giusto

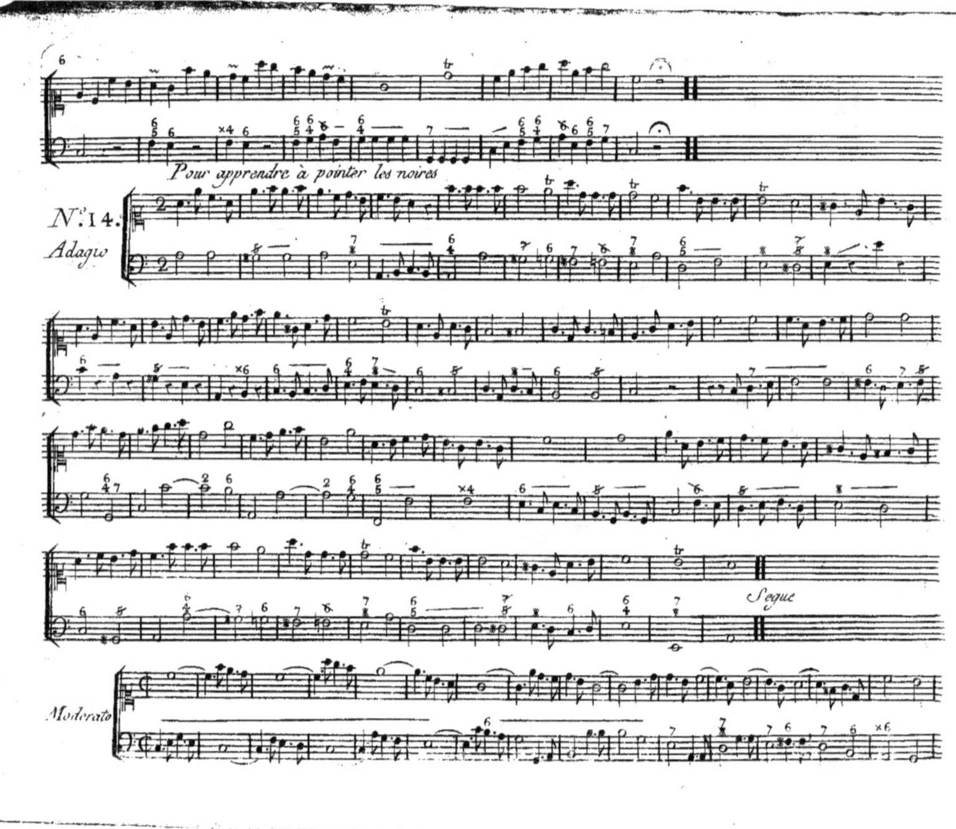
Pour apprendre à pointer les noires
N.º 14.
Adagio
Segue
Moderato

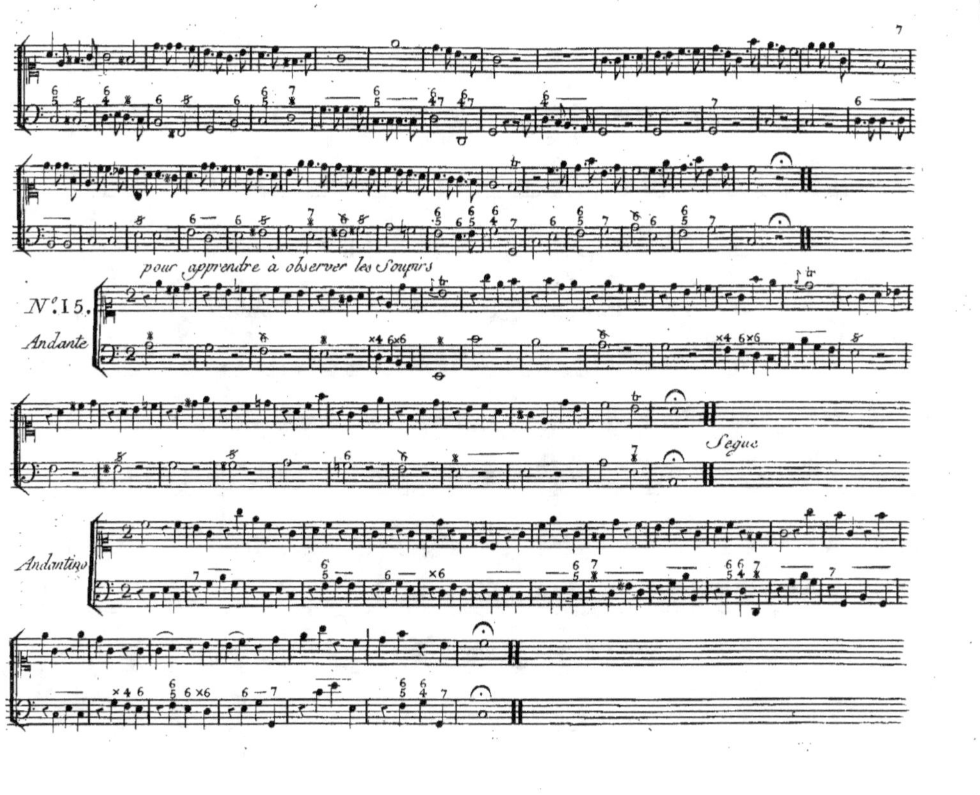

pour apprendre à observer les Soupirs
Nº.15.
Andante
Andantino
Segue

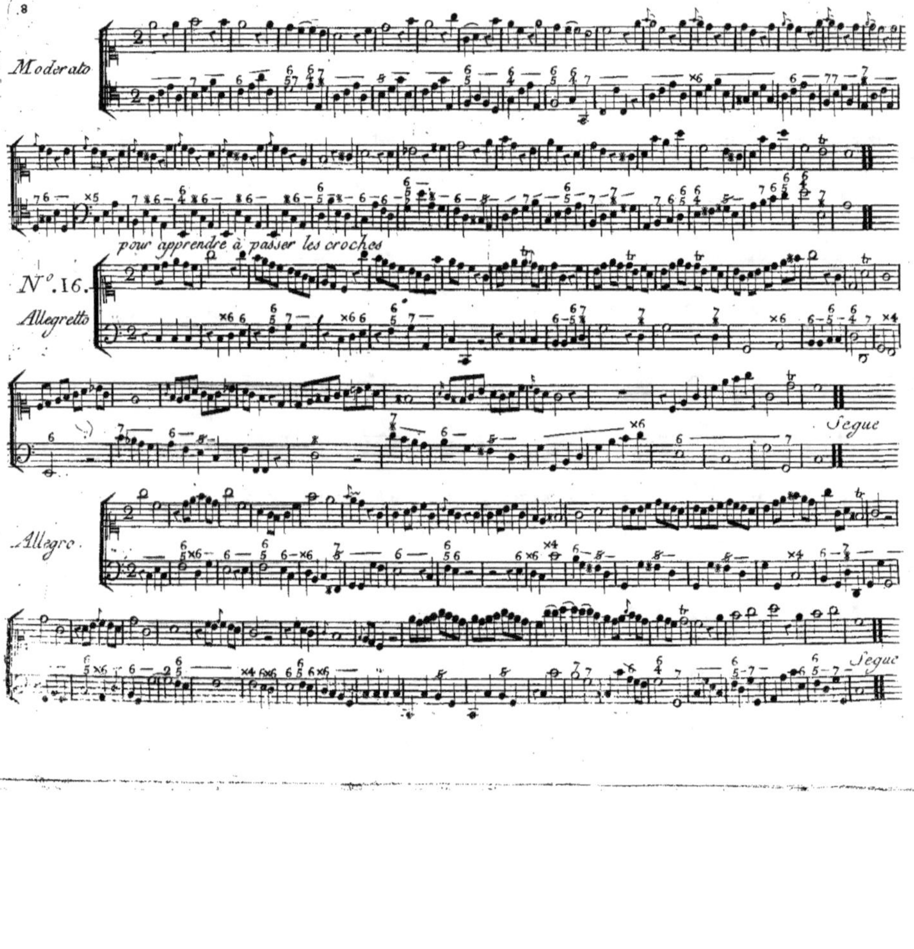

8
Moderato
pour apprendre à passer les croches
N°.16.
Allegretto
Segue
Allegro.
Segue

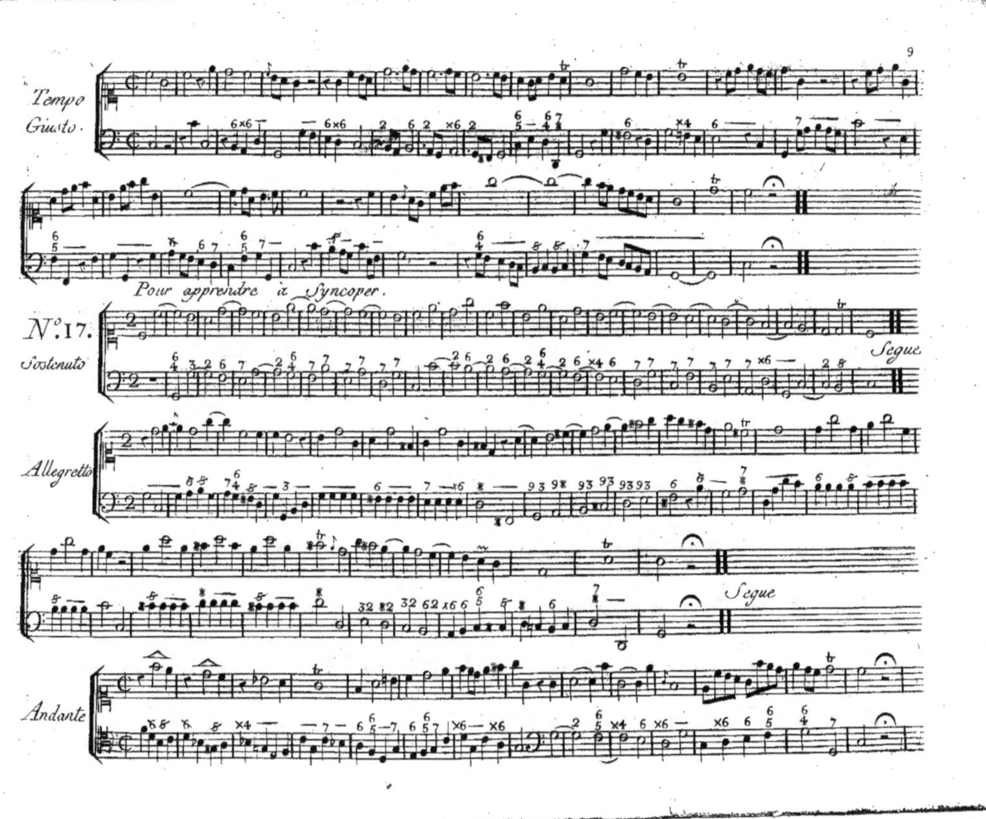
Tempo
Giusto.
Pour apprendre à Syncoper.
Nº 17.
Sostenuto
Segue.
Allegretto
Segue
Andante

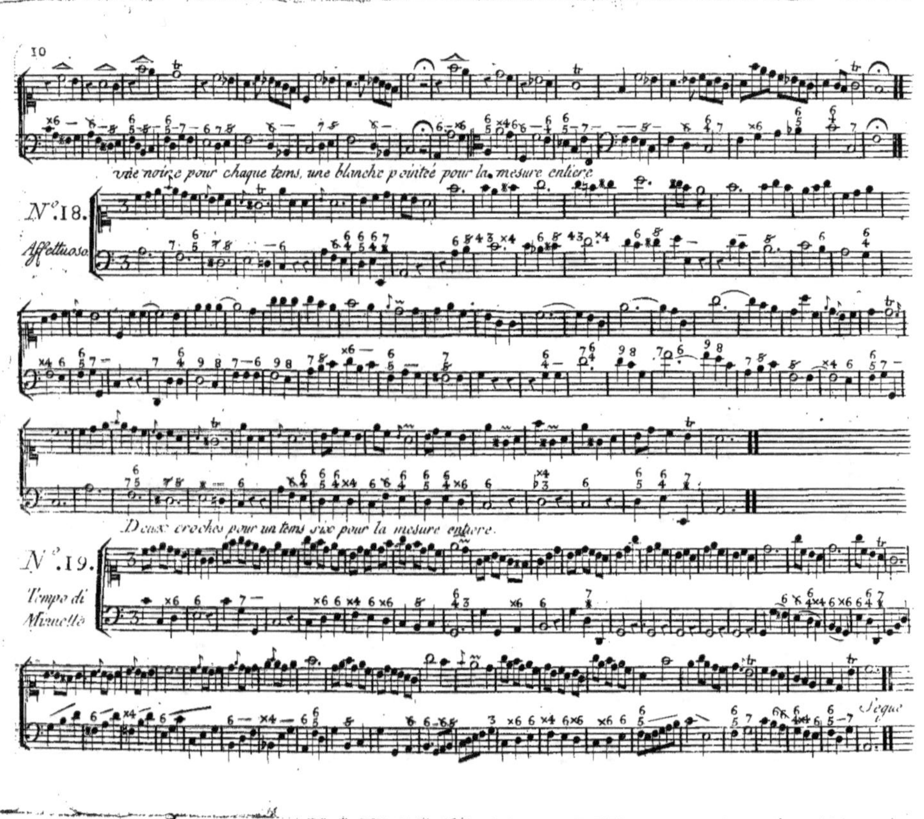

10
vne noire pour chaque tems, une blanche pointée pour la mesure entiere.
N°.18.
Affettuoso
Deux croches pour un tems six pour la mesure entiere.
N°.19.
Tempo di Minuetto
Segue

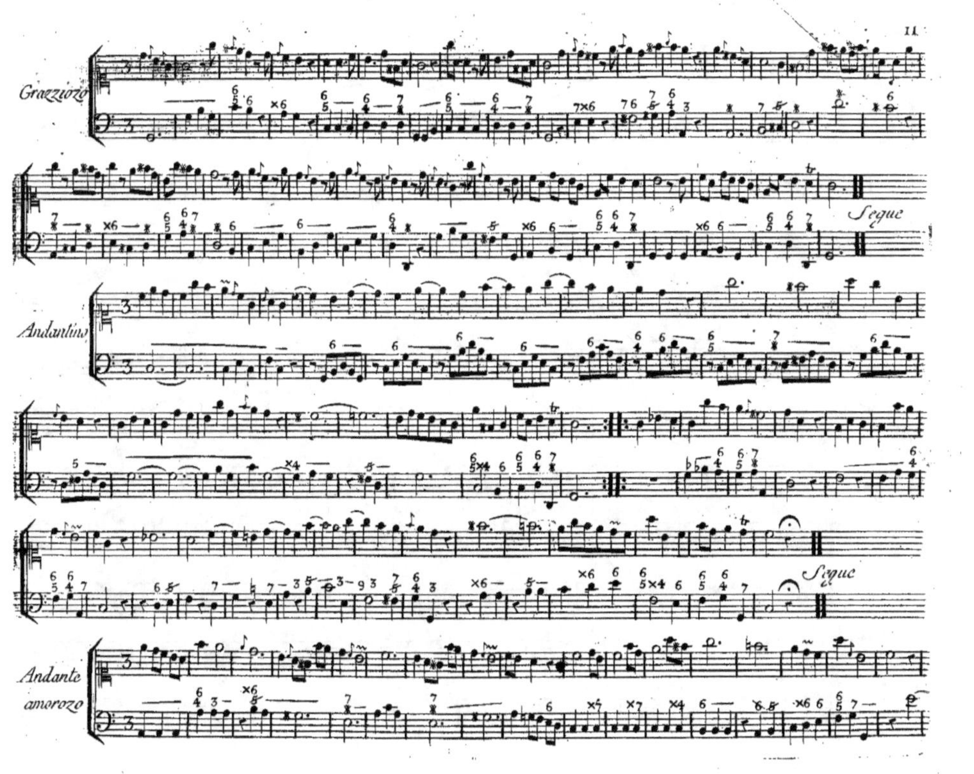
Grazzíozo
Andantino
Andante
amorozo
Segue
Segue

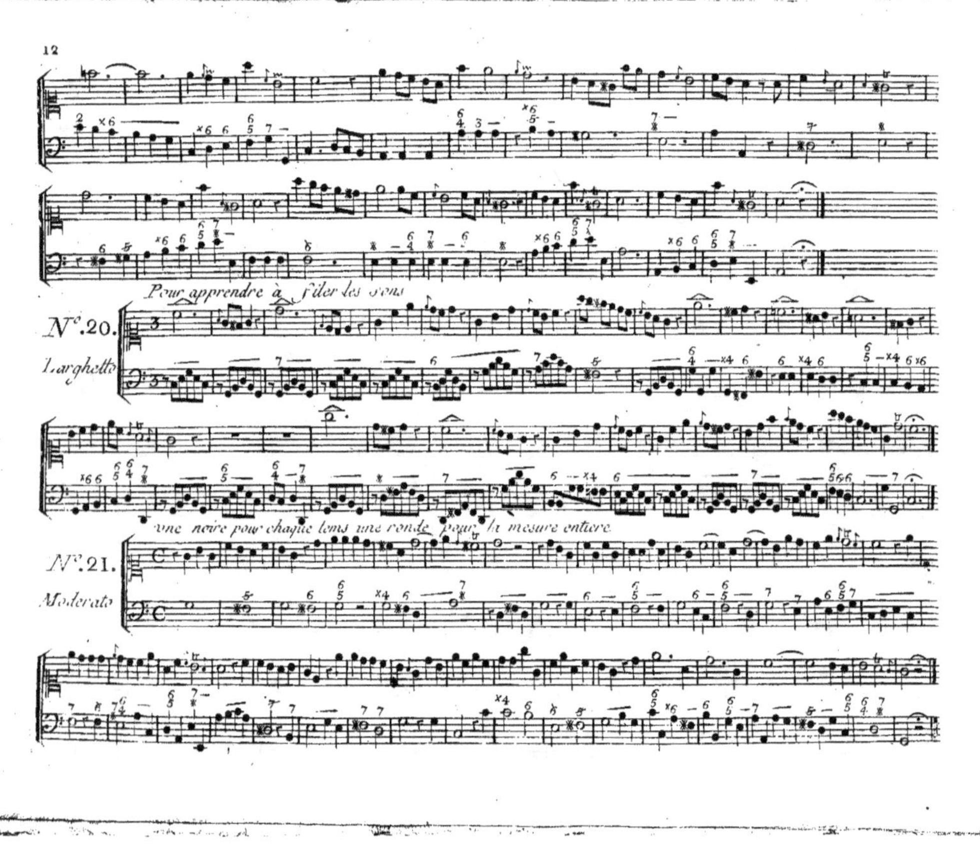
Pour apprendre à filer les sons
N°.20.
Larghetto
une noire pour chaque tems une ronde pour la mesure entière
N°.21.
Moderato

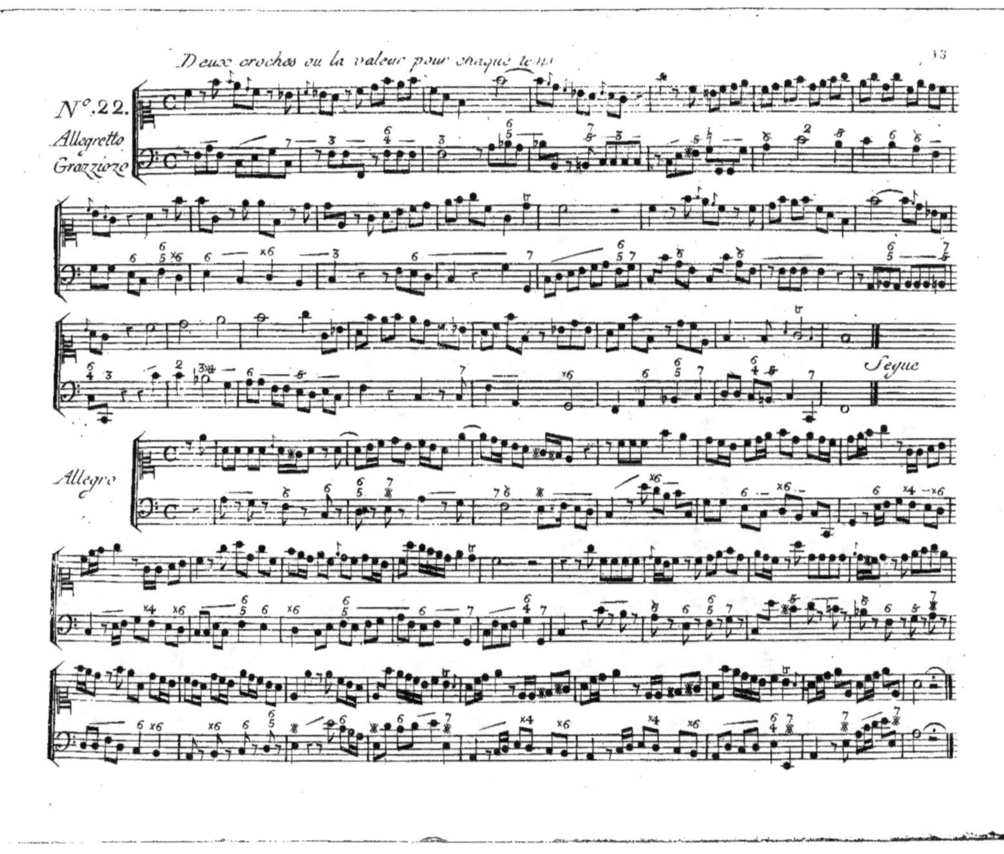
Deux croches ou la valeur pour chaque tems
N°.22.
Allegretto
Grazziozo
Segue
Allegro

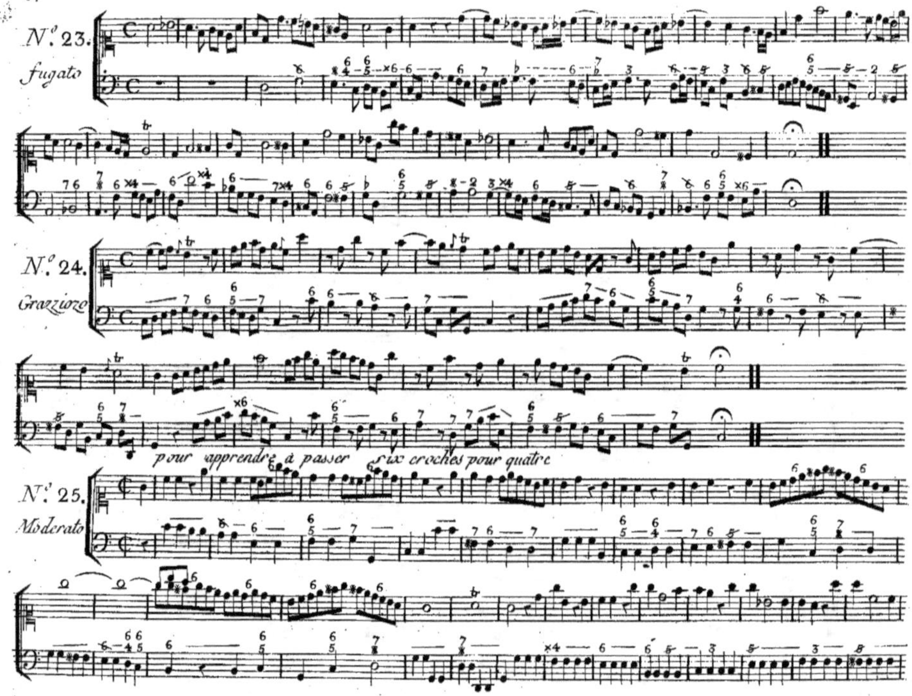

N.º 23.
fugato
N.º 24.
Grazzioze
pour apprendre à passer six croches pour quatre
N.º 25.
Moderato

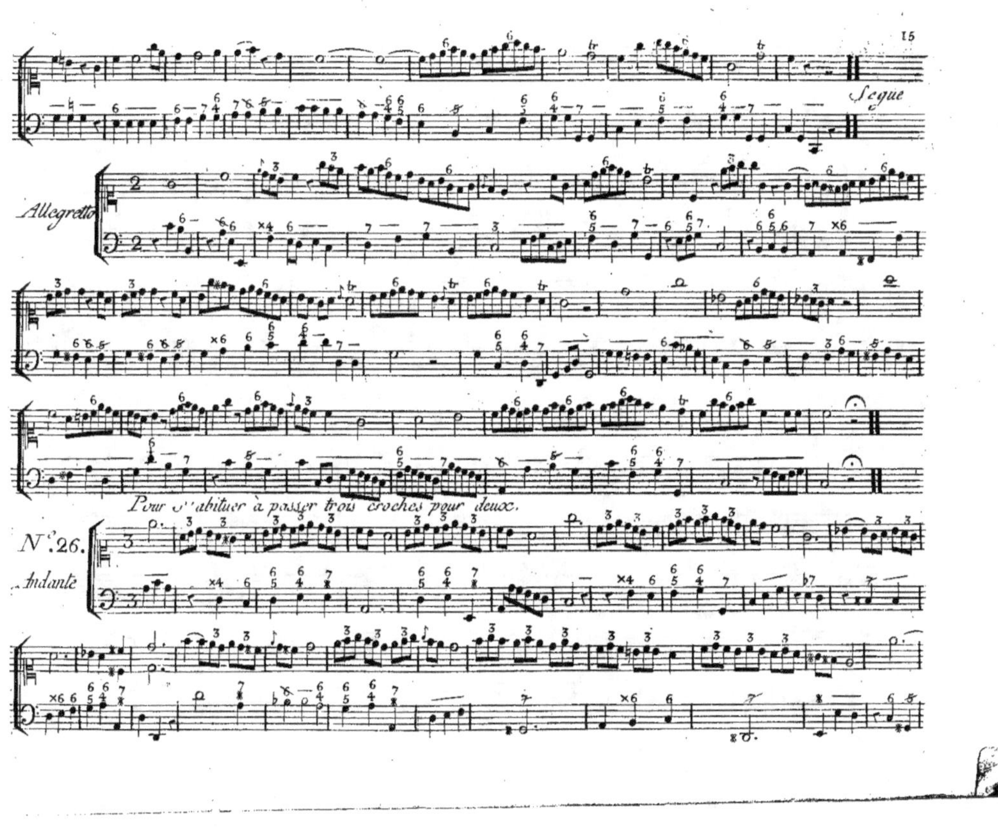

Segue
Allegretto
Pour s'abituer à passer trois croches pour deux.
N.°26.
Andante

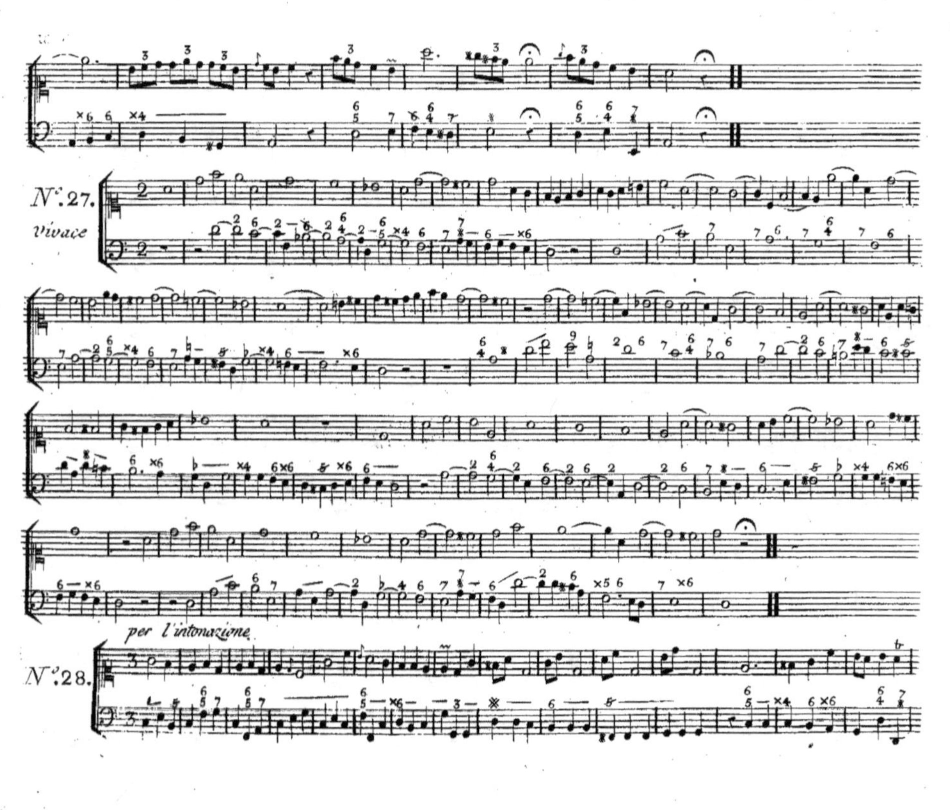

N.º 27.
vivace
per l'intonazione
N.º 28.

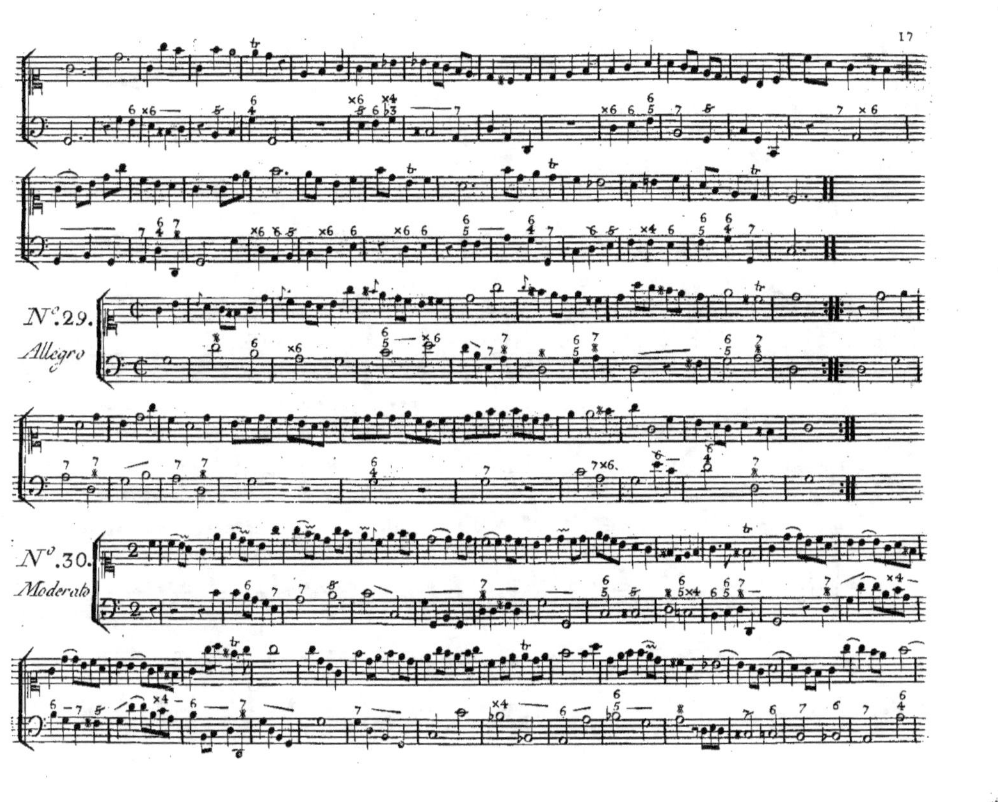
N°.29.
Allegro
N°.30.
Moderato

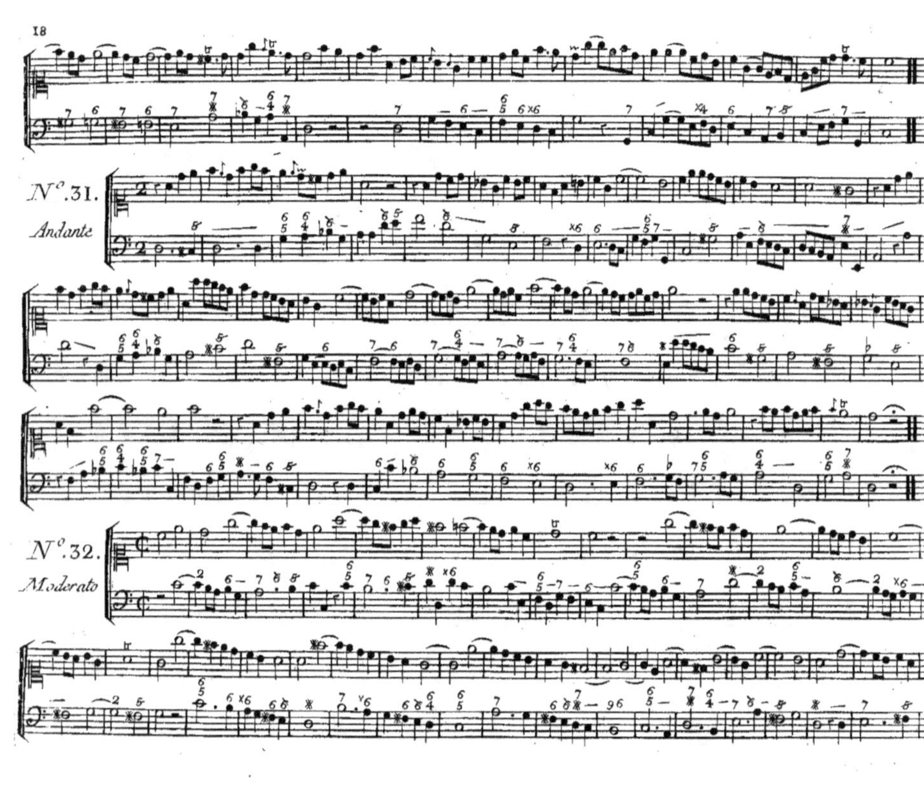
N.º 31.
Andante
N.º 32.
Moderato

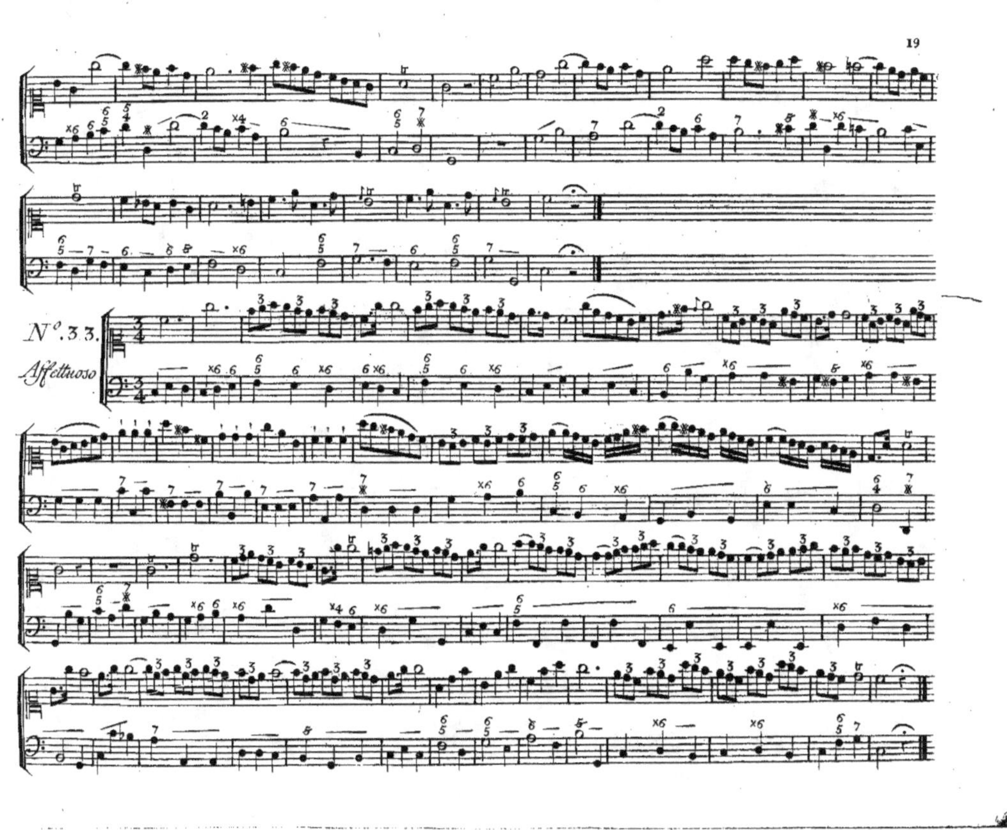
N.º 33.
Affettuoso

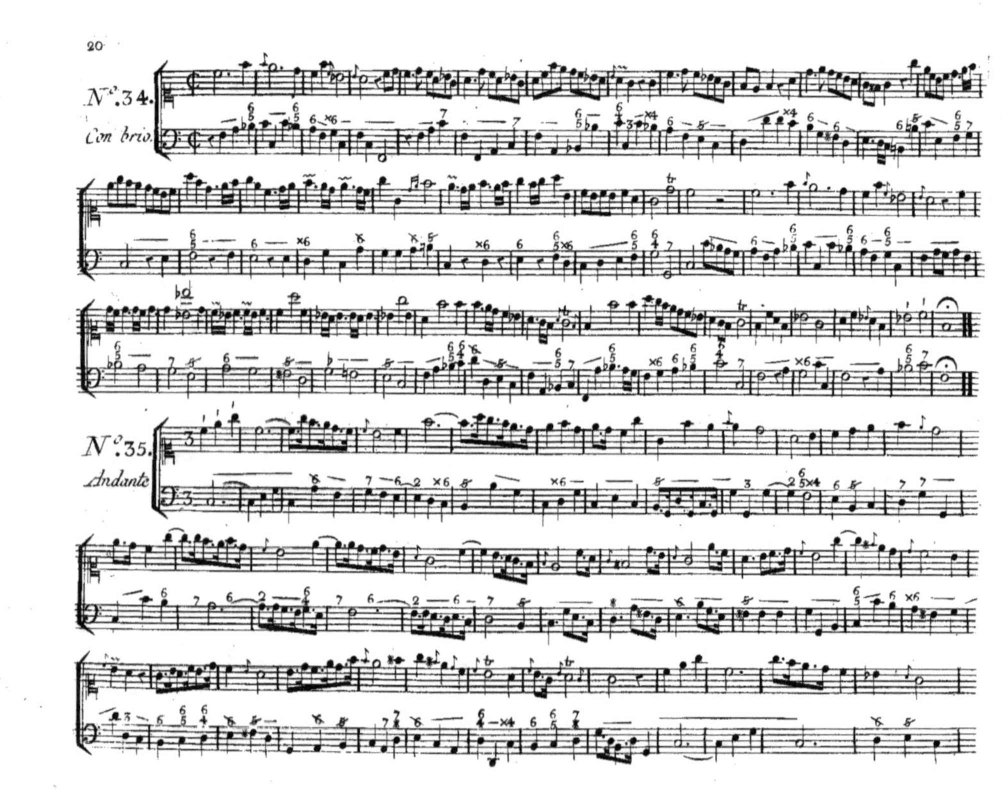
N.º 34.
Con brio.
N.º 35.
Andante

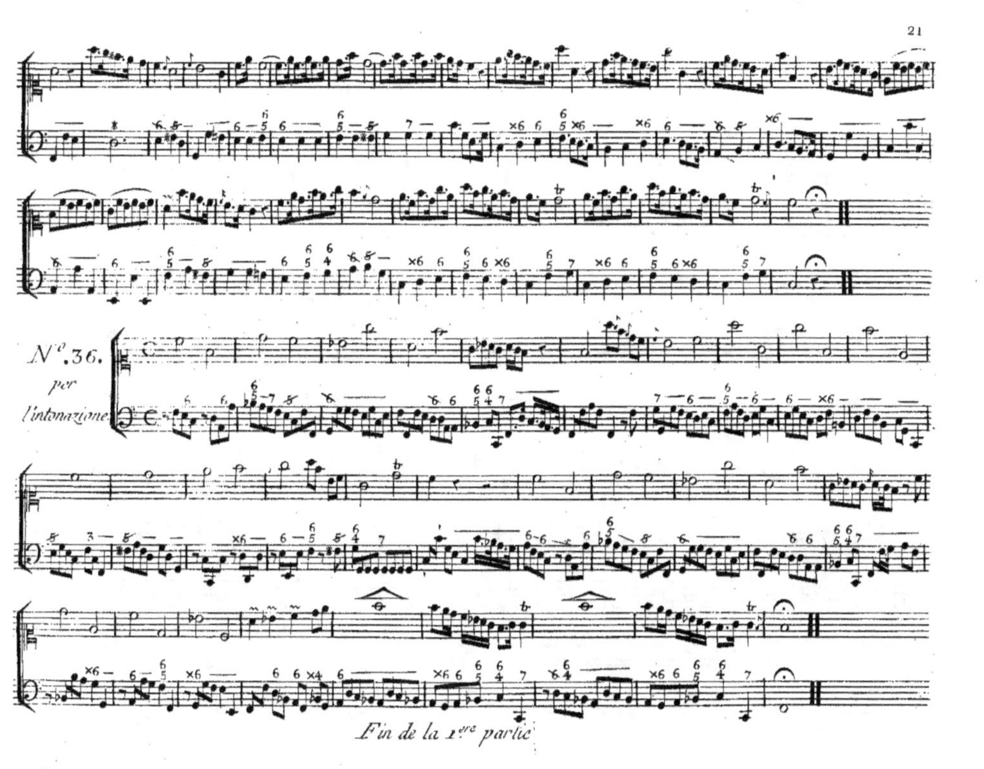
N.° 36.
per
l'intonazione
Fin de la 1.ere partie

22
2.° Partie
Clef D'ut Sur la 1.re Ligne
N.° 37
Andante
Leo

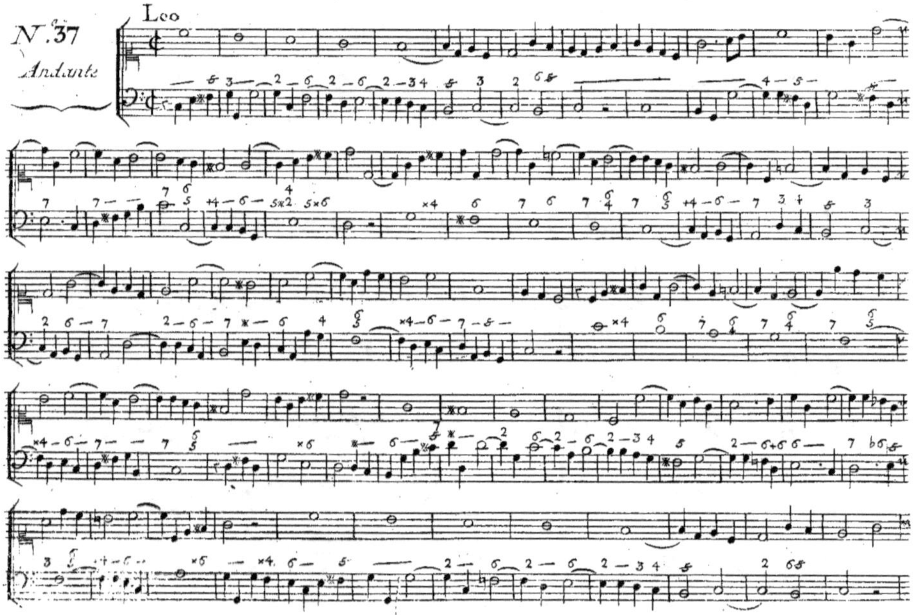

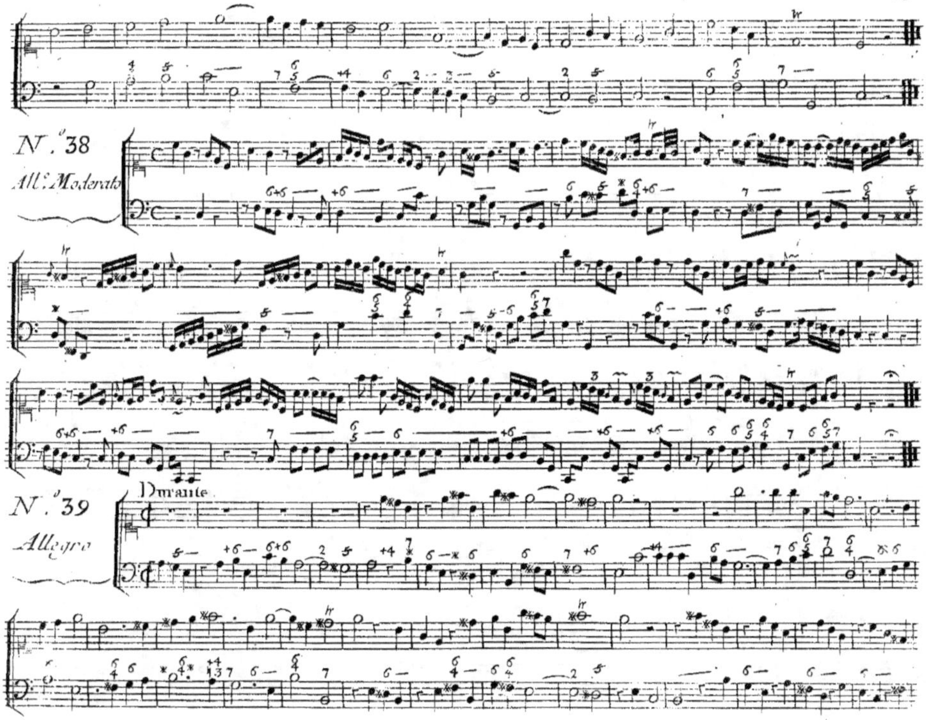

23
N.º 38
All.º Moderato
N.º 39
Durante
Allegro

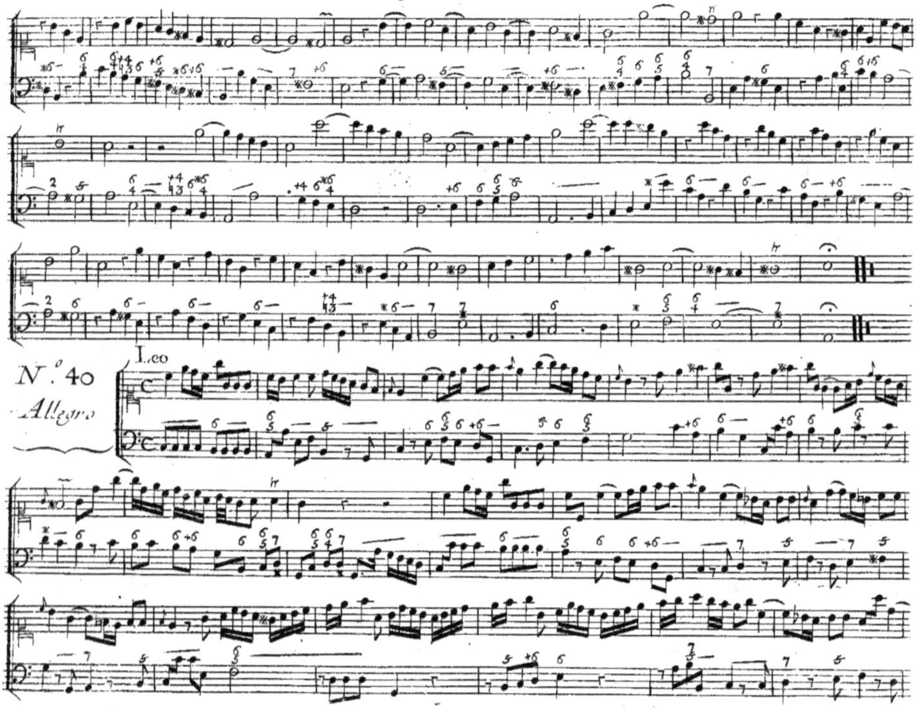

N.º 40
Allegro
Leo

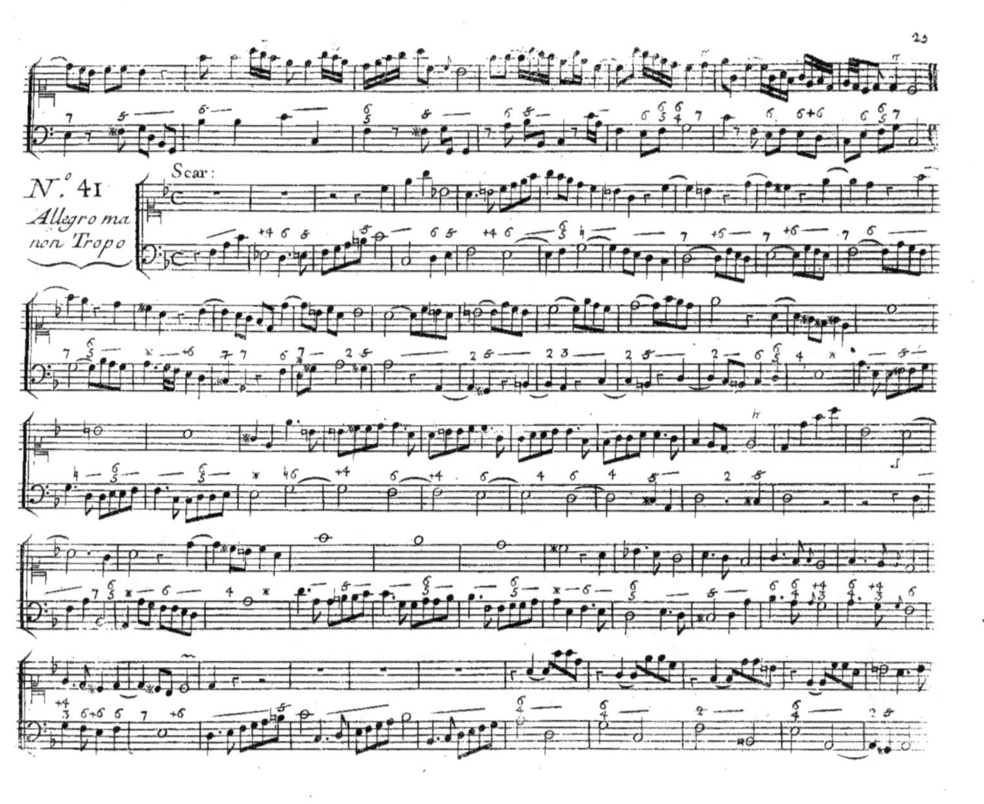

N.º 41
Allegro ma
non Tropo
Scar:

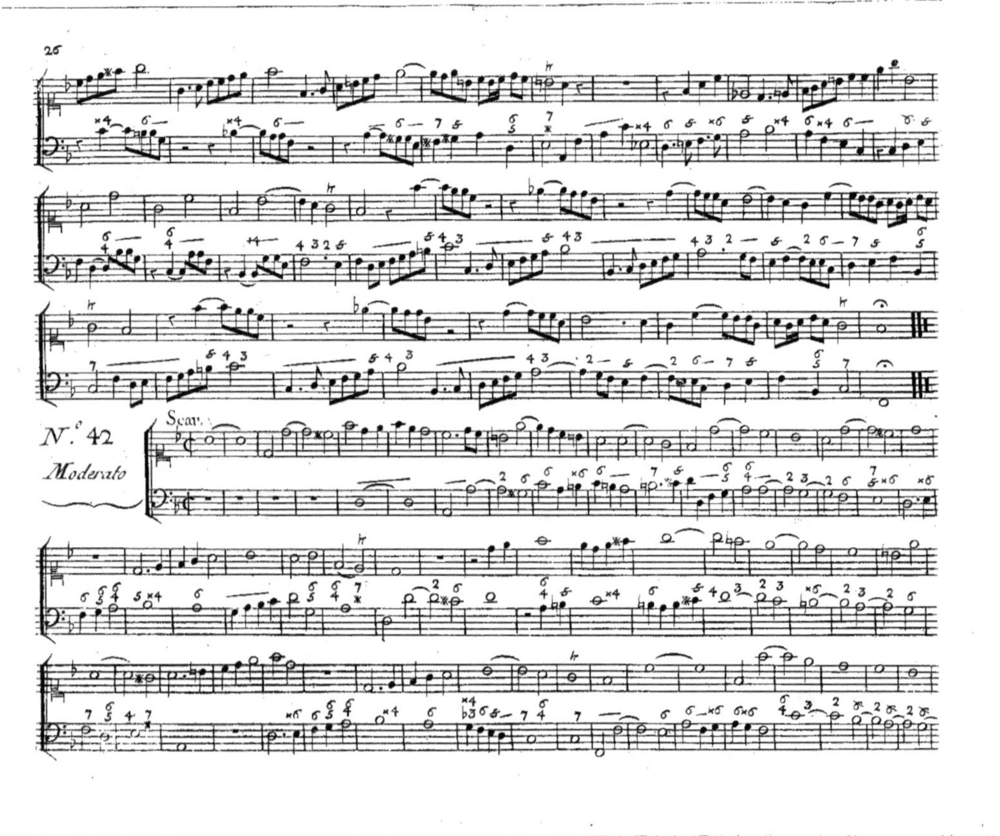
25
N.º 42
Moderato
Scar.

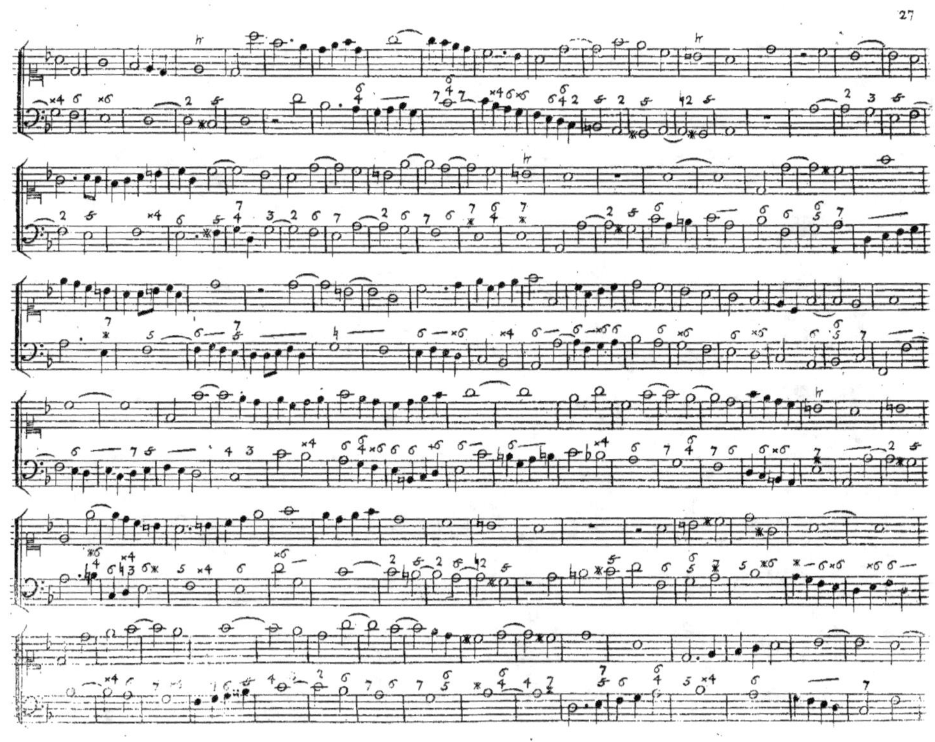

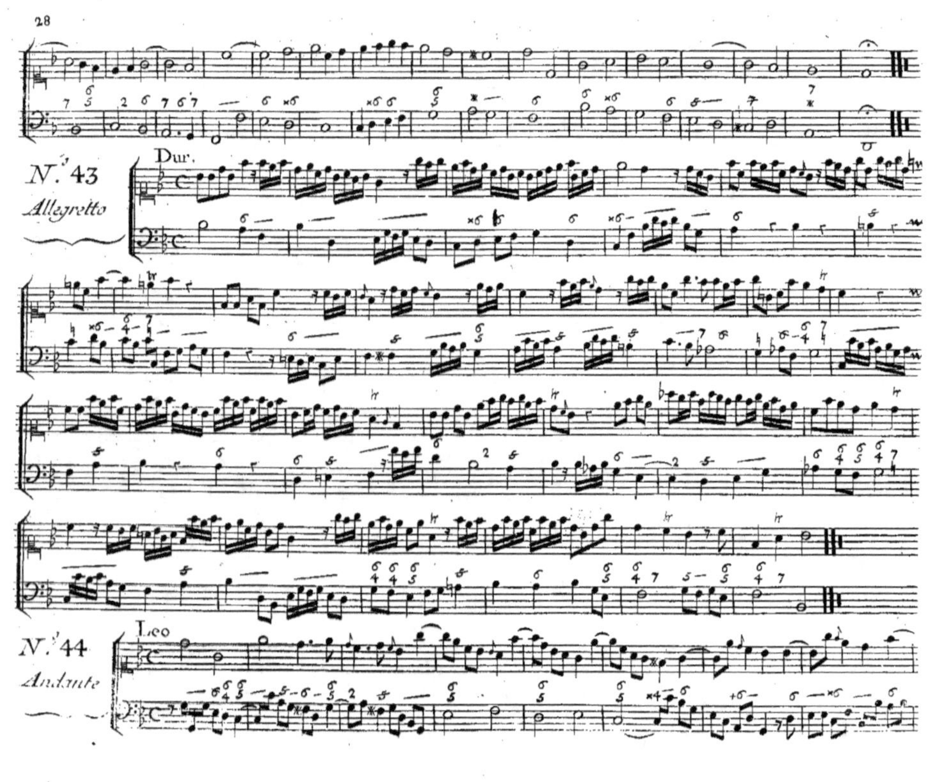
N.º 43
Allegretto
Dur.
N.º 44
Andante
Leo

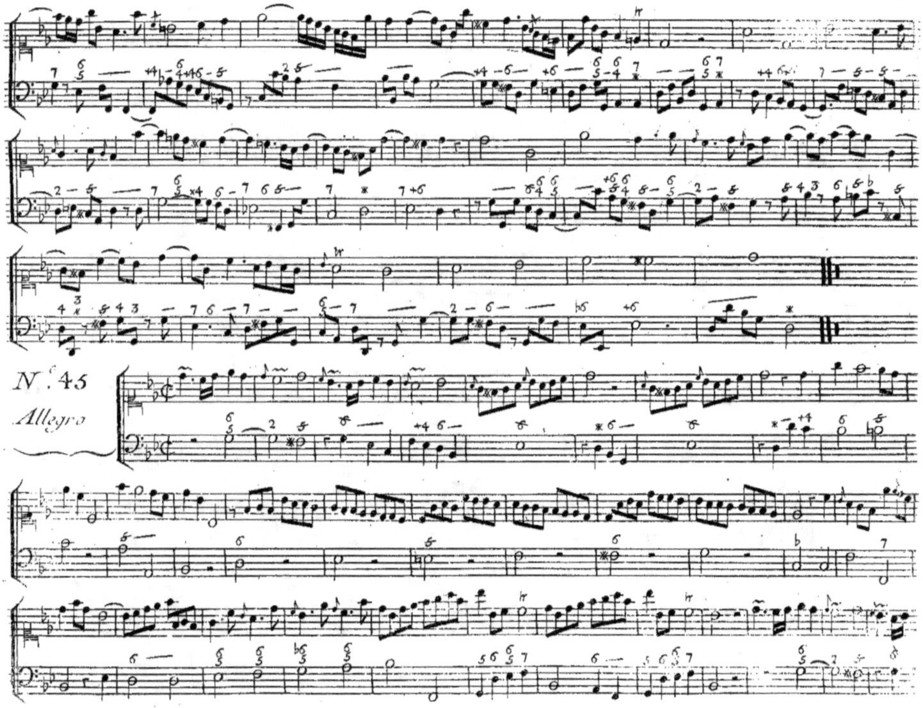

N.° 45
Allegro

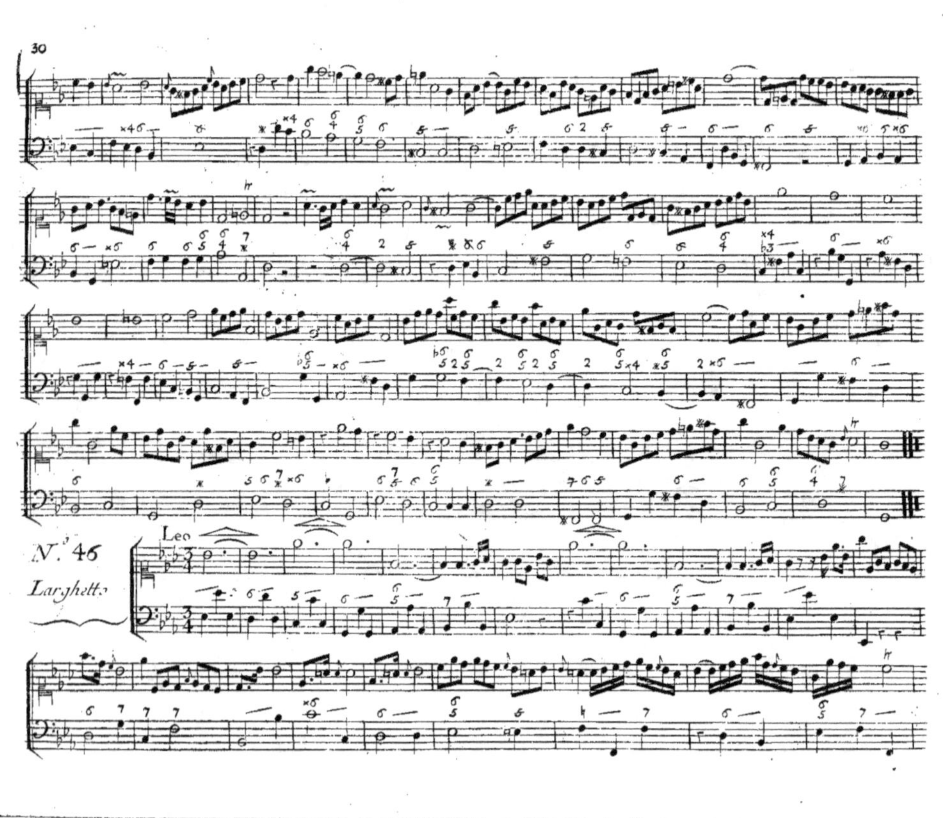
N.º 46
Larghetto
Leo

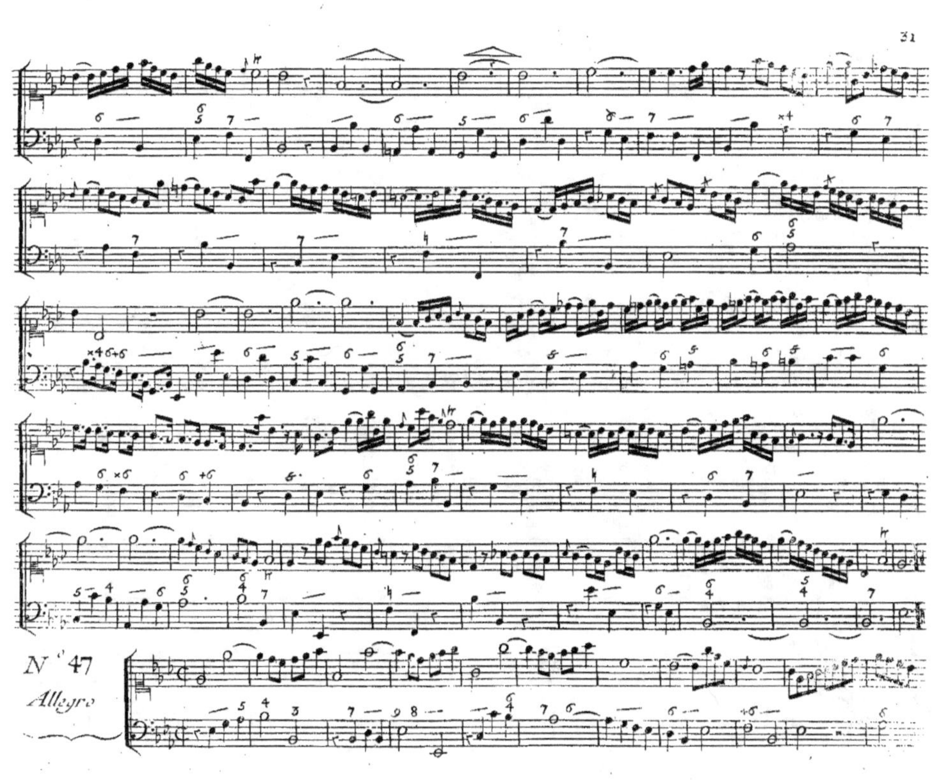
N.° 47
Allegro

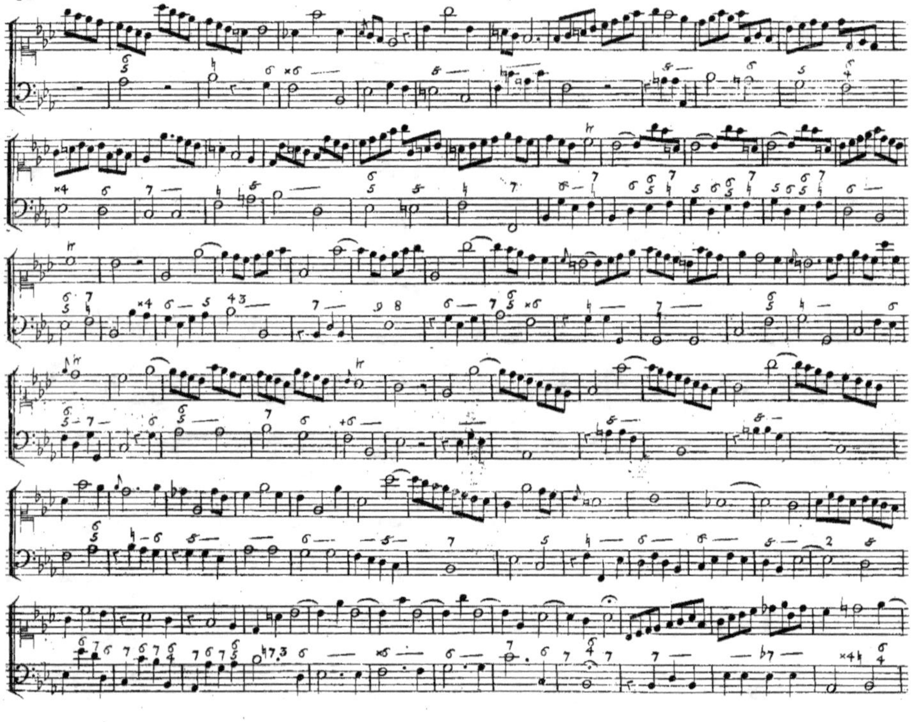

32

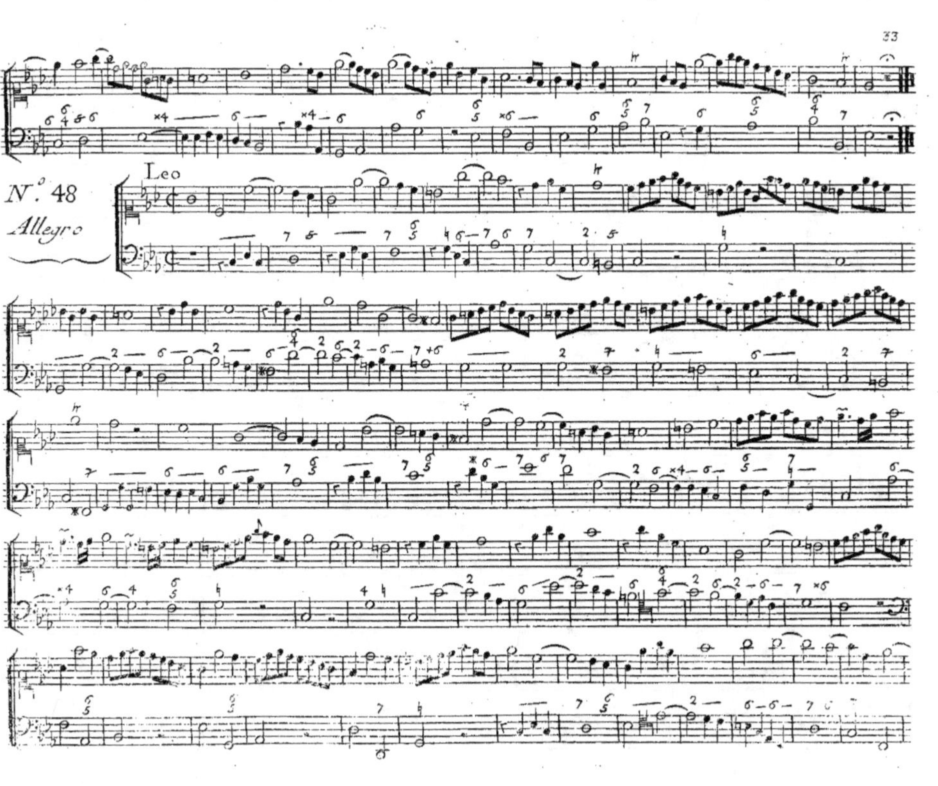
N.º 48
Allegro
Leo

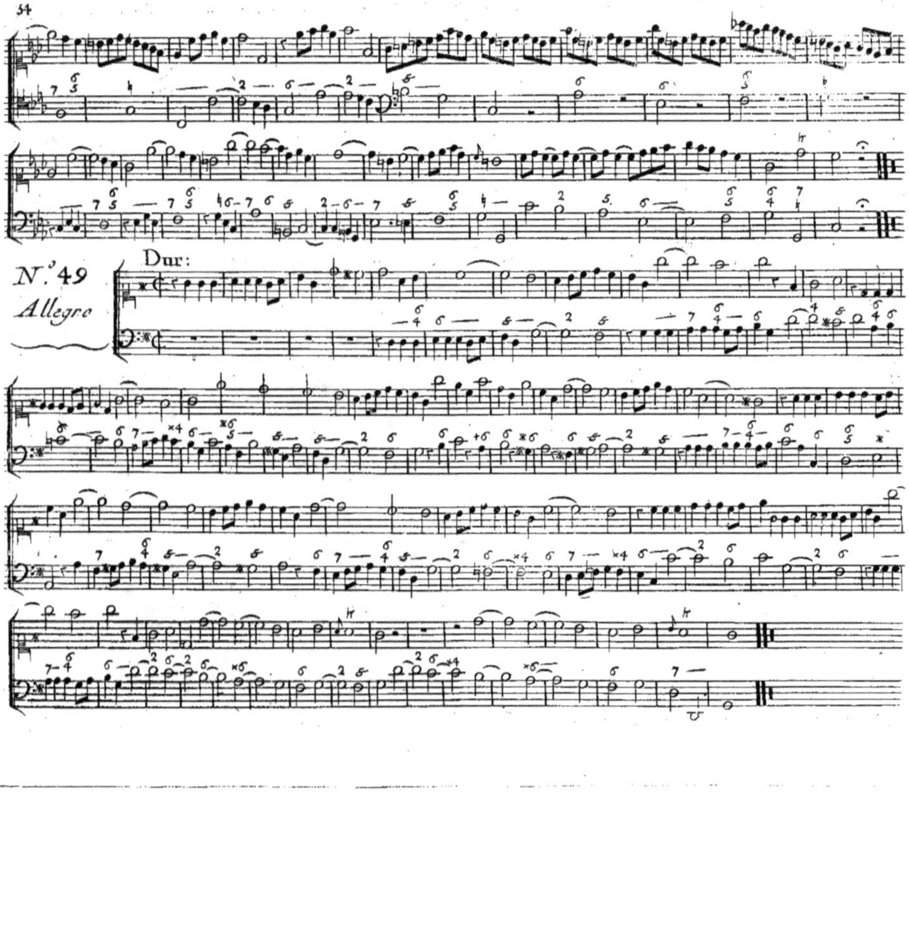

54
N.o 49
Allegro
Dur:

Scar.
N.º 50
Moderato
35

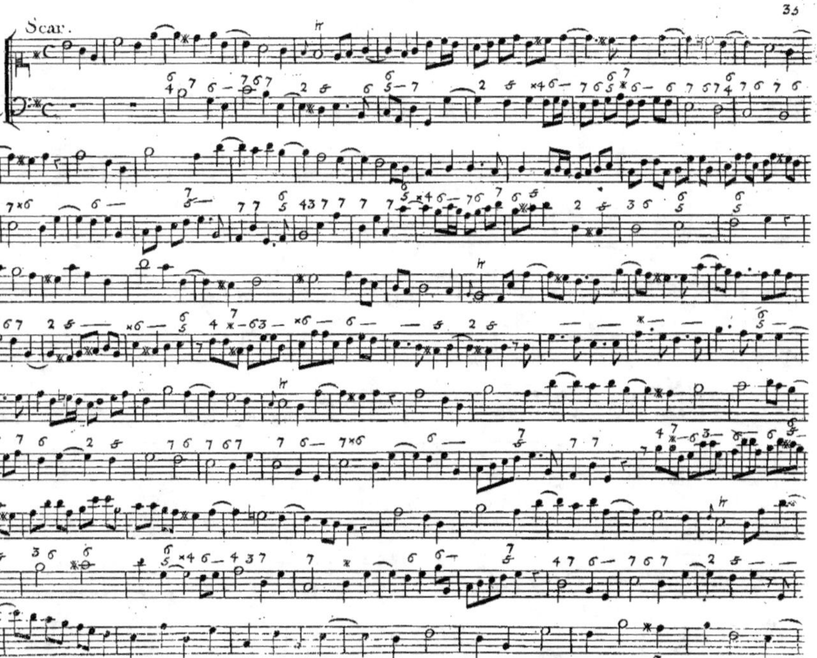

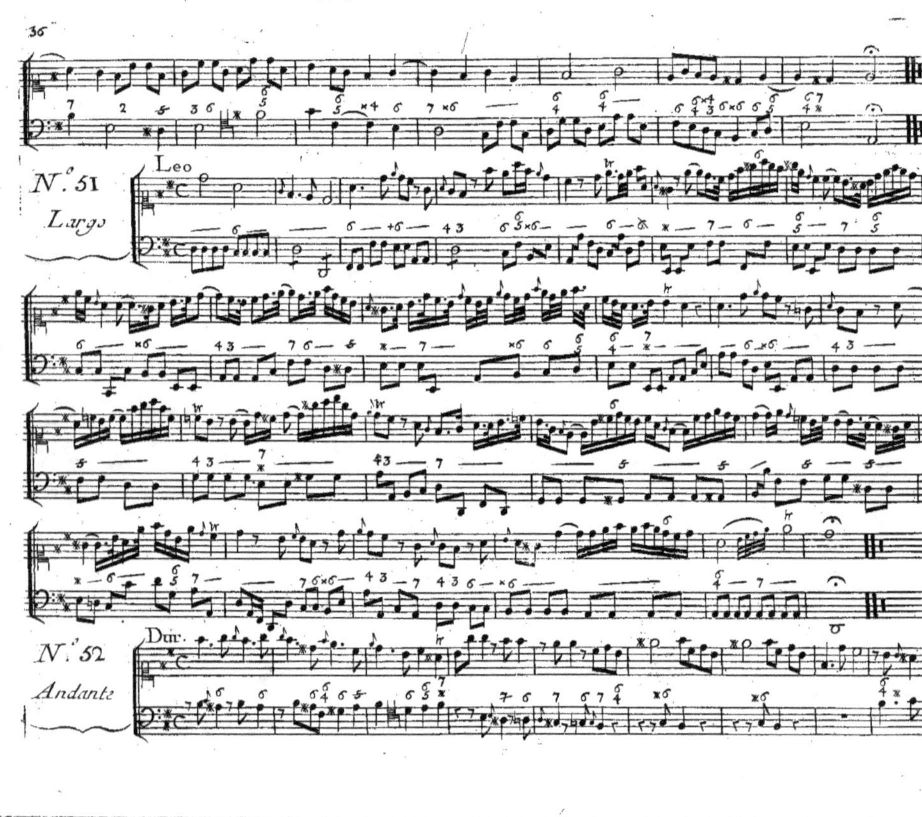
N.º 51
Largo
Leo
N.º 52
Andante
Dur.

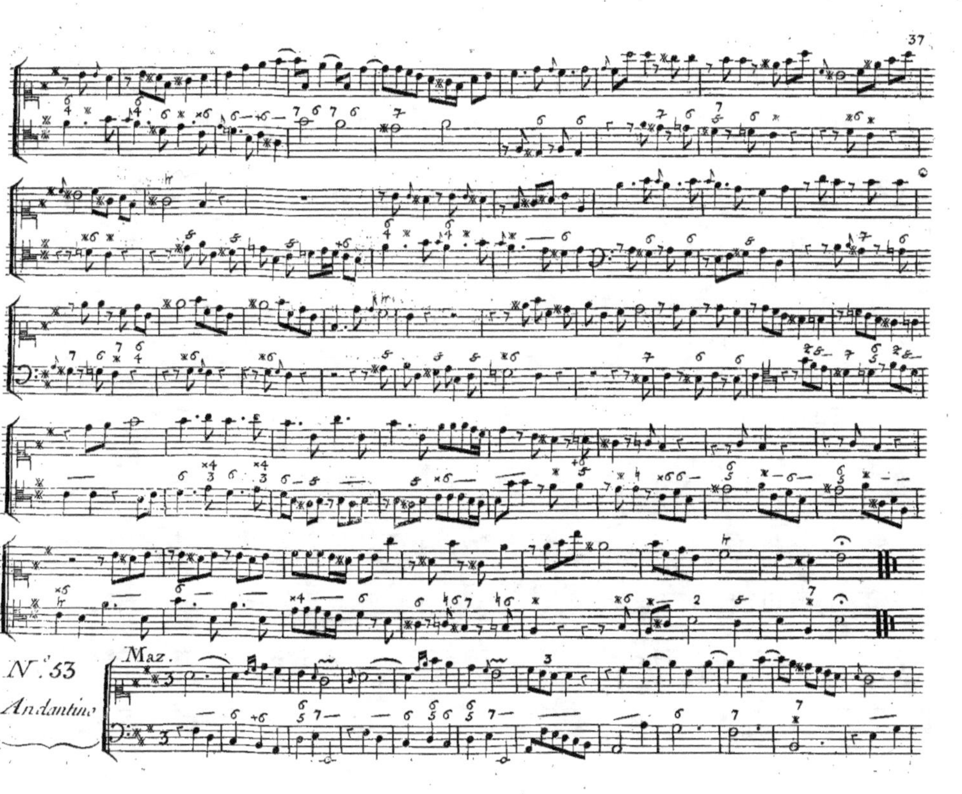
N.º 53
Maz.
Andantino

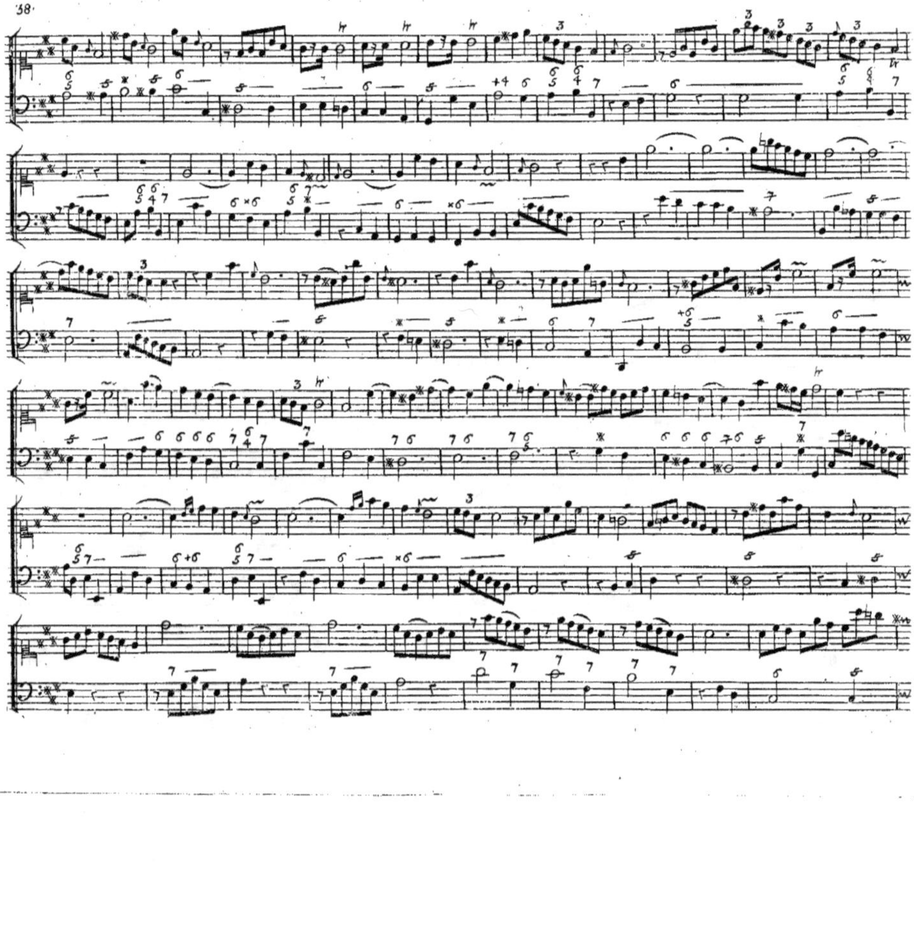

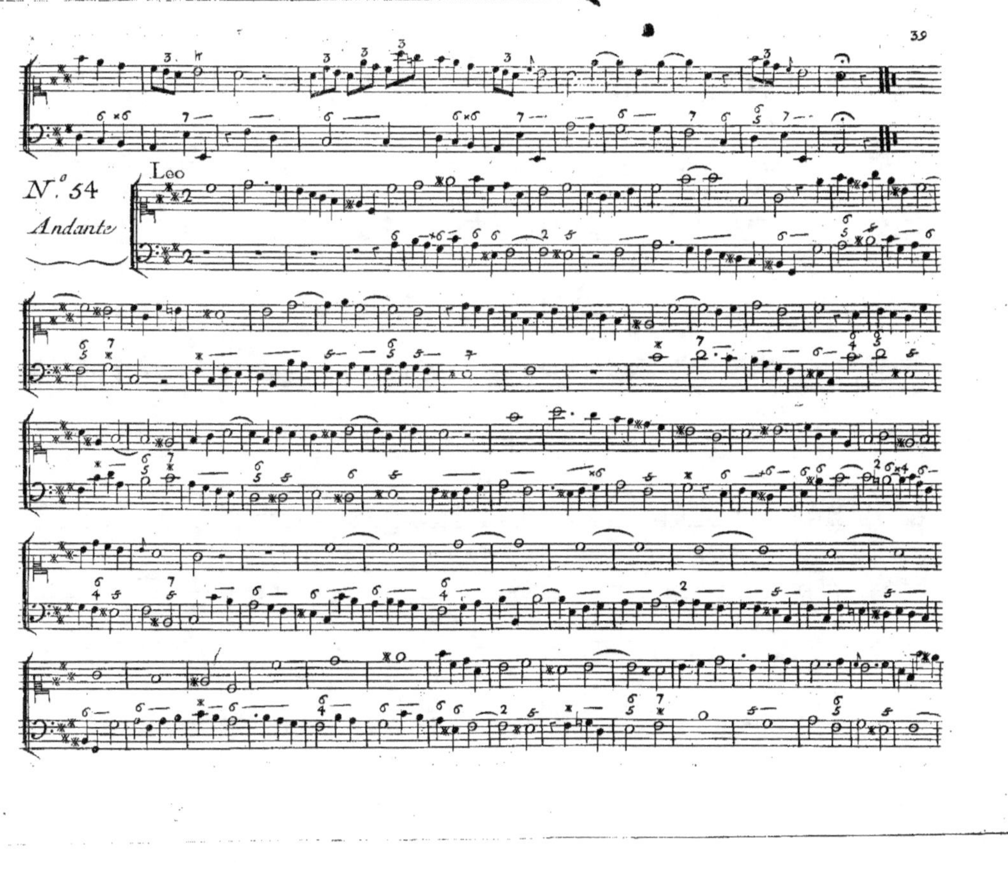
Nº 54
Andante
Leo

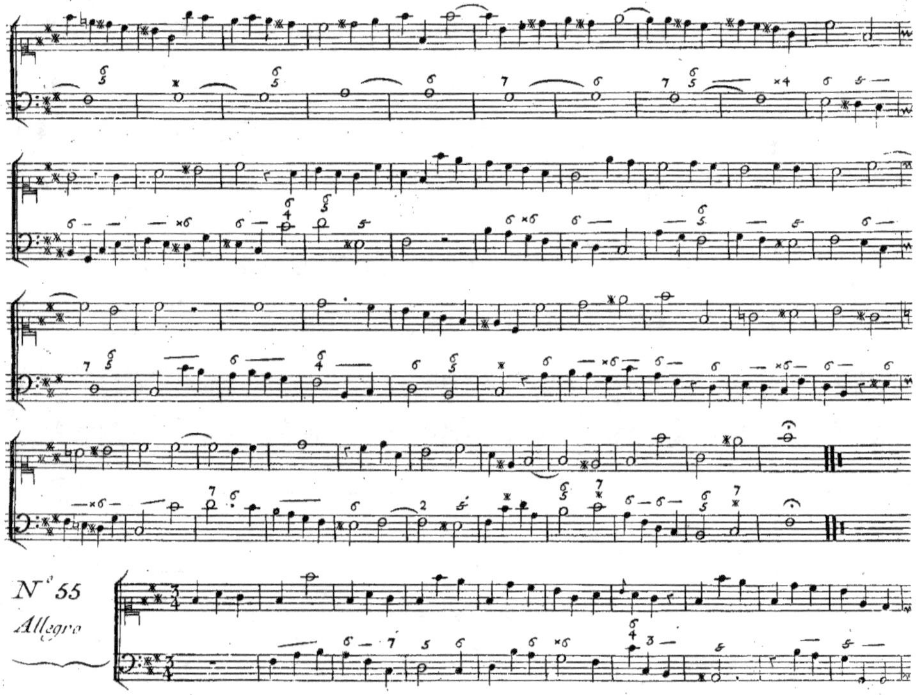

N.º 55
Allegro

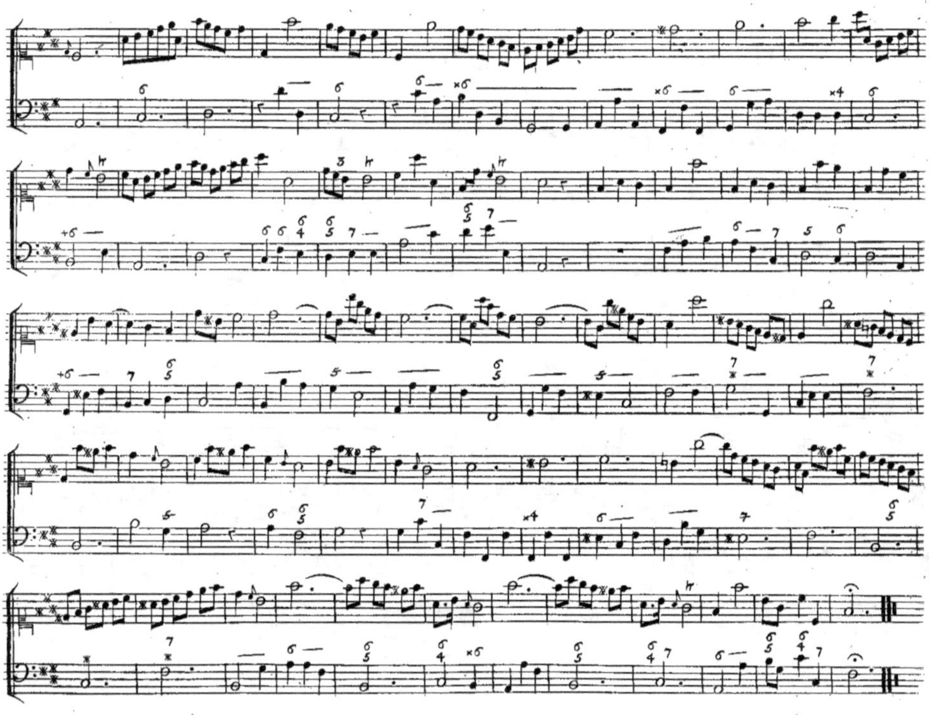

Clef de Sol sur la 2.ͤ Ligne

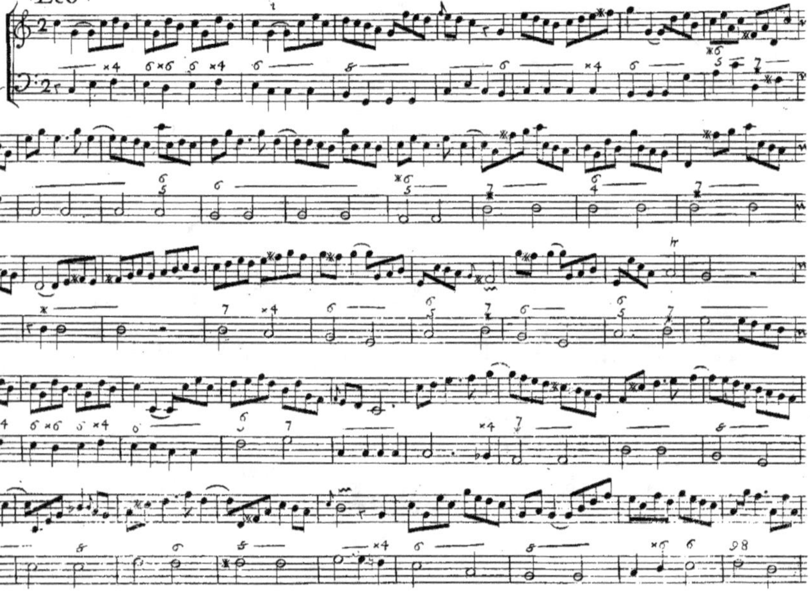

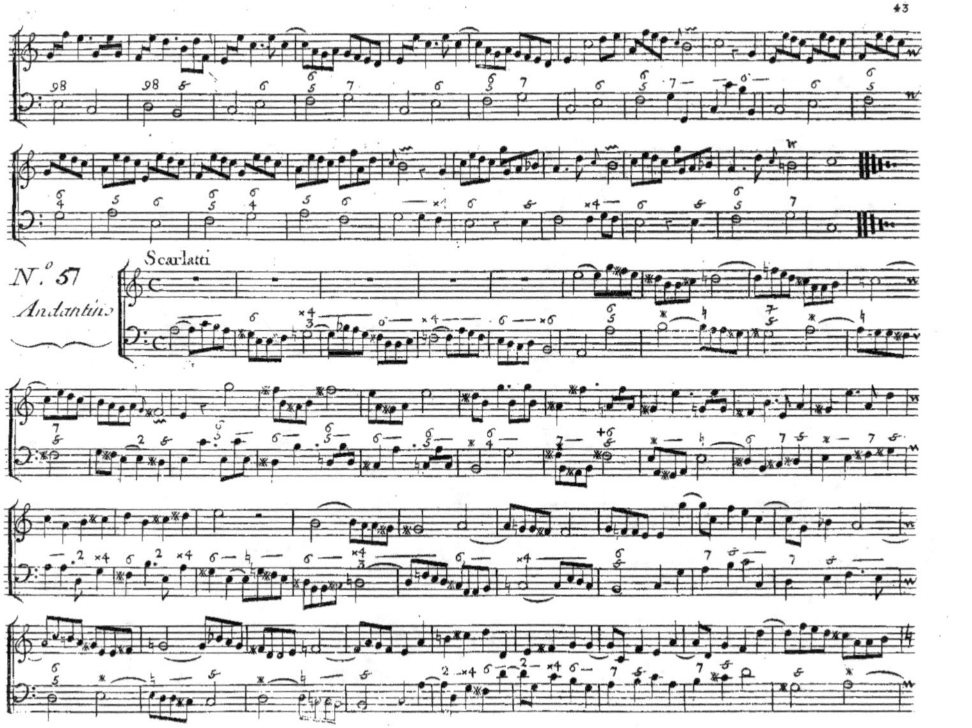
N.º 57
Scarlatti
Andantino

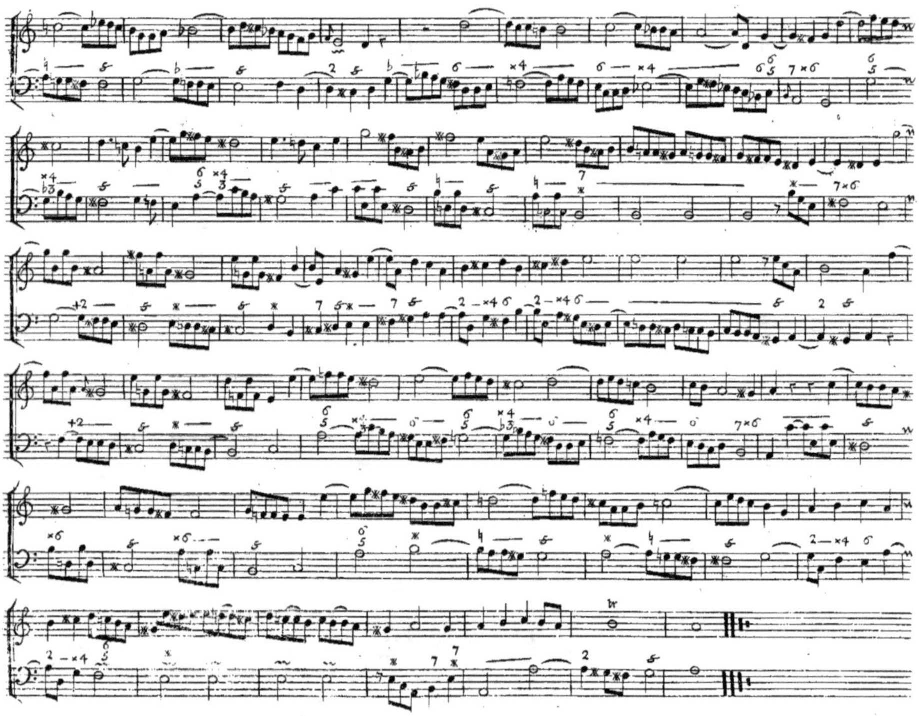

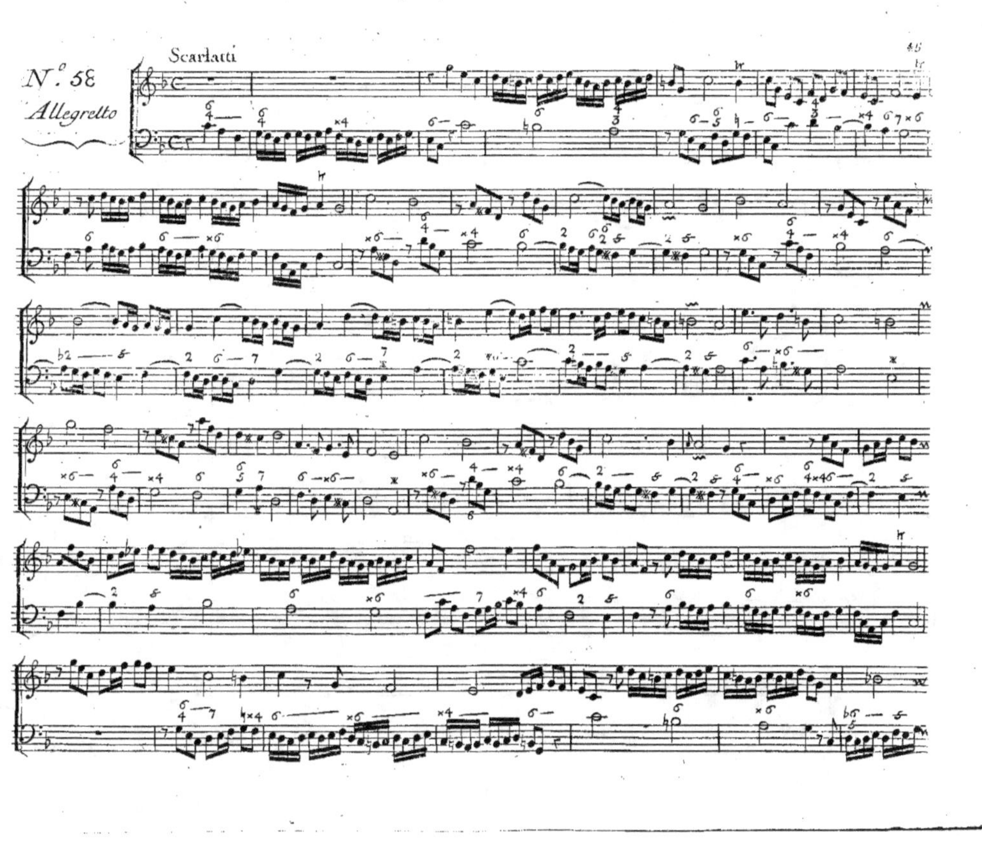

N.º 58
Allegretto
Scarlatti

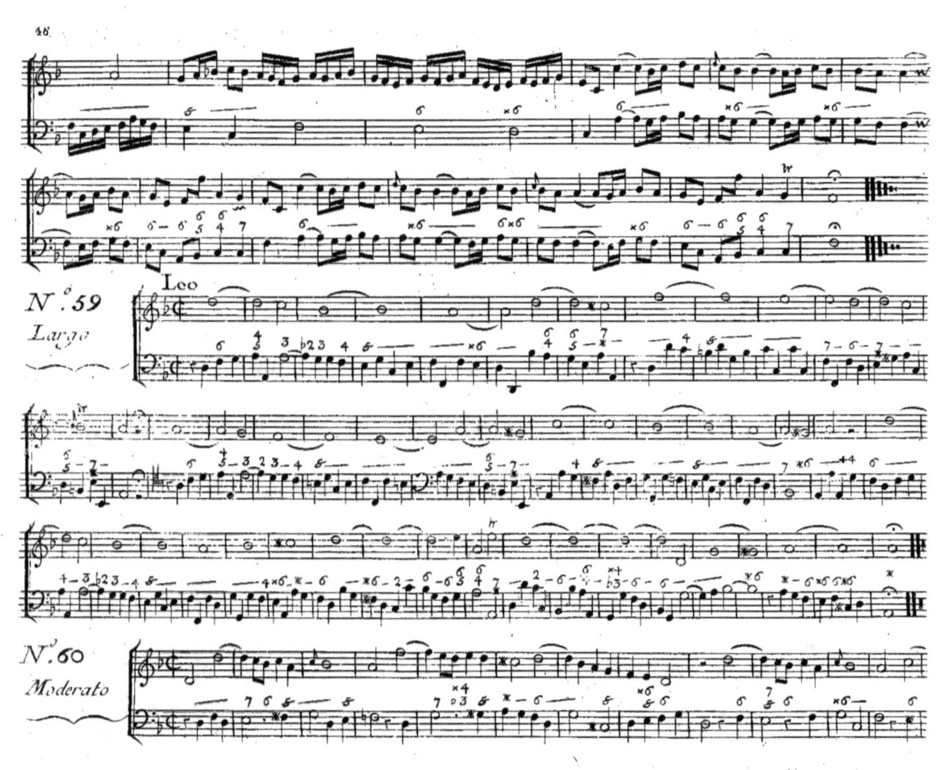
46
Leo
N.º 59
Largo
N.º 60
Moderato

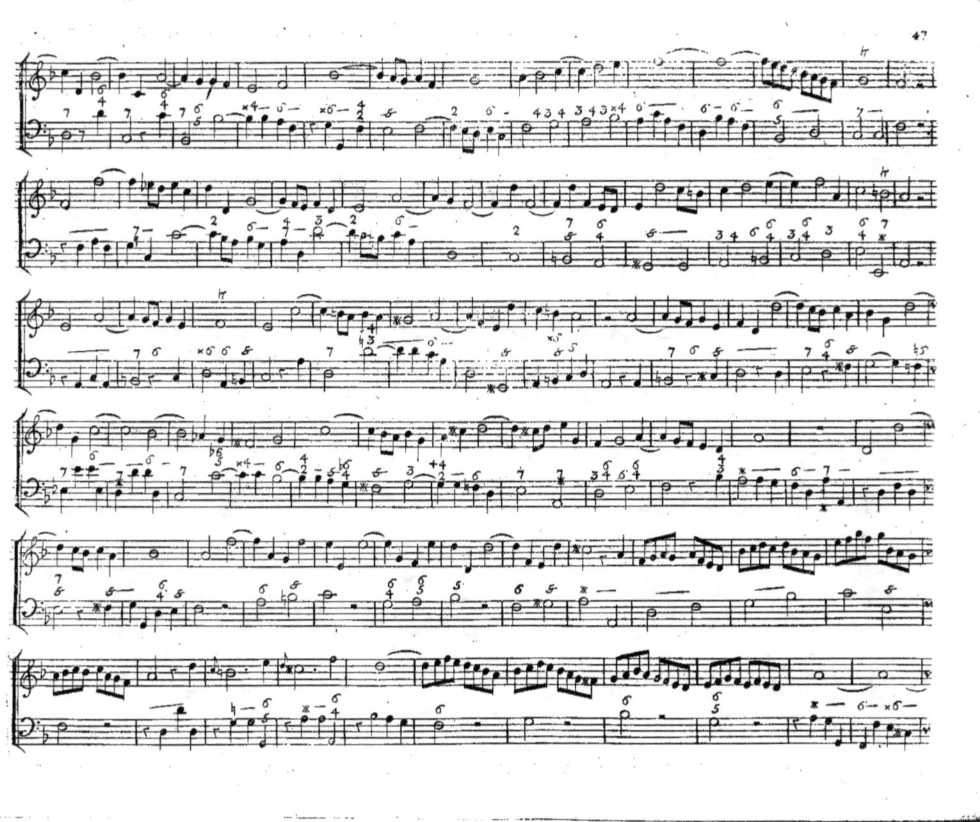

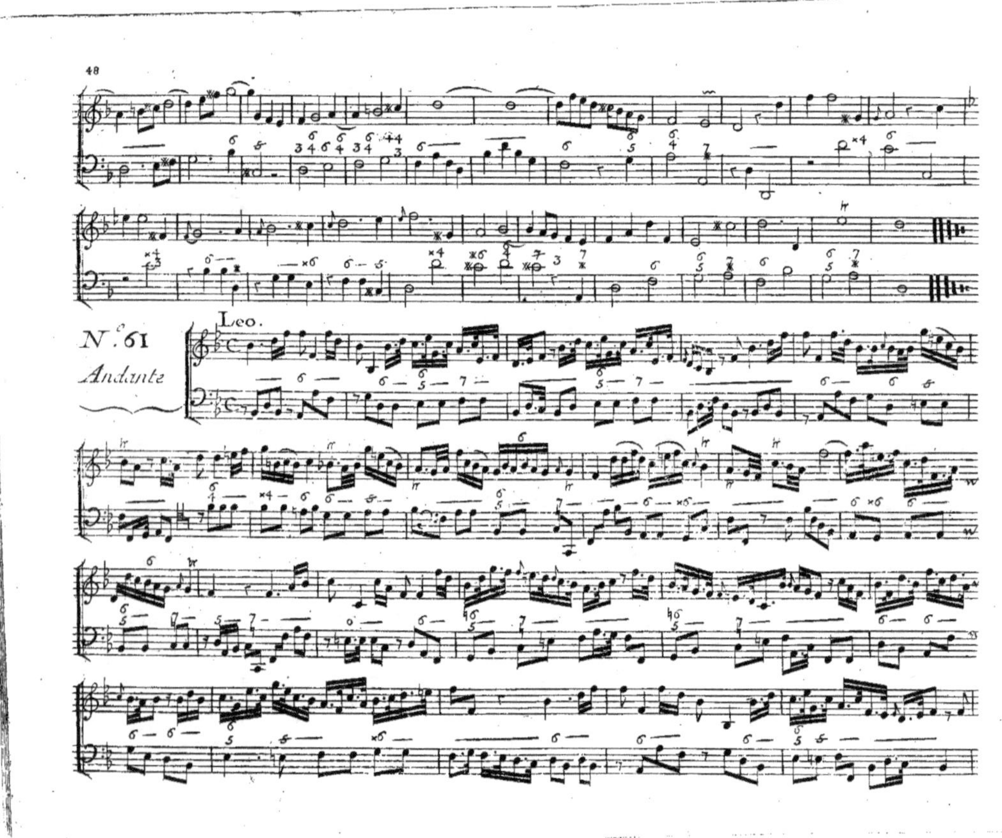
N.º 61
Andante
Leo.

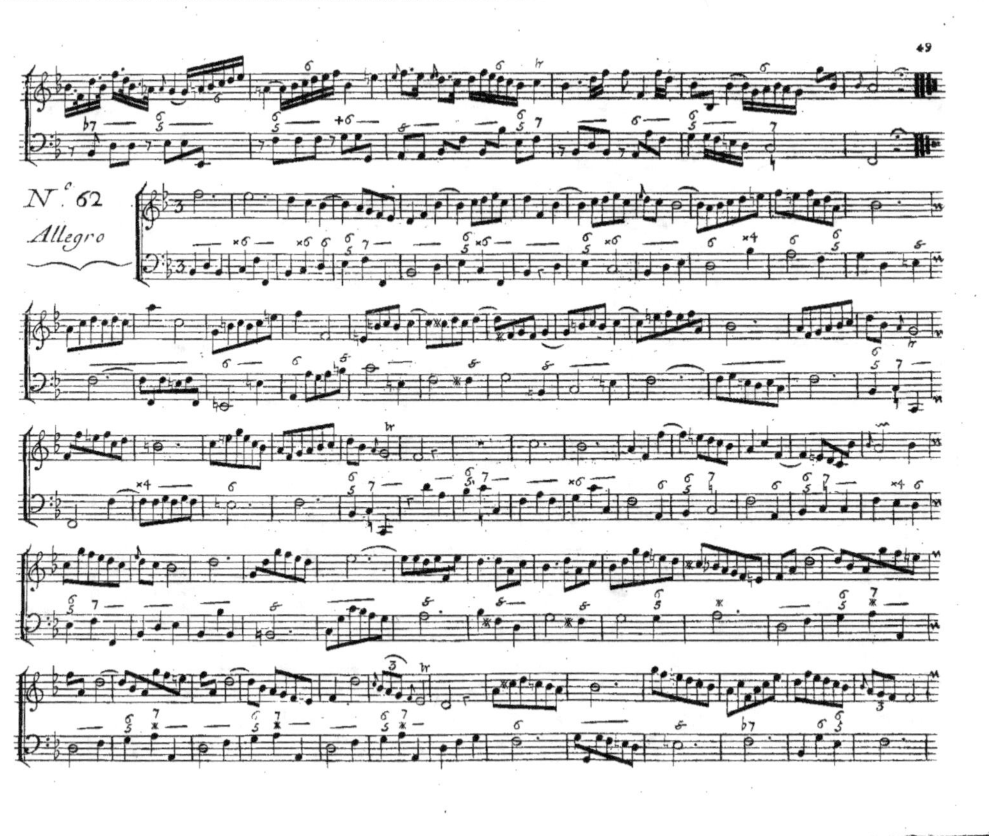
N.º 62
Allegro

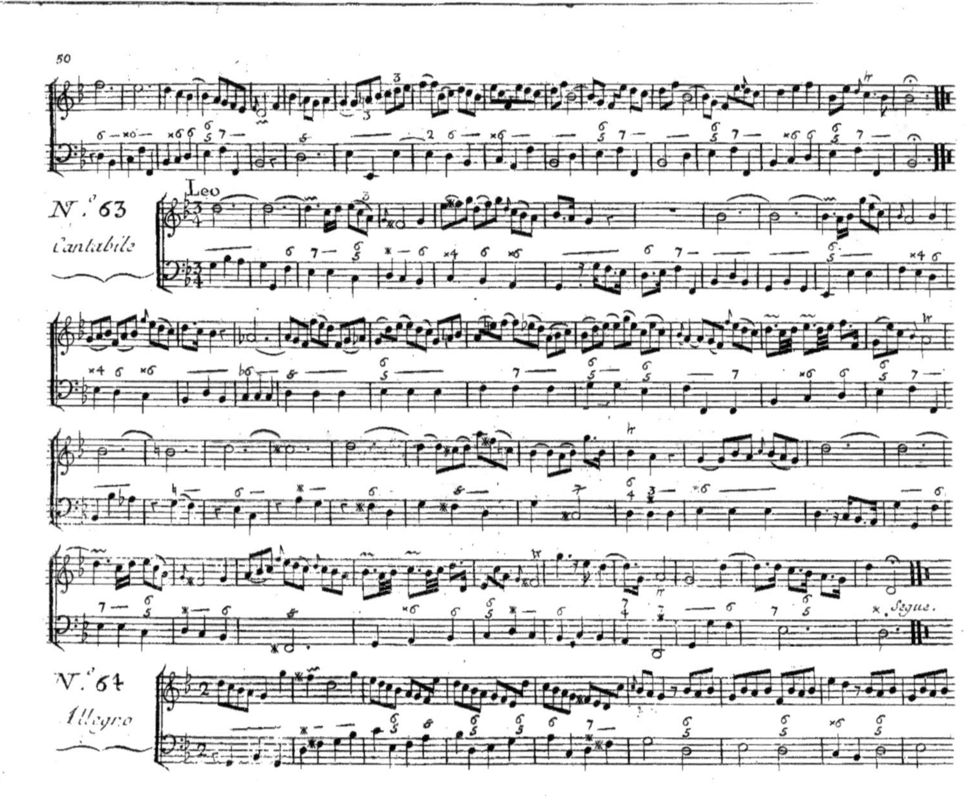

N.º 63
Cantabile
Leo
N.º 64
Allegro
Segue.

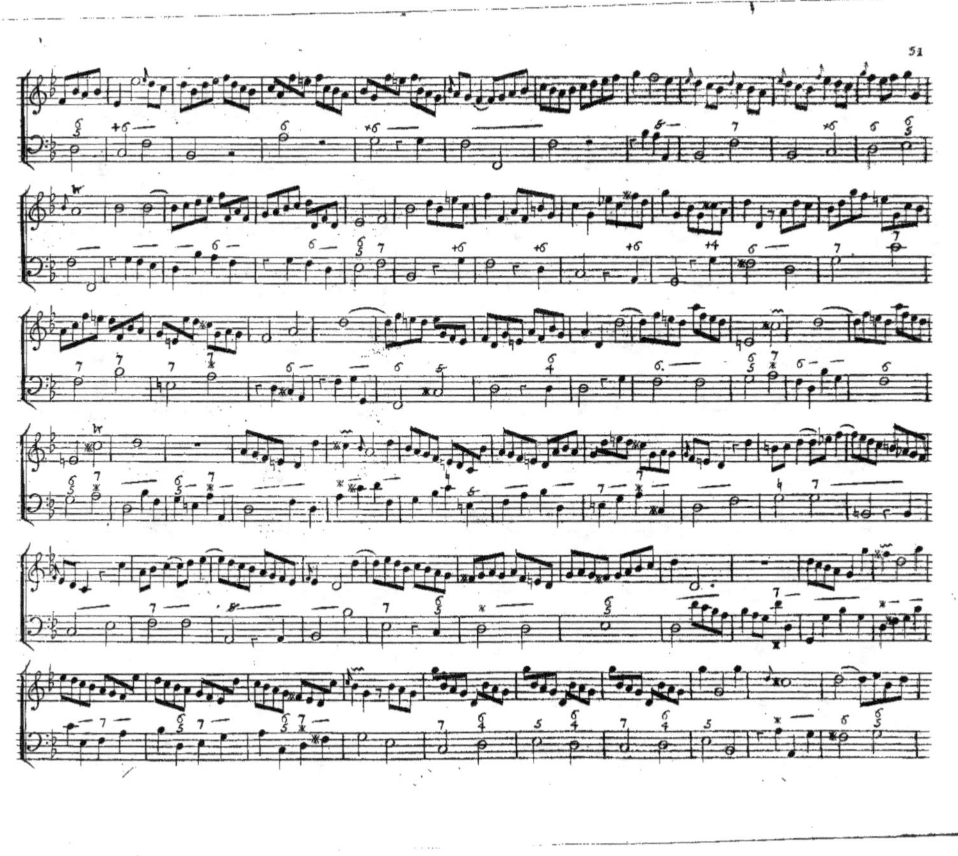

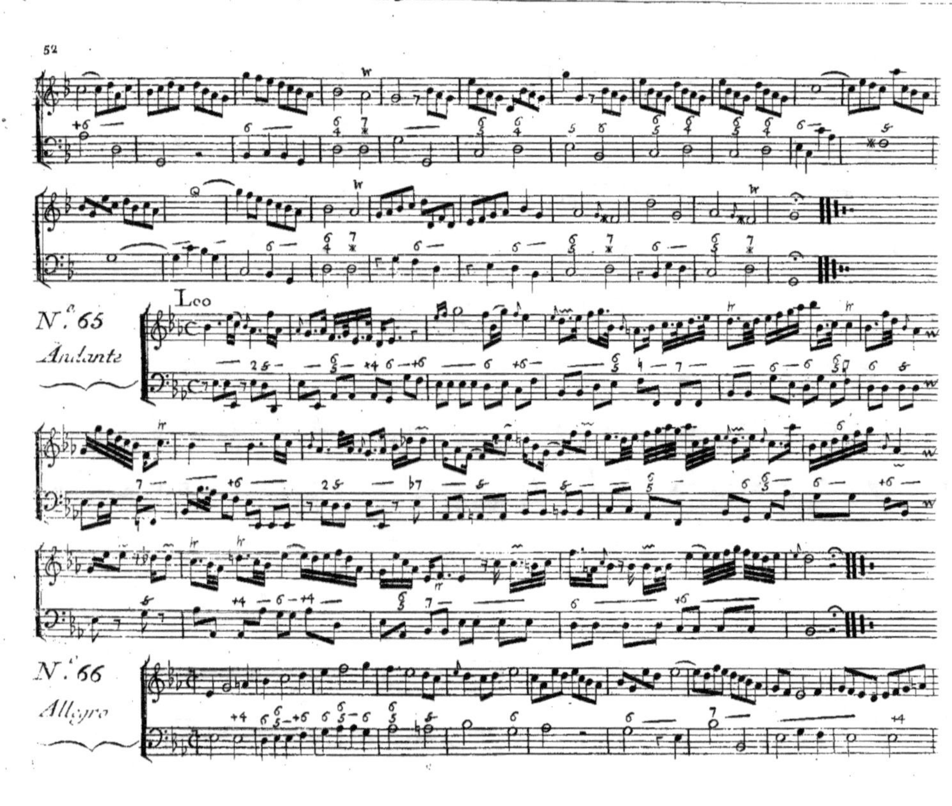
N.º 65
Andante
Leo
N.º 66
Allegro

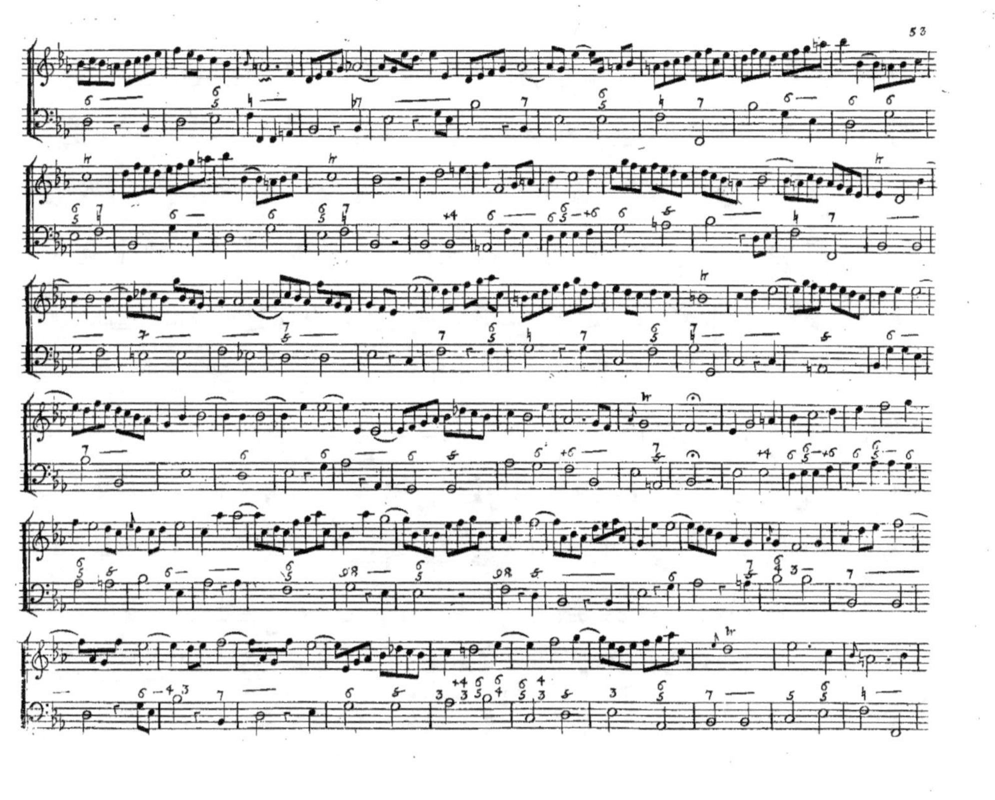

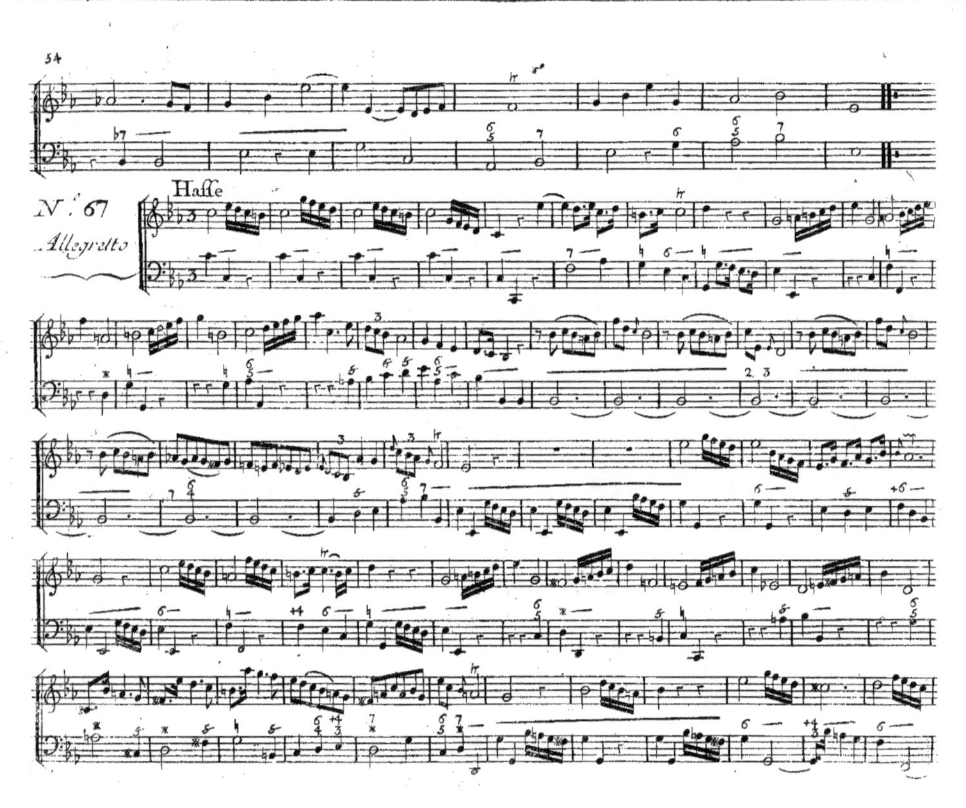

54
Hasse
N.º 67
Allegretto

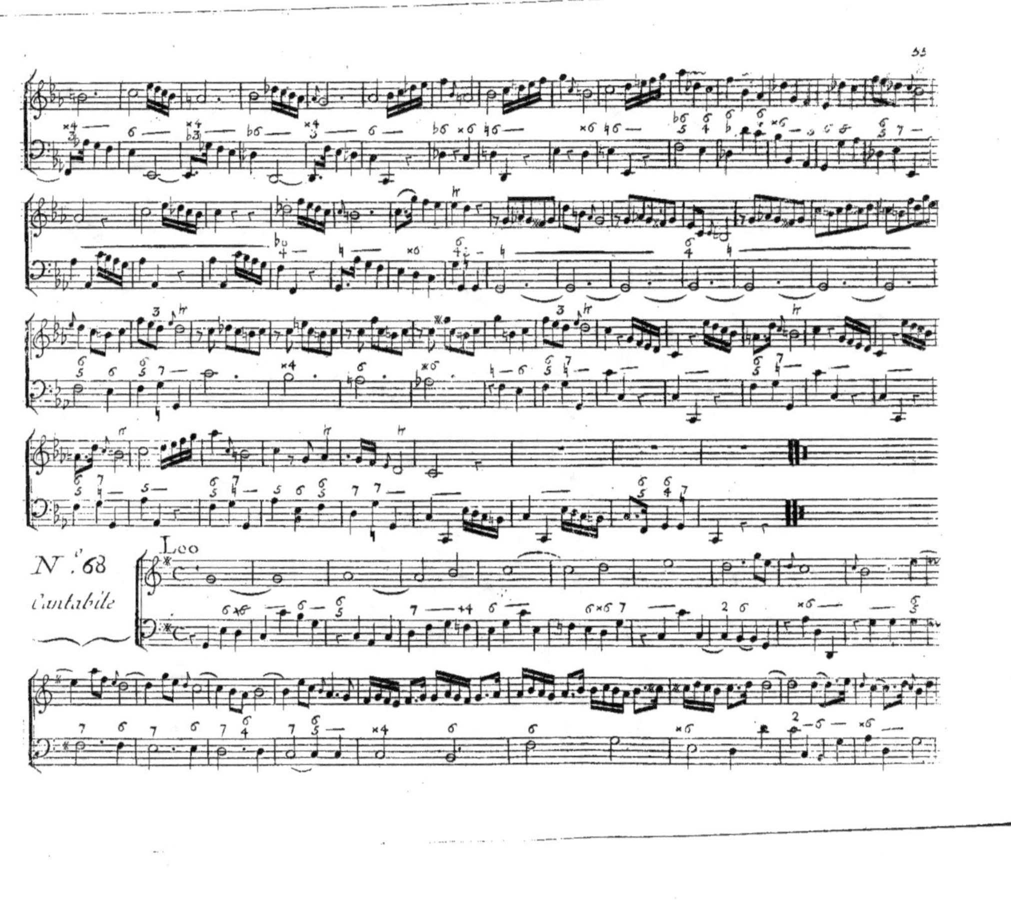

N.º 68
Leo
Cantabile

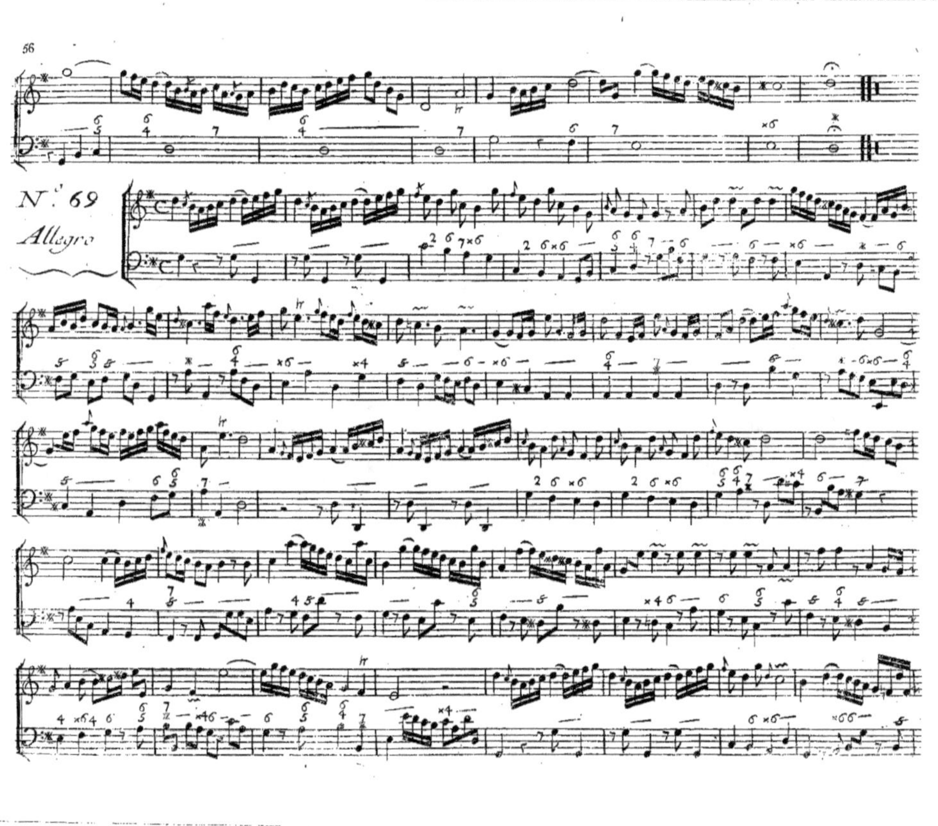
N.º 69
Allegro

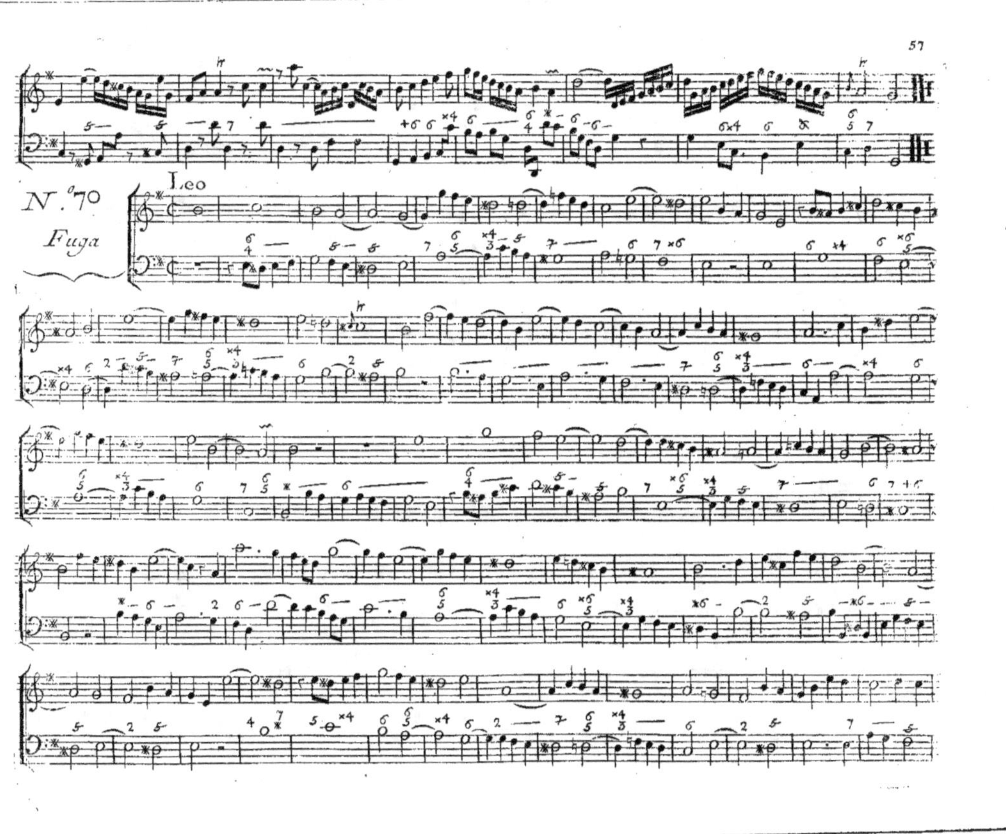

N.º 70
Fuga
Leo

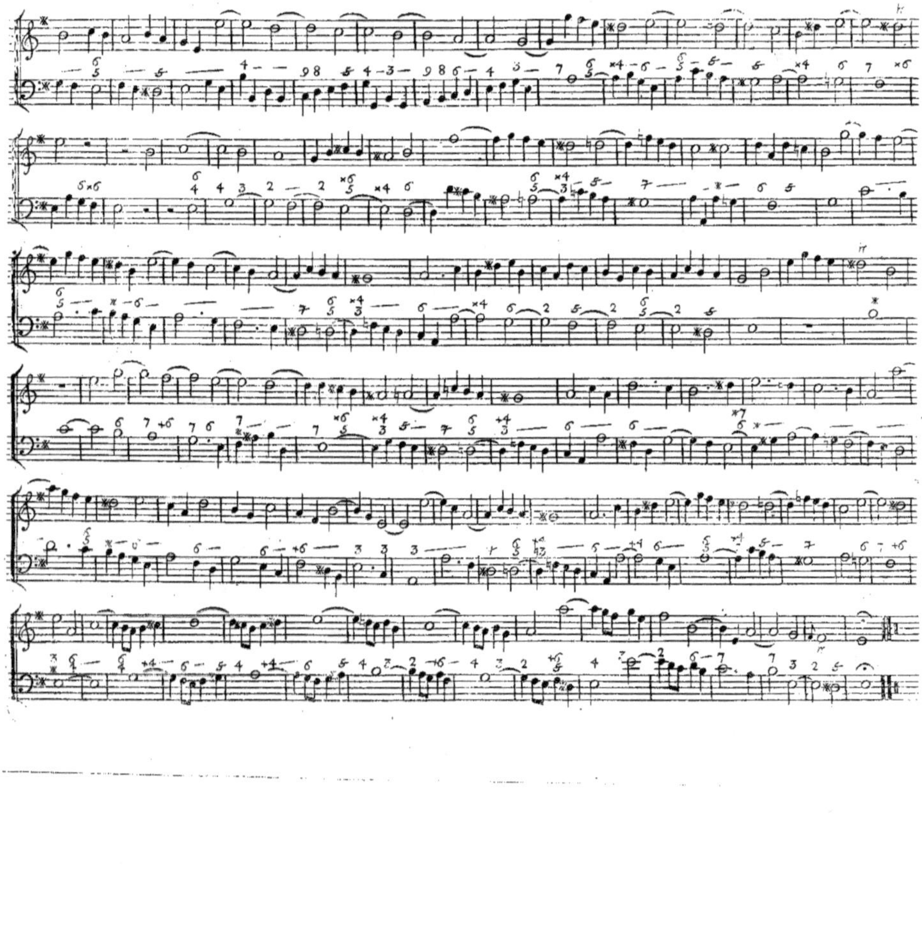

N.º 71
Andante
Mazzoni
55

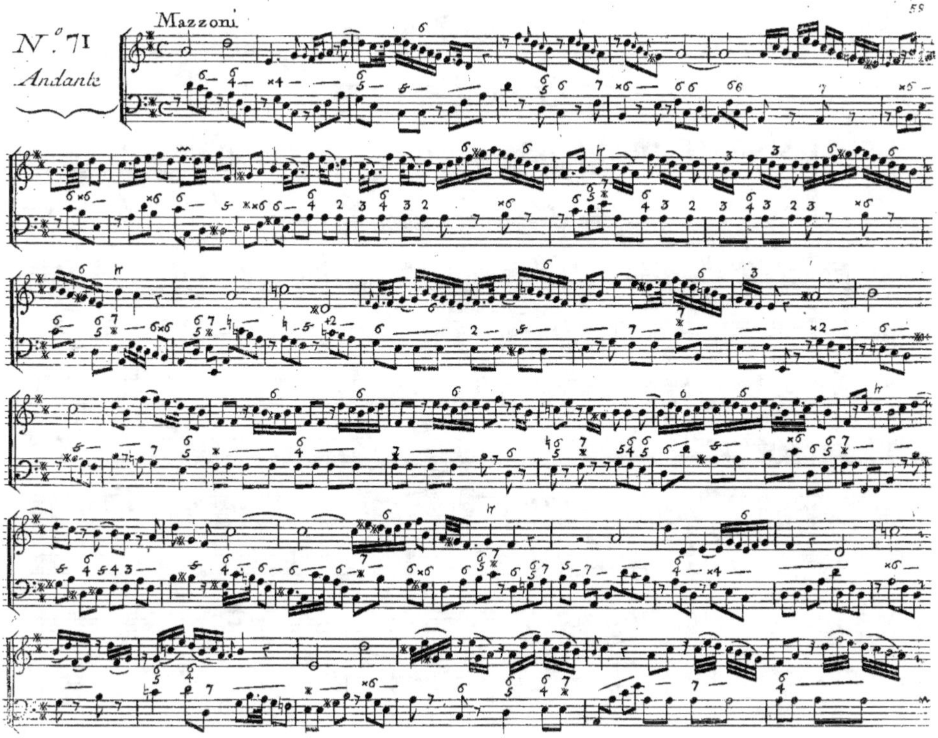

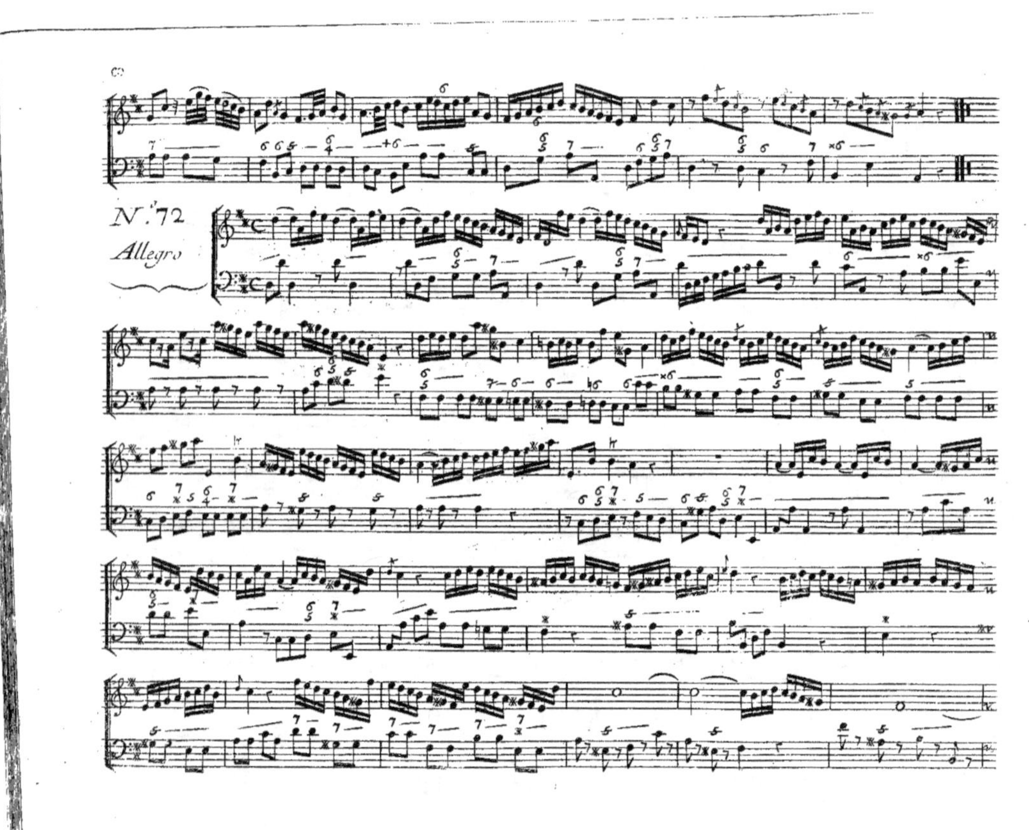
N.º 72
Allegro

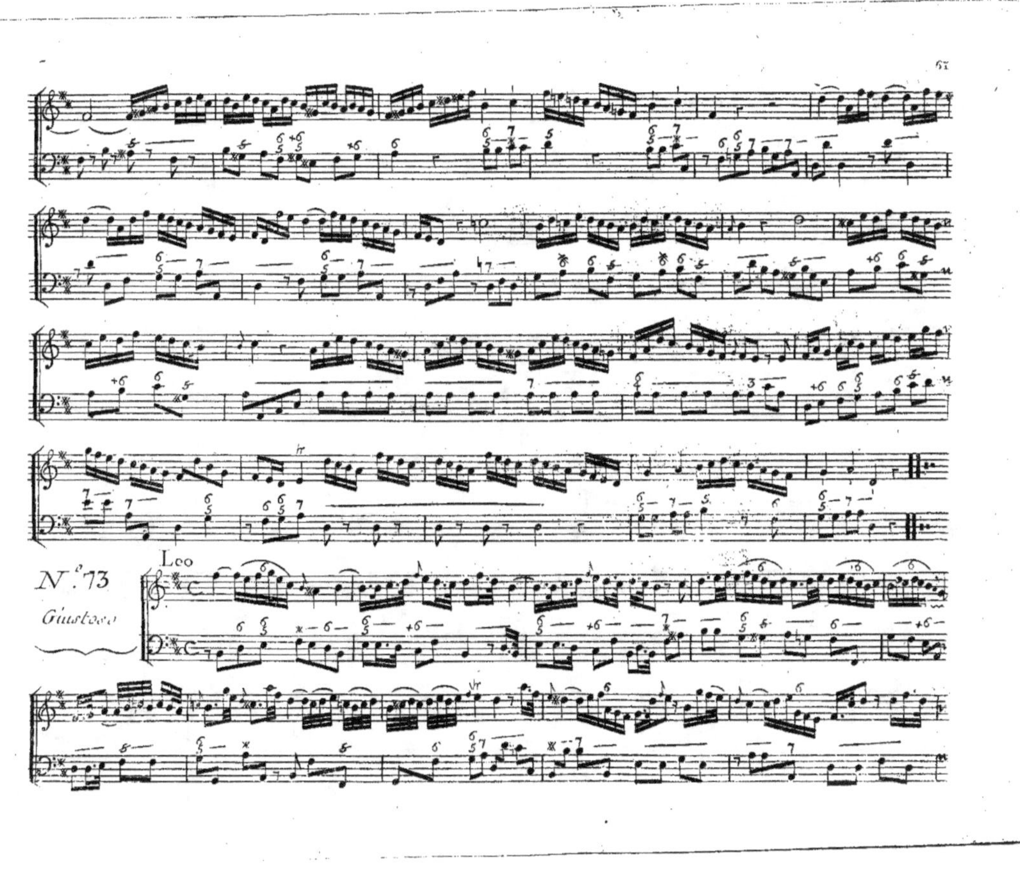
N.º 73
Leo
Giustoso

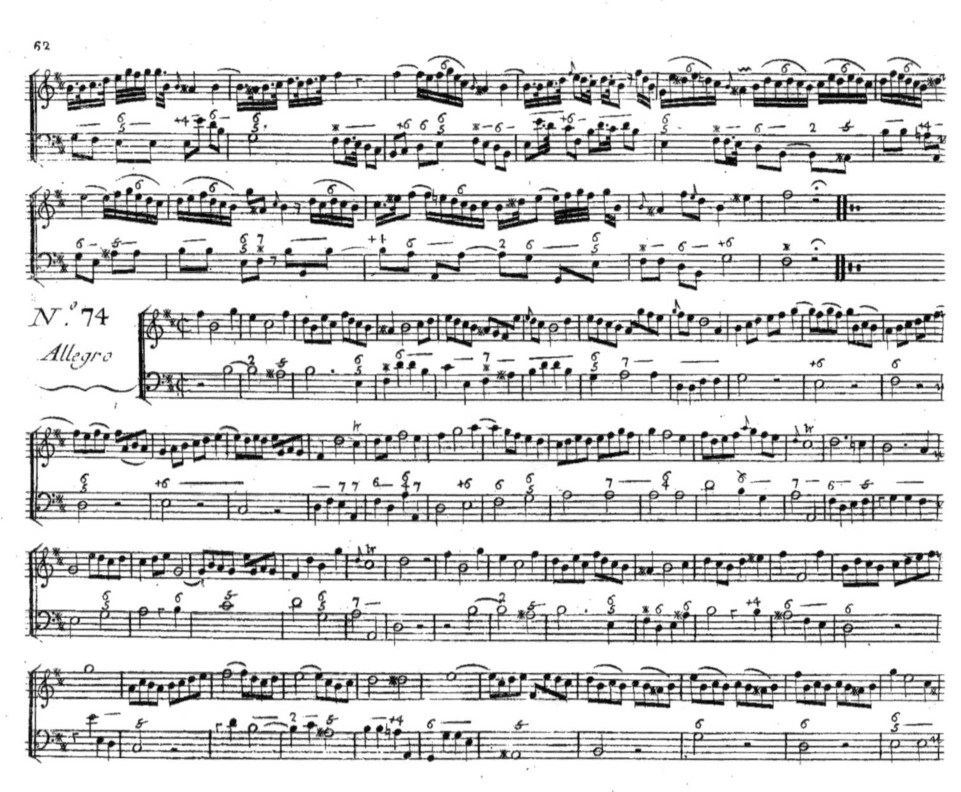
N.º 74
Allegro

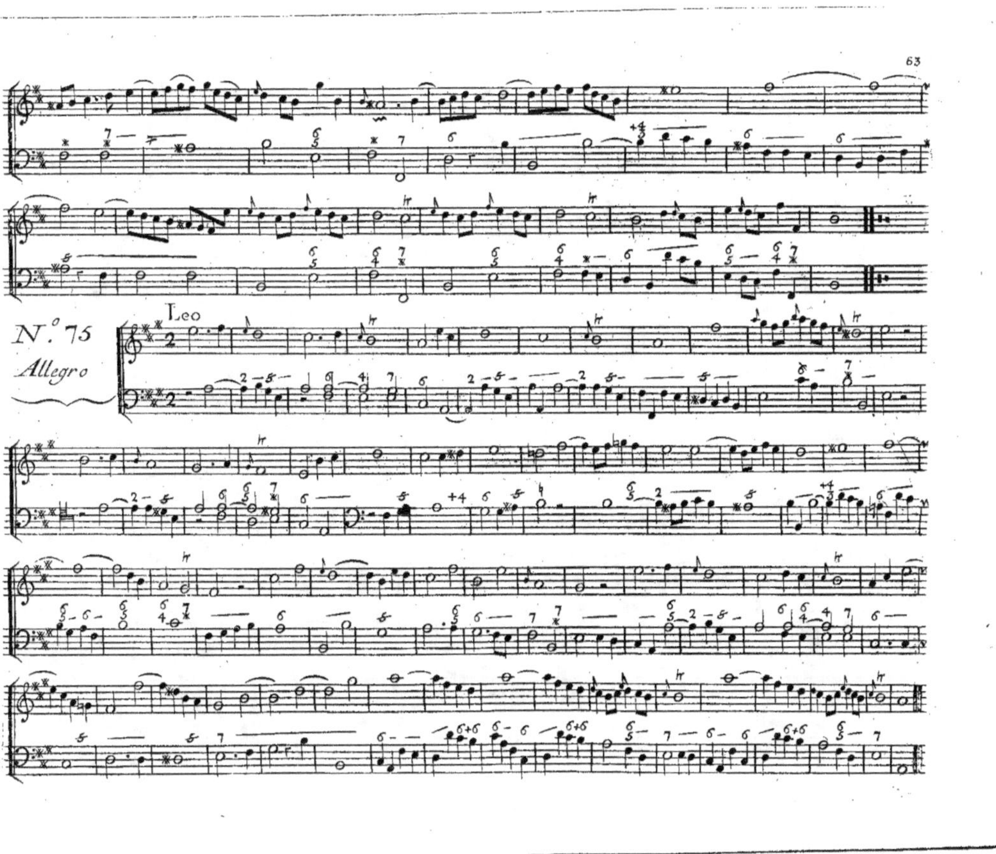
N.° 75
Allegro
Leo

N.º 76
Allegro

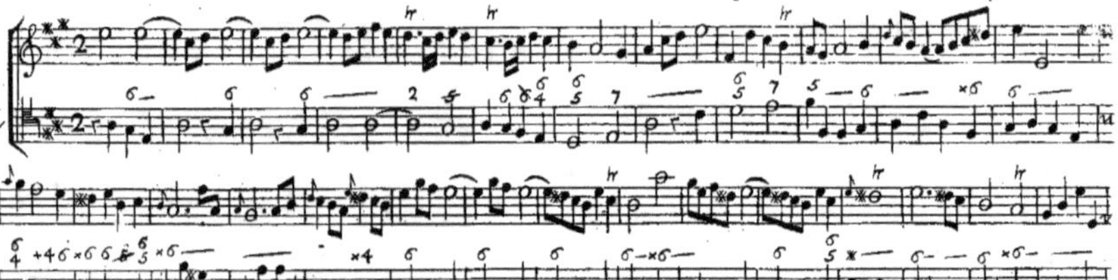

N.º 77
Cantabile
Leo

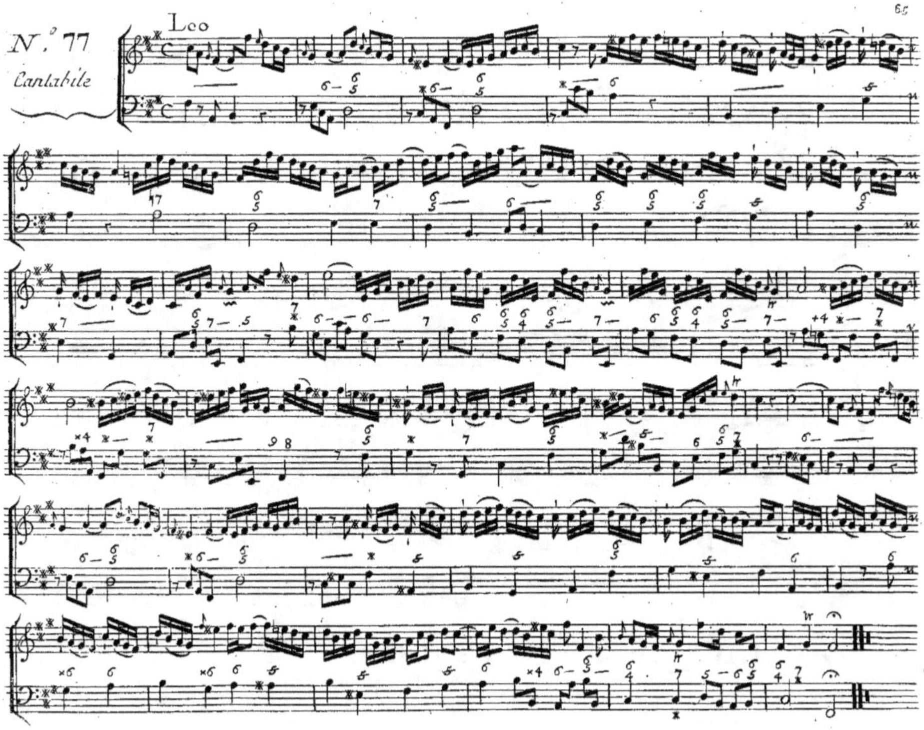

66
N.º 78
Allegro

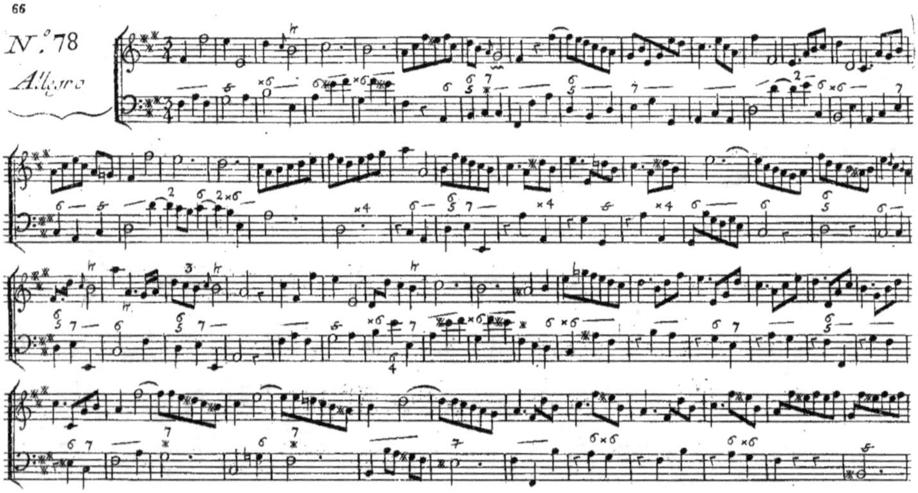

Clef D'ut Sur la 2.ᵉ Ligne.

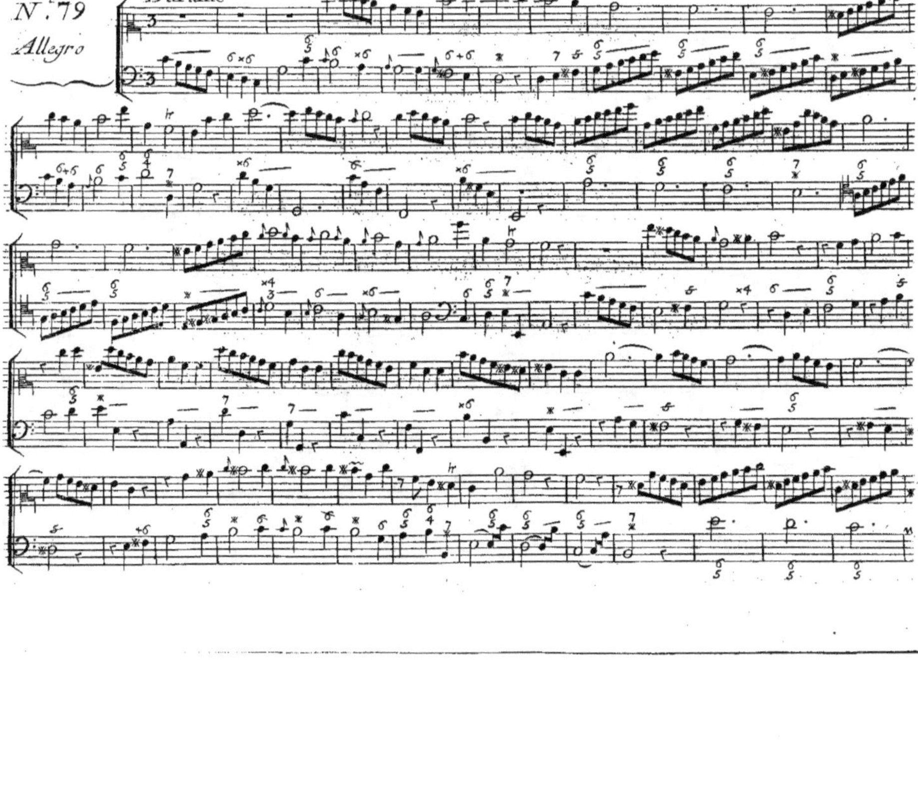

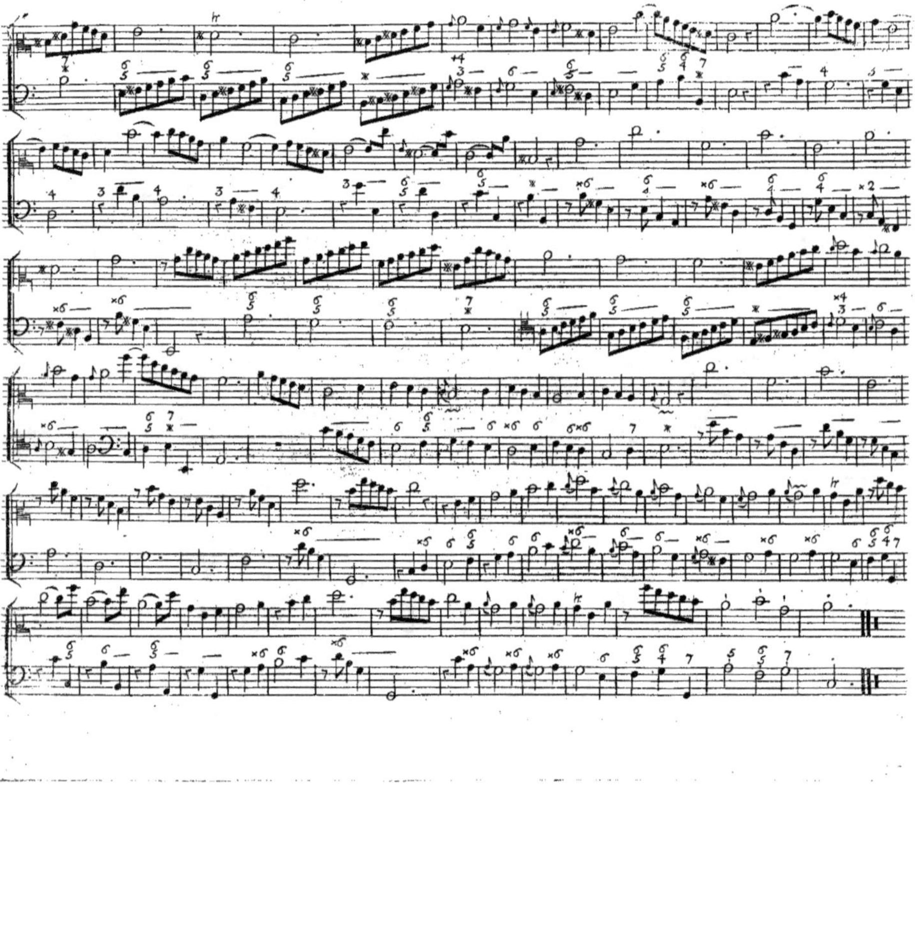

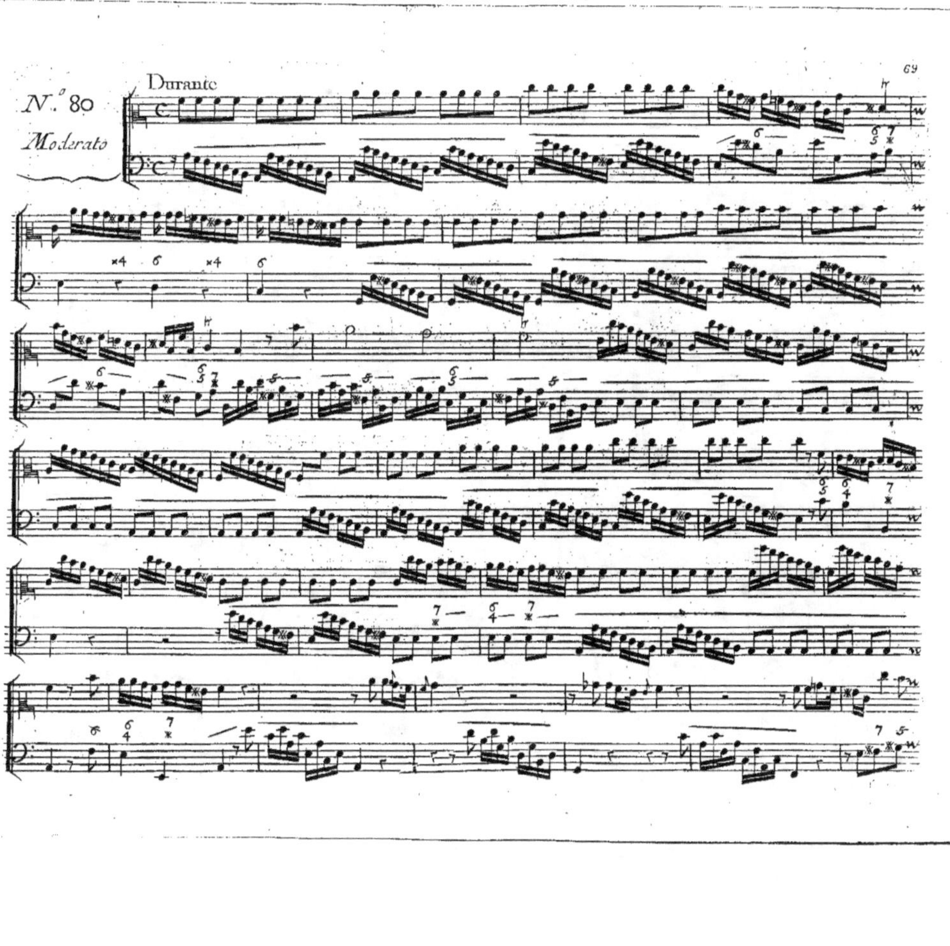
N.º 80
Durante
Moderato

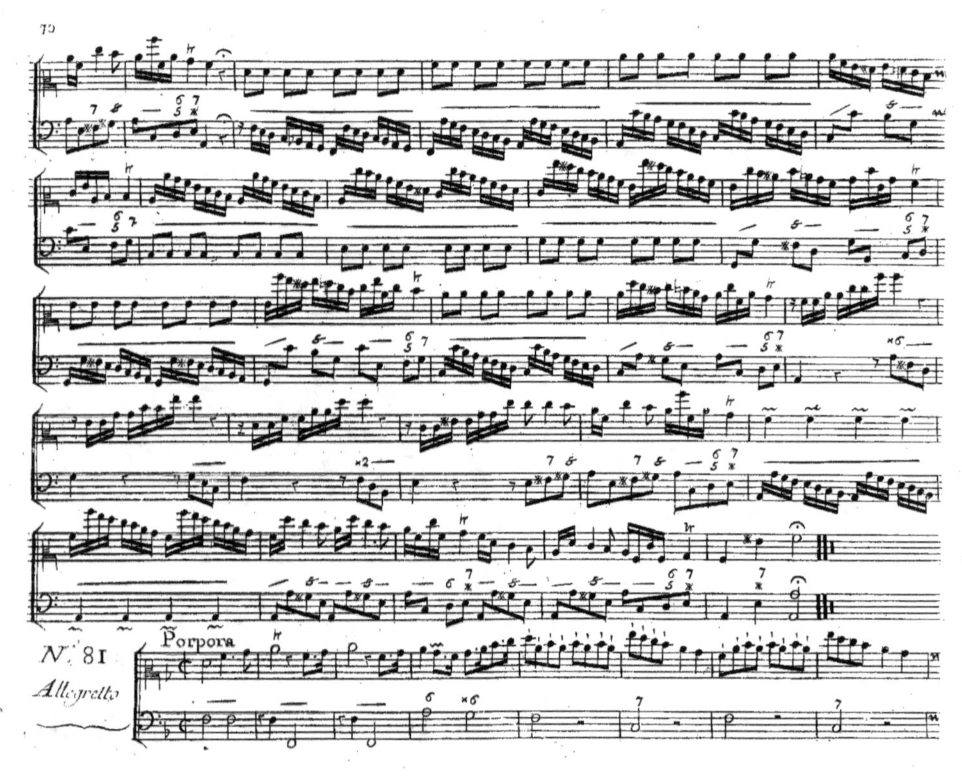
Porpora
N.º 81
Allegretto

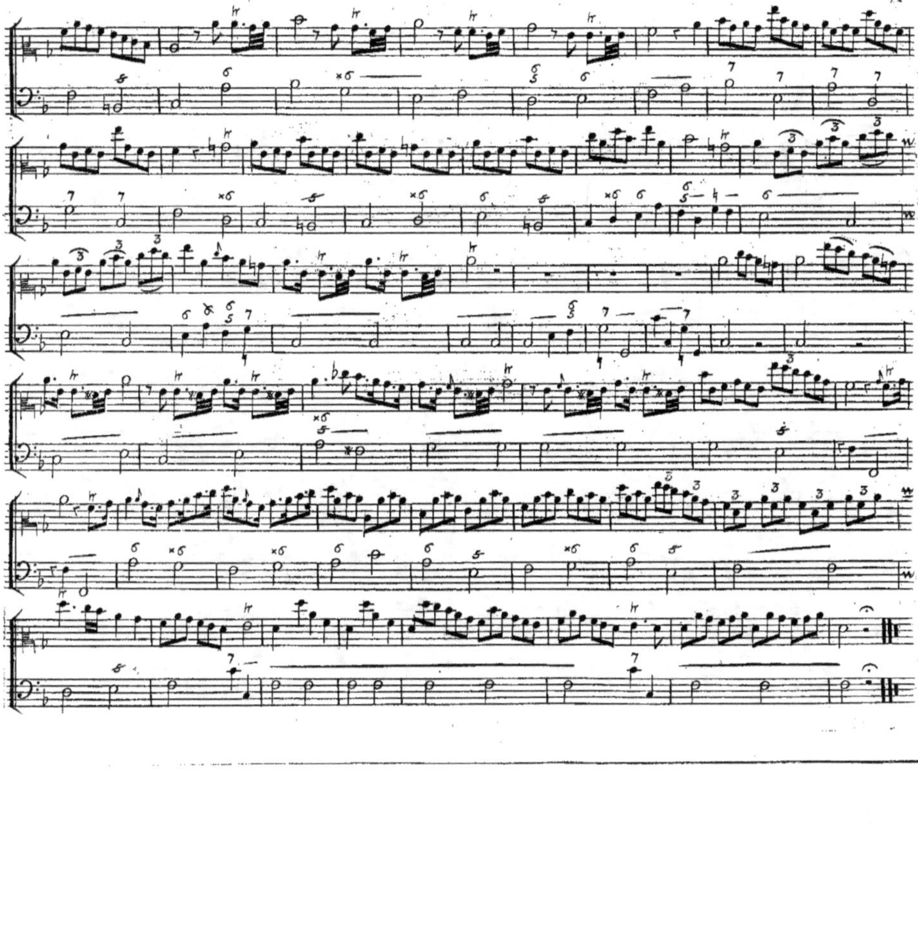

72
N.º 82
Andantino
Leo

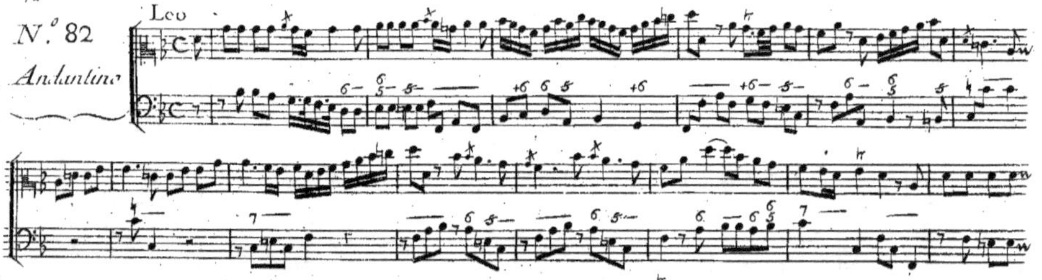

N.º 83
Moderato

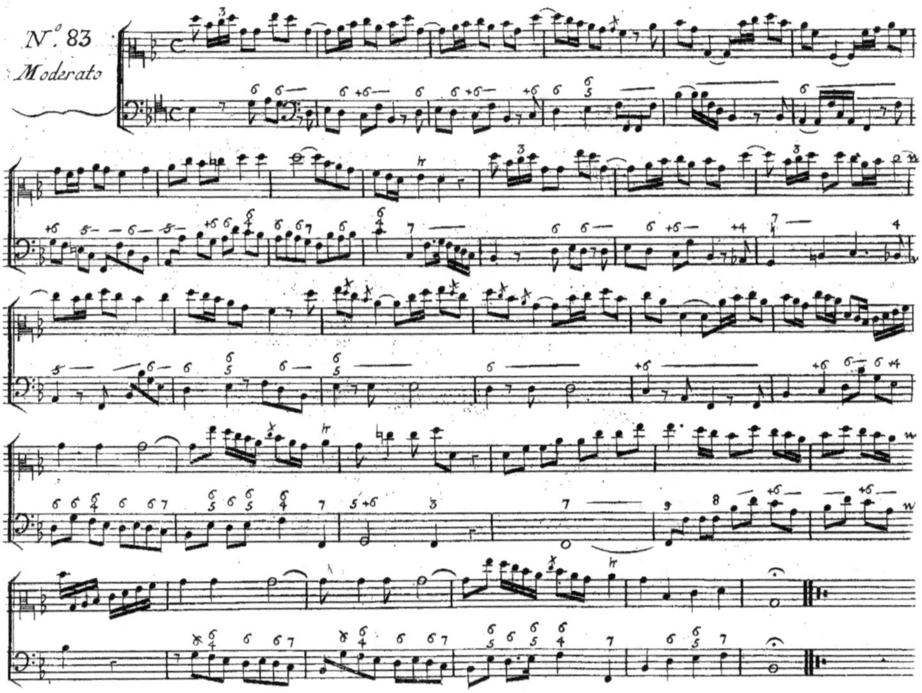

74
N.º 84
Allegro
Leo

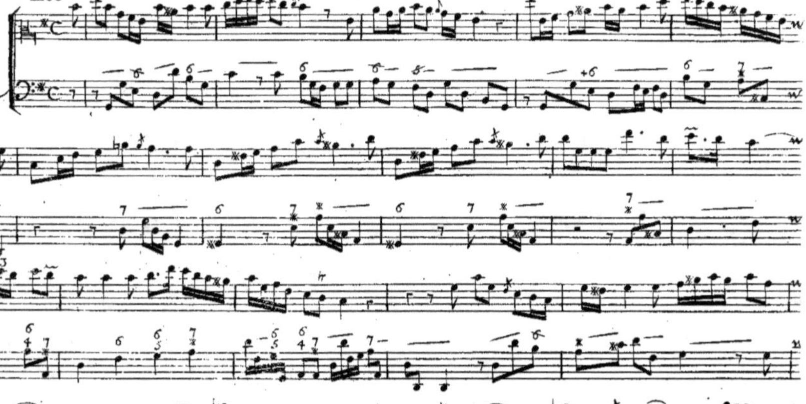

Clef D'ut Sur la 3.ᵉ Ligne

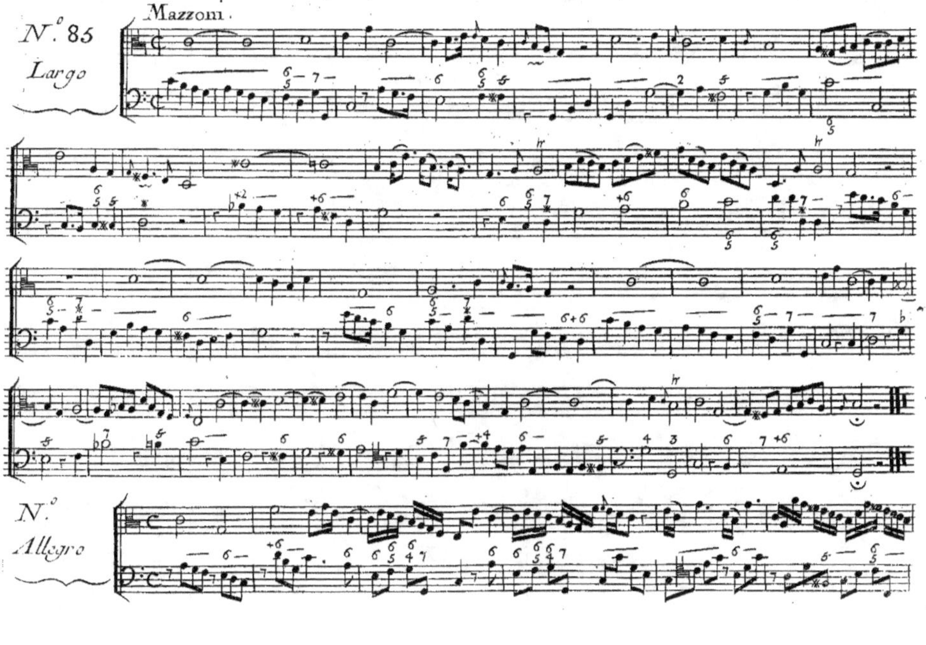

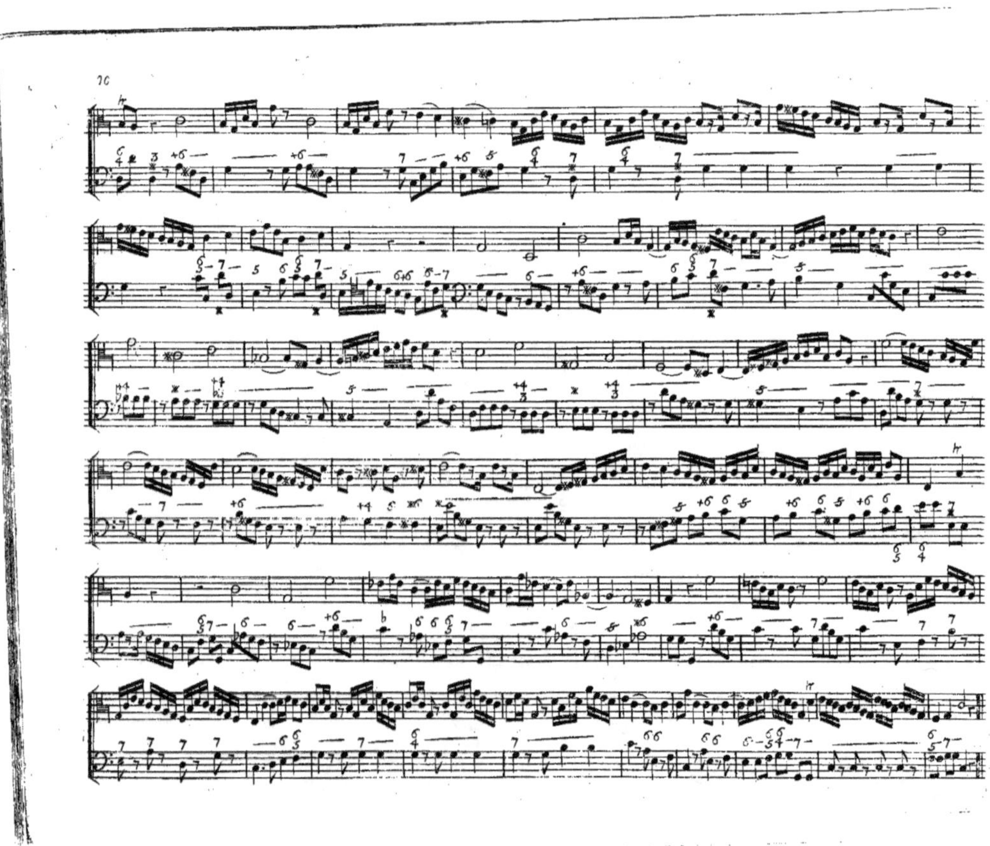

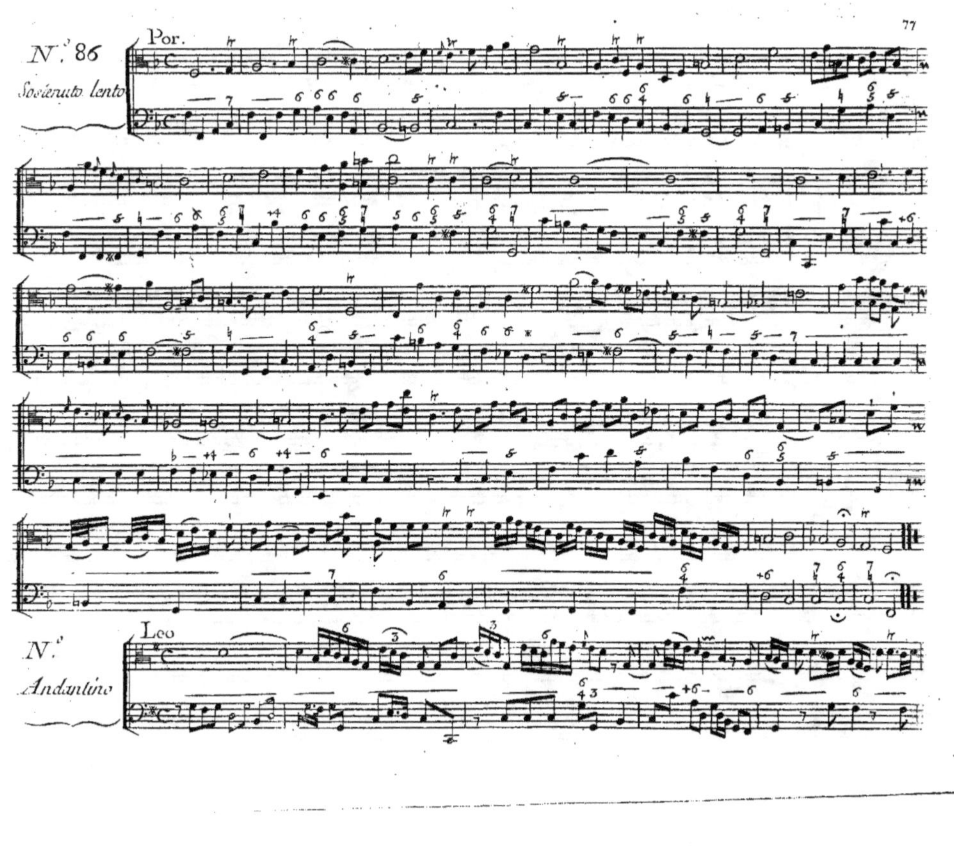
N.º 86
Por.
Sostenuto lento
N.º
Leo
Andantino

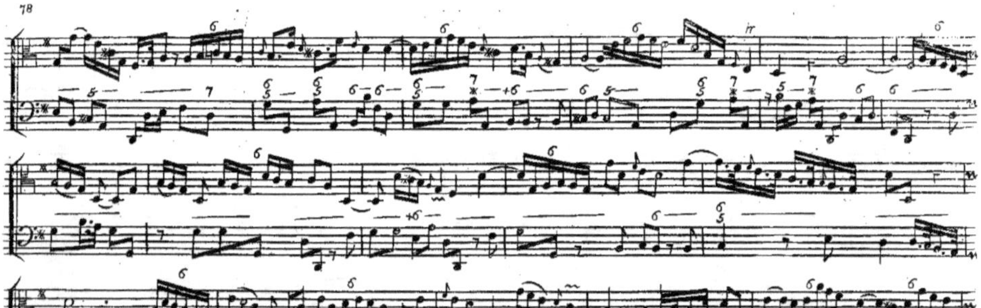

N.º 87
Allegro

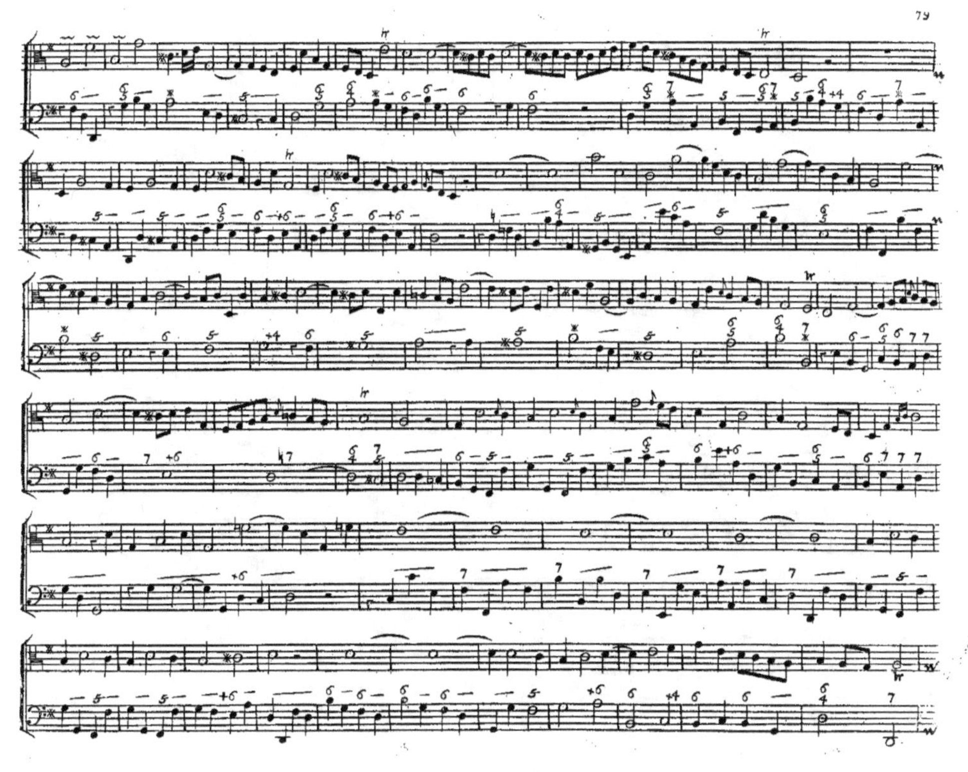

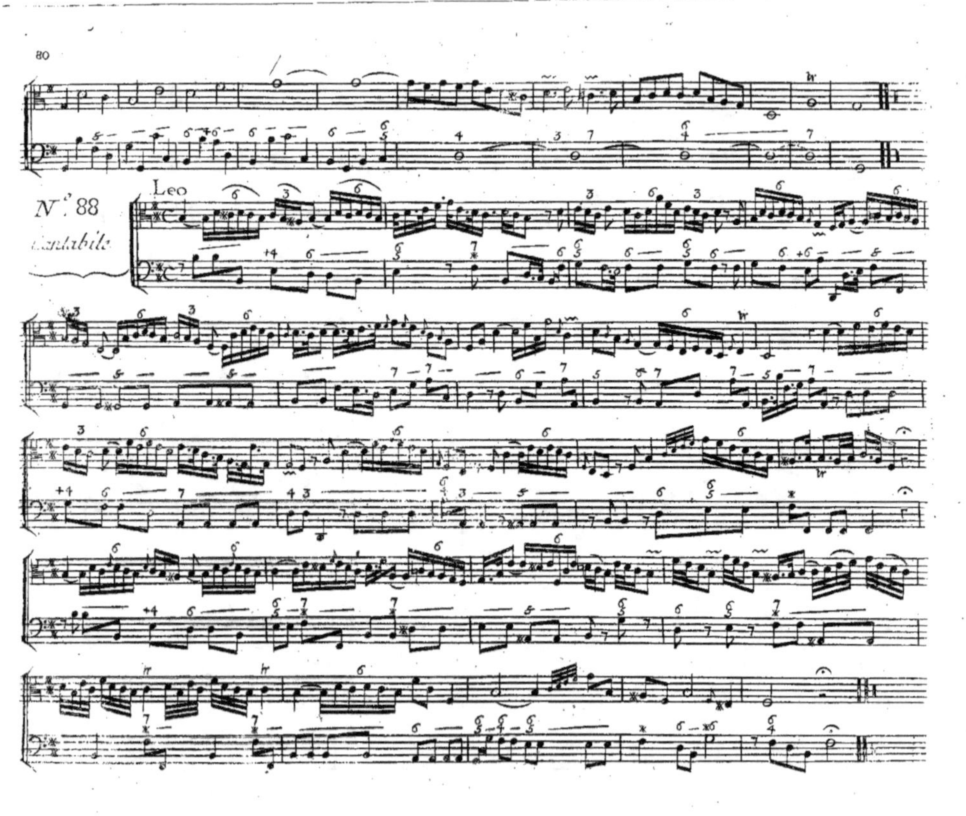

80
N.º 88
Cantabile
Leo

N.º 89
Allegro

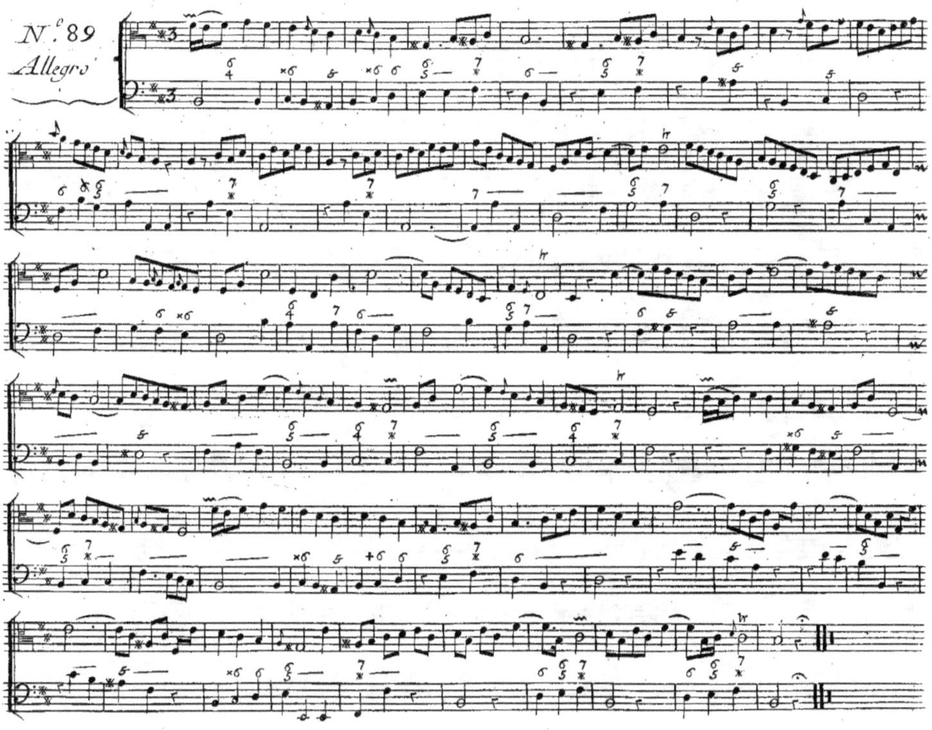

N.º 90
Allegro
Maz.

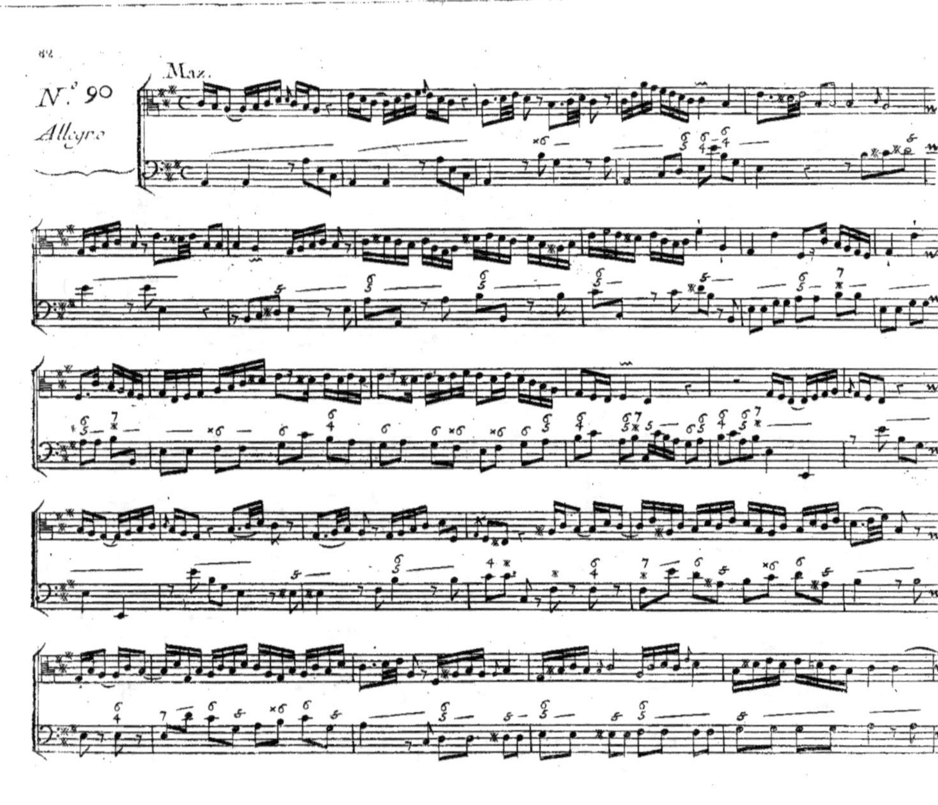

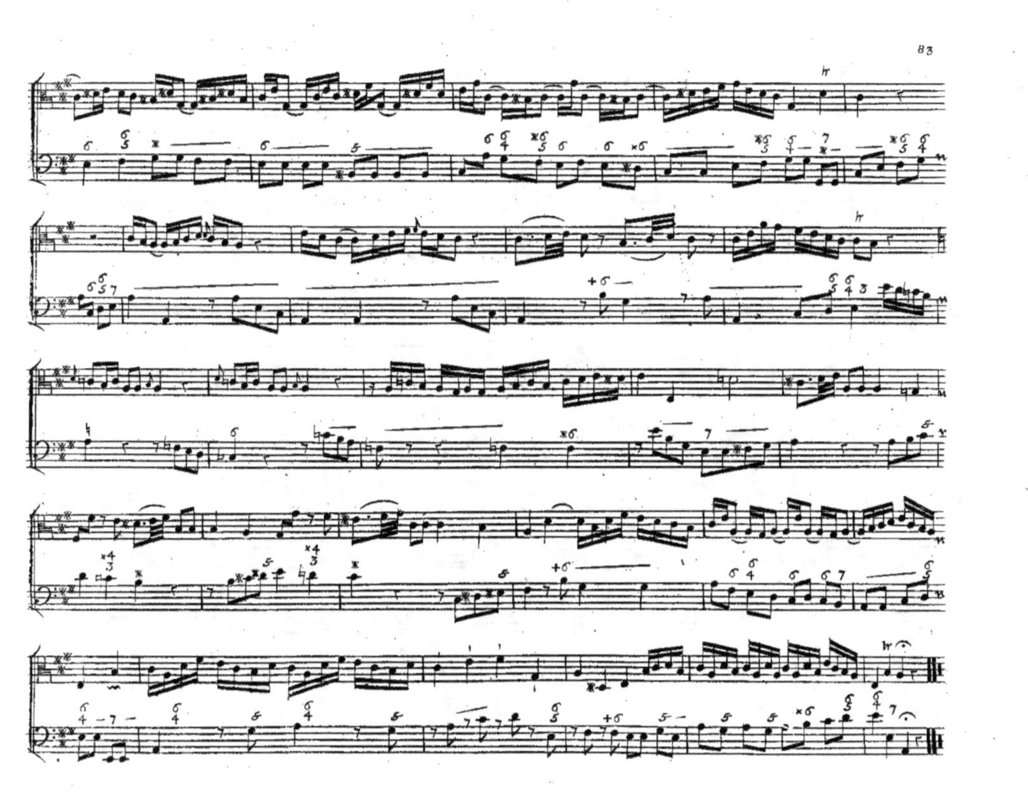

Clef D'ut Sur la 4.e Ligne
N.o 91
Andante
Leo

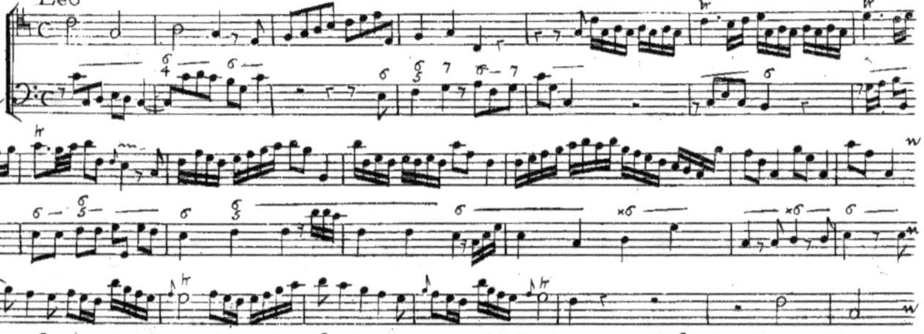

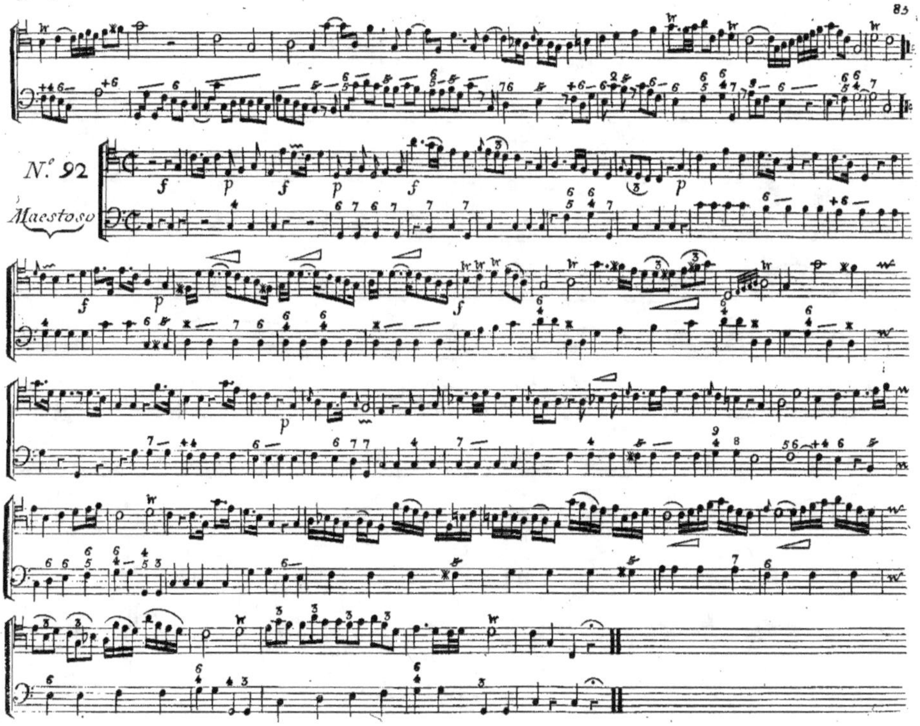

85
N.º 92
Maestoso

N.º 93
Allegro

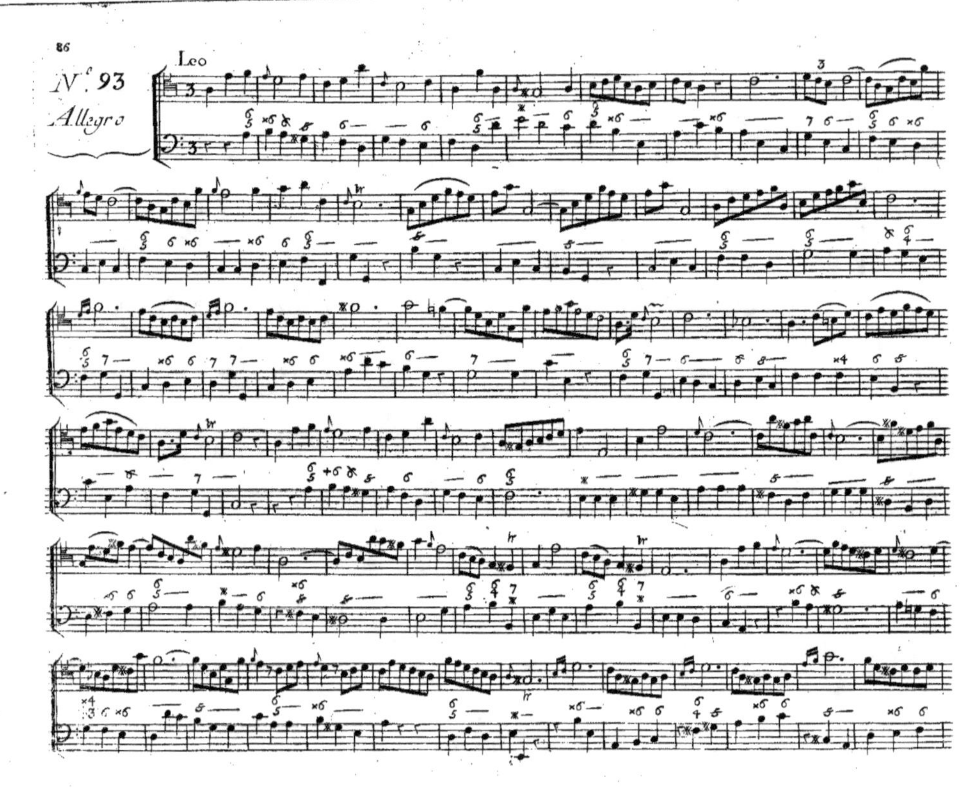

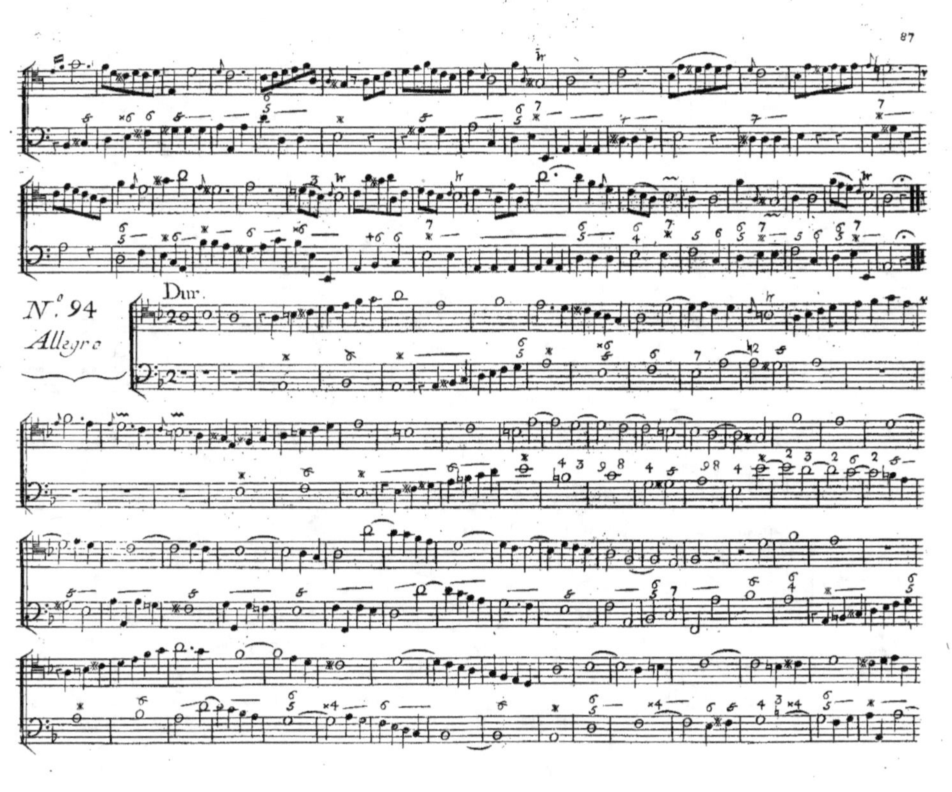
87
N.° 94
Allegro
Dur.

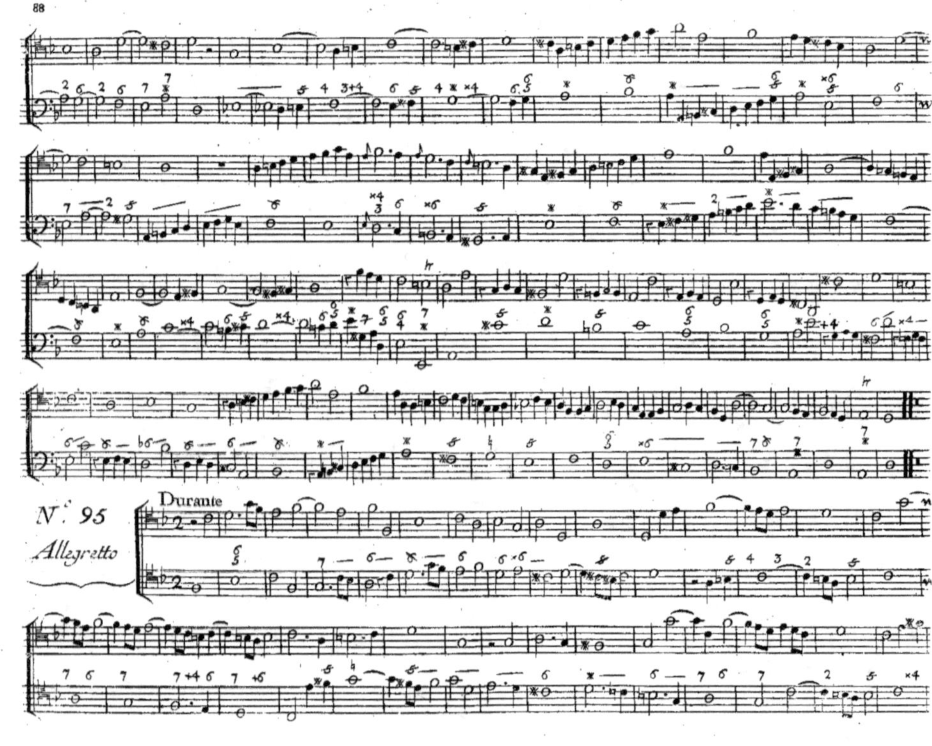

N.º 95
Allegretto
Durante

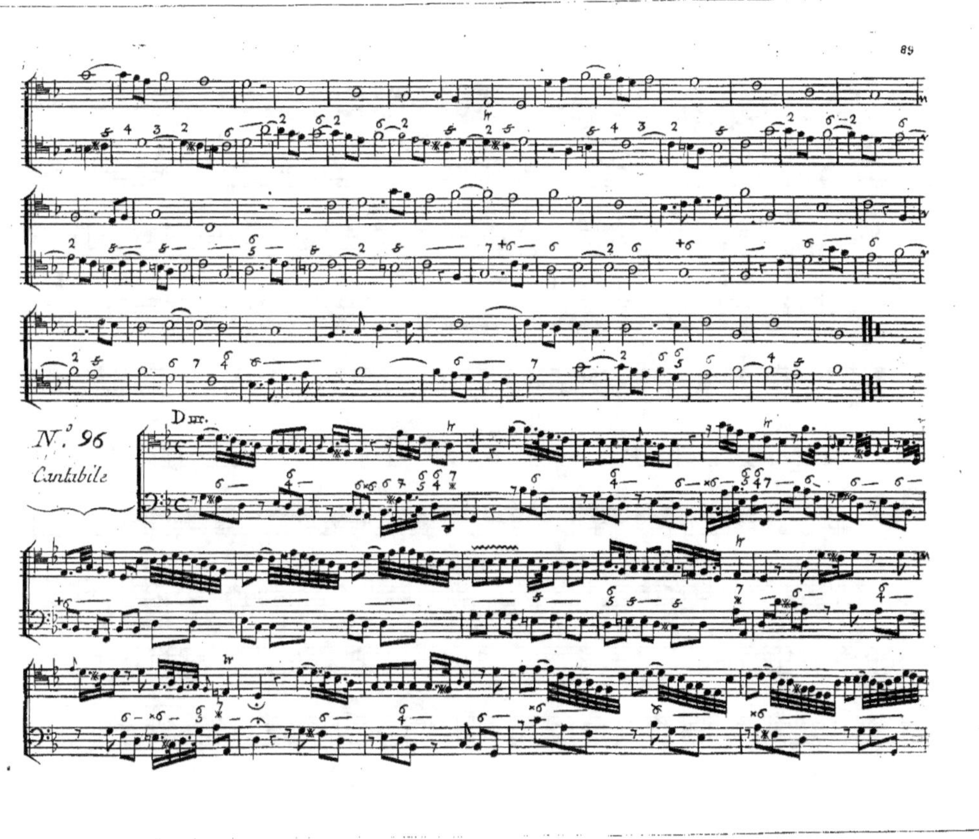
N.º 96
Cantabile
Dur.

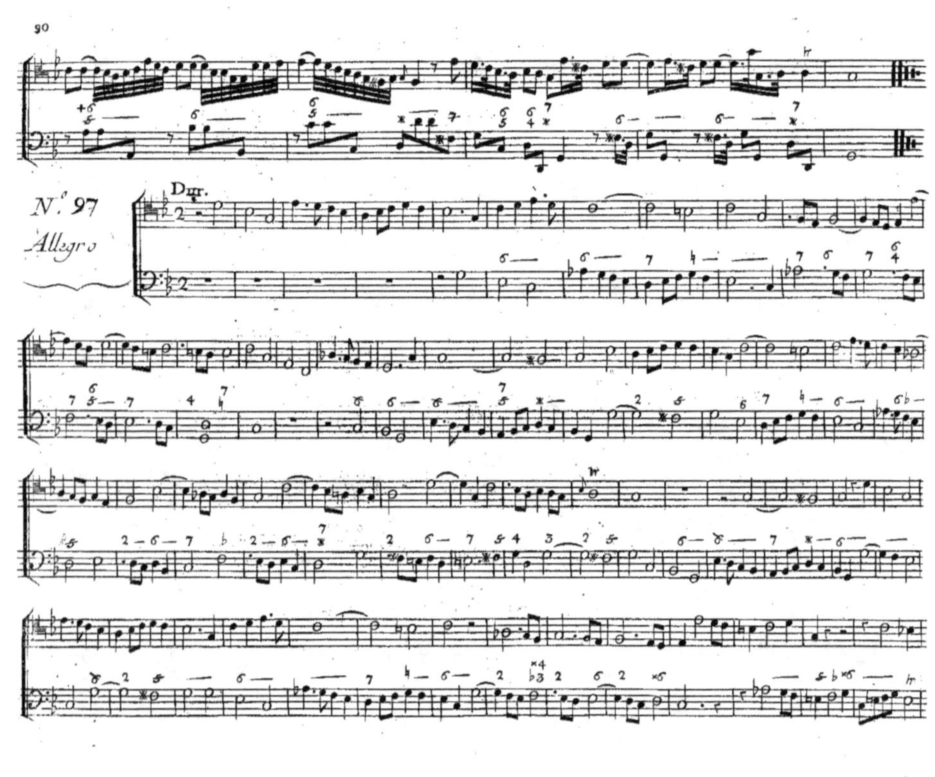
N.º 97
Allegro
Dur.

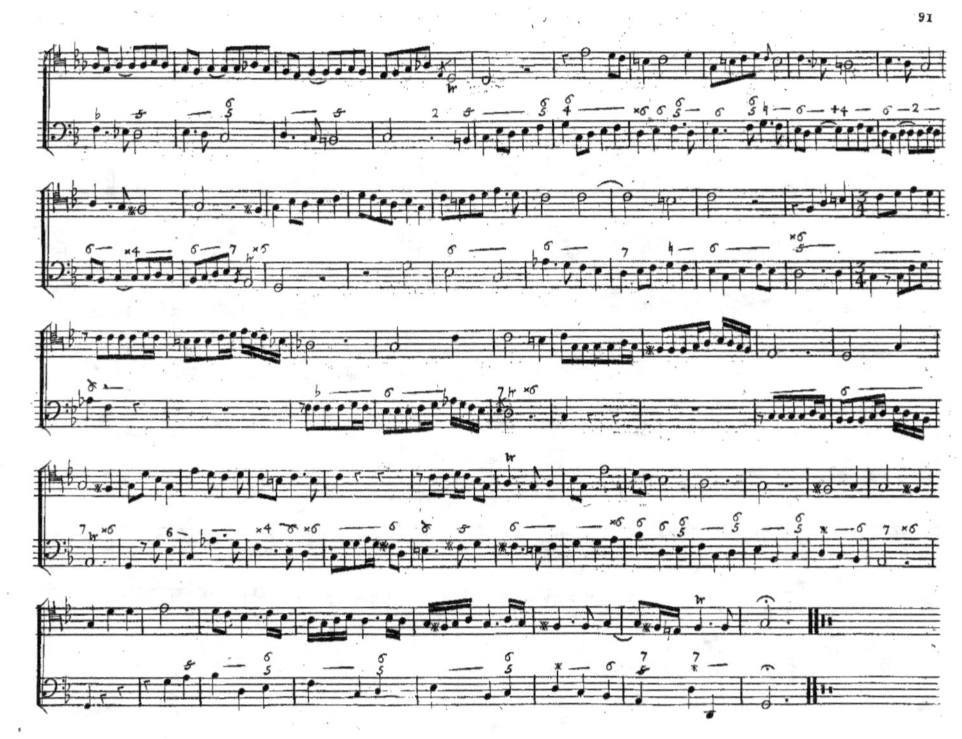

Clef de Fa . Sur la 3.e Ligne
N.° 98
Cantabile
Leo

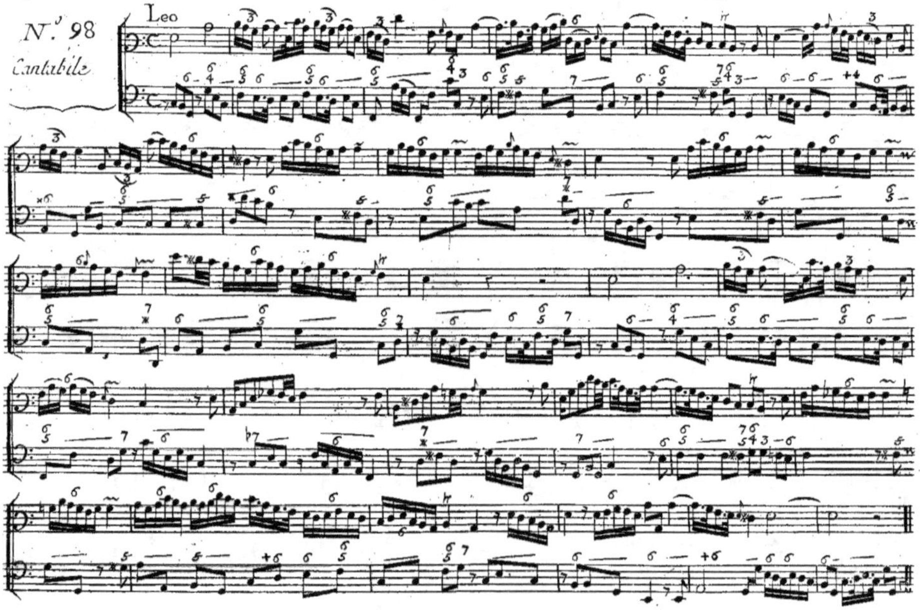

N.º 99
Allegro

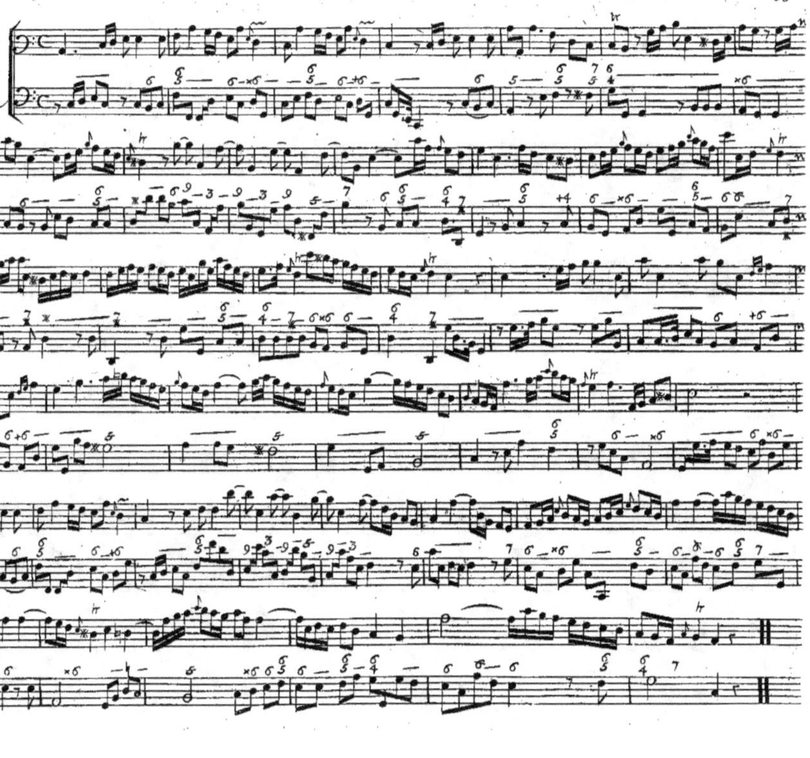

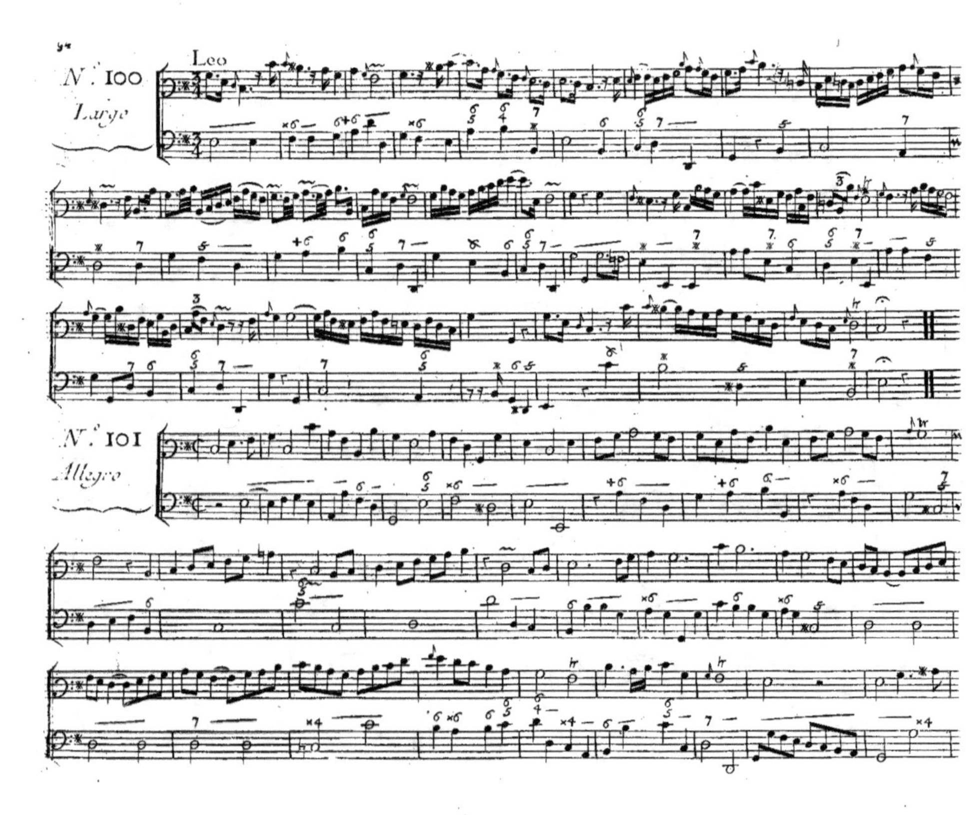

N.º 100
Largo
Leo
N.º 101
Allegro

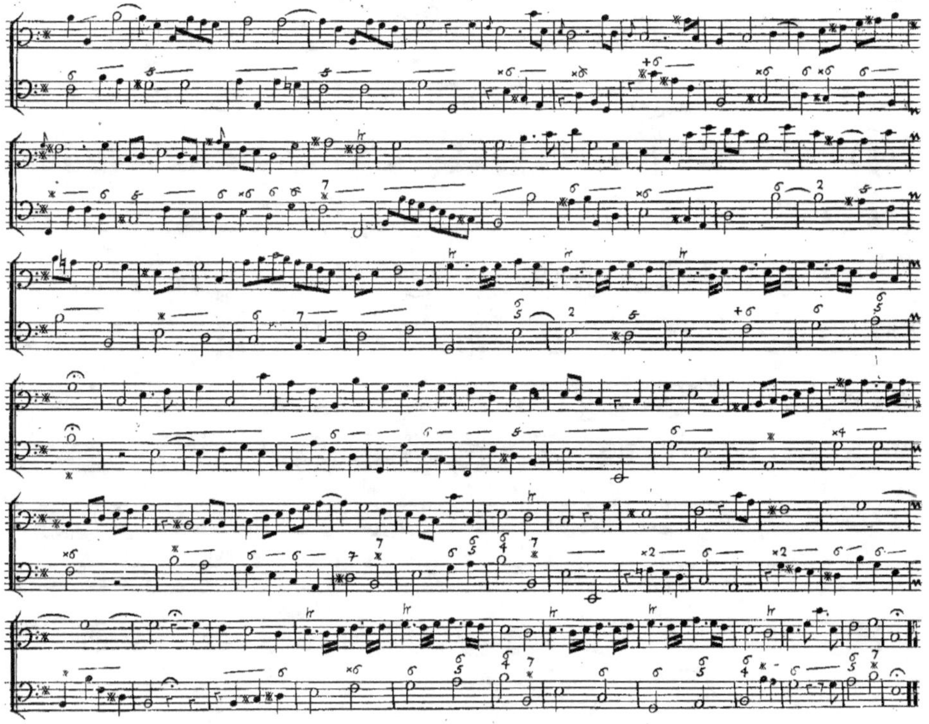

N.º 102

Andᵗᵉ Grazioso

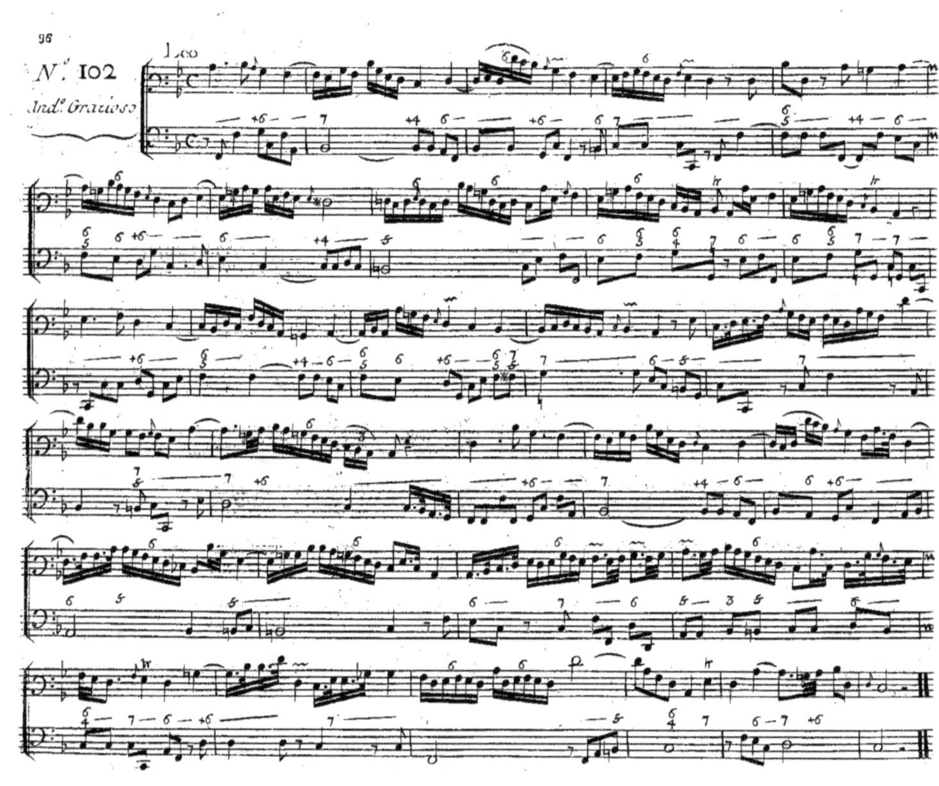

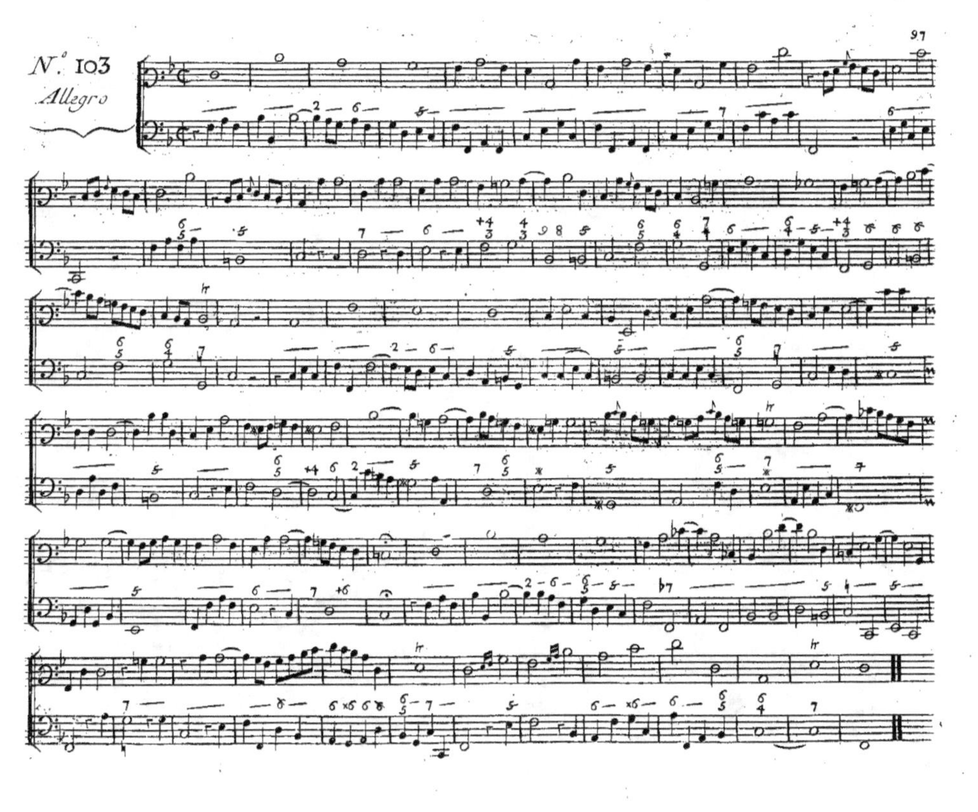
N.º 103
Allegro

N.º 104

Allegro

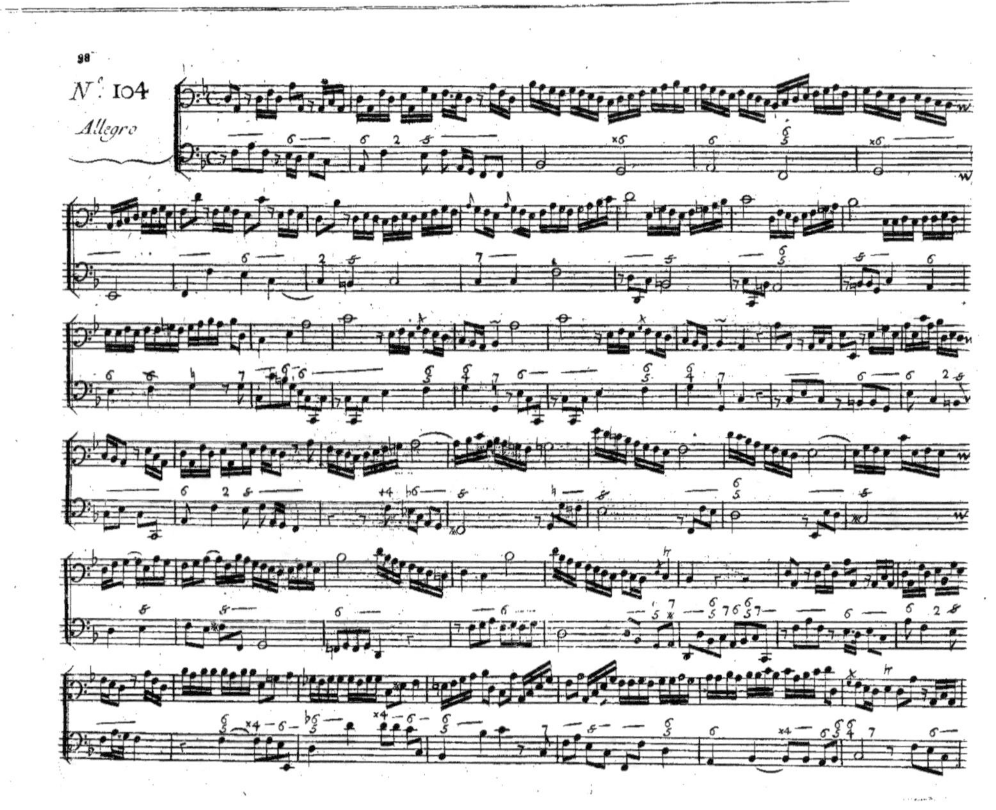

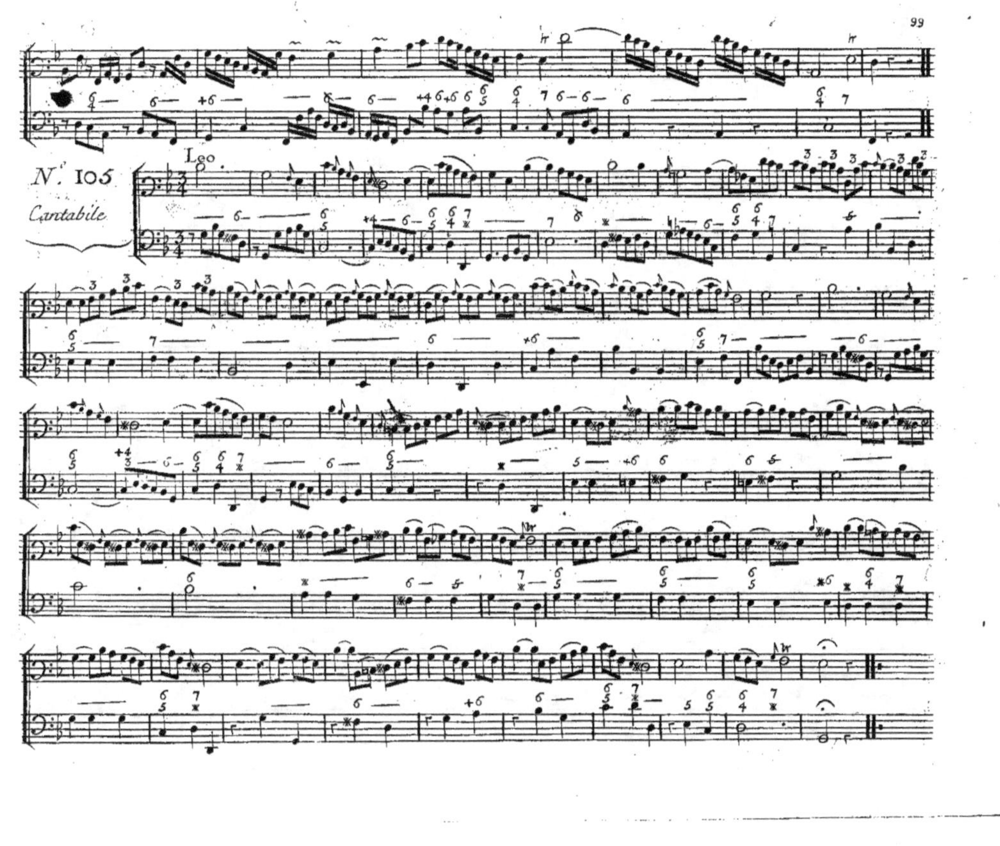
N.° 105
Leo.
Cantabile

Clef de Fa Sur la 4.ᵉ Ligne

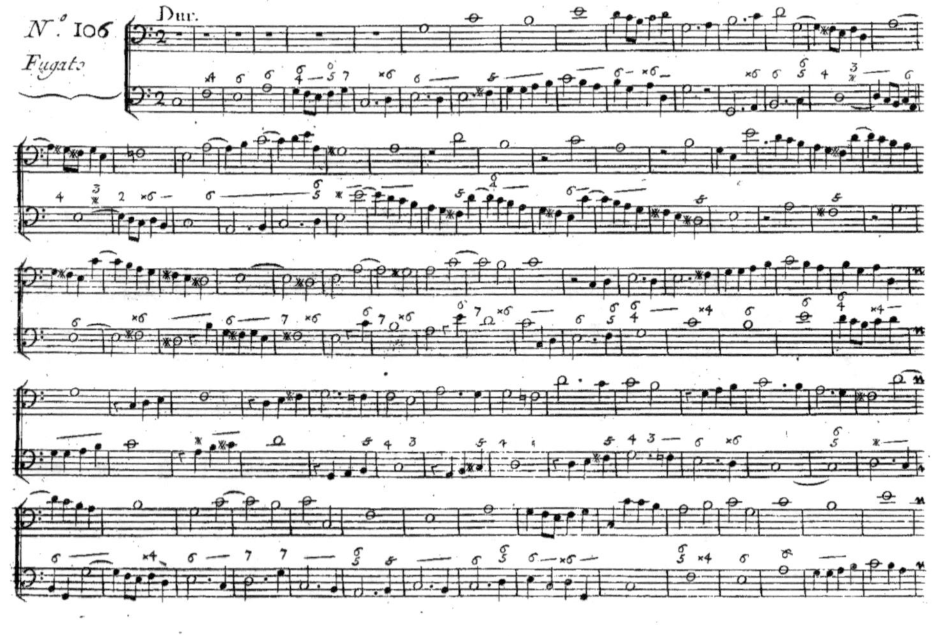

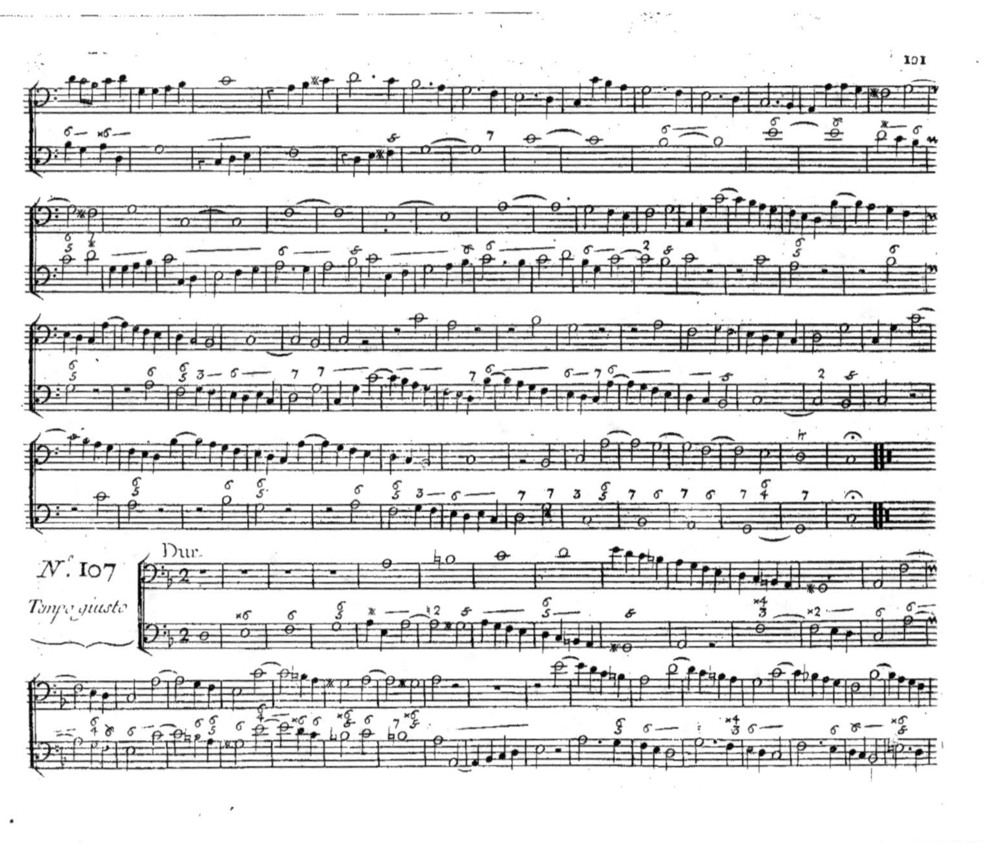
N.º 107
Dur.
Tempo giusto

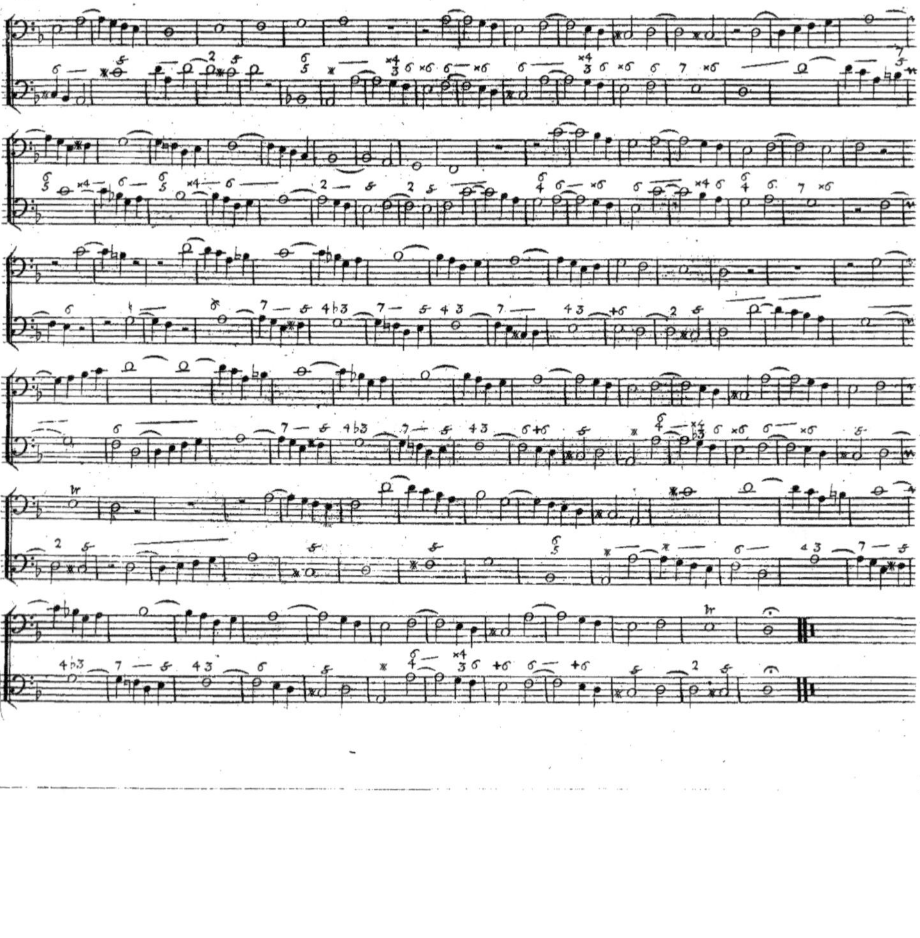

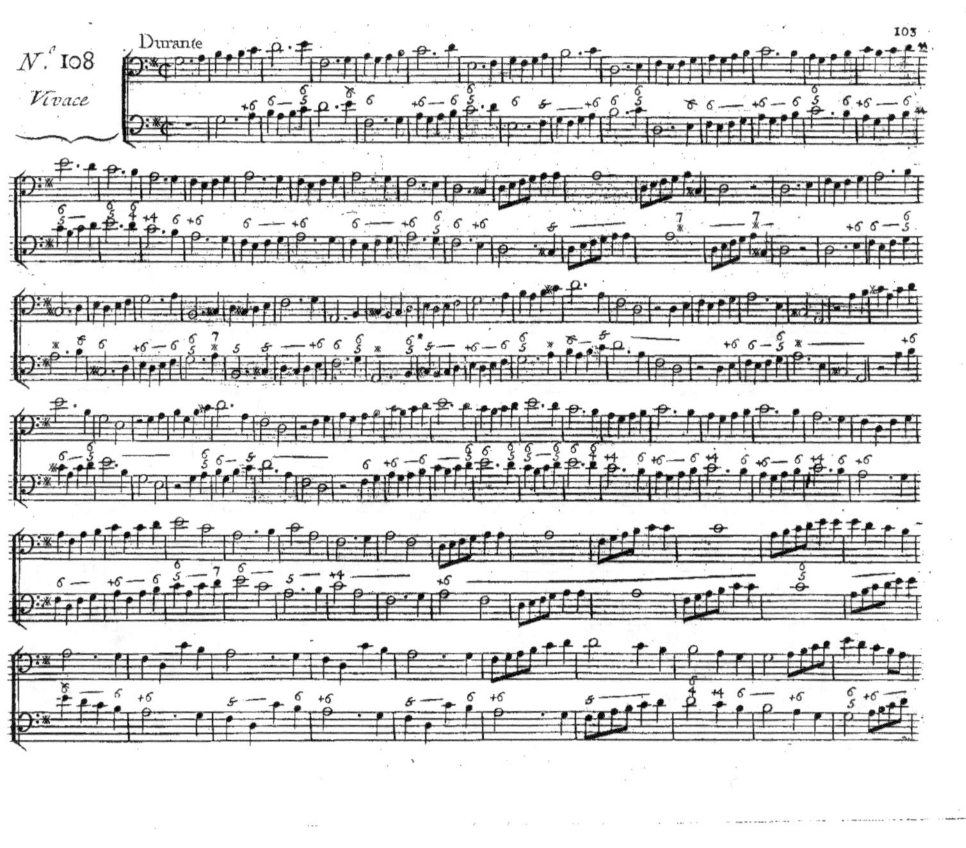

N.º 108
Vivace
Durante
103

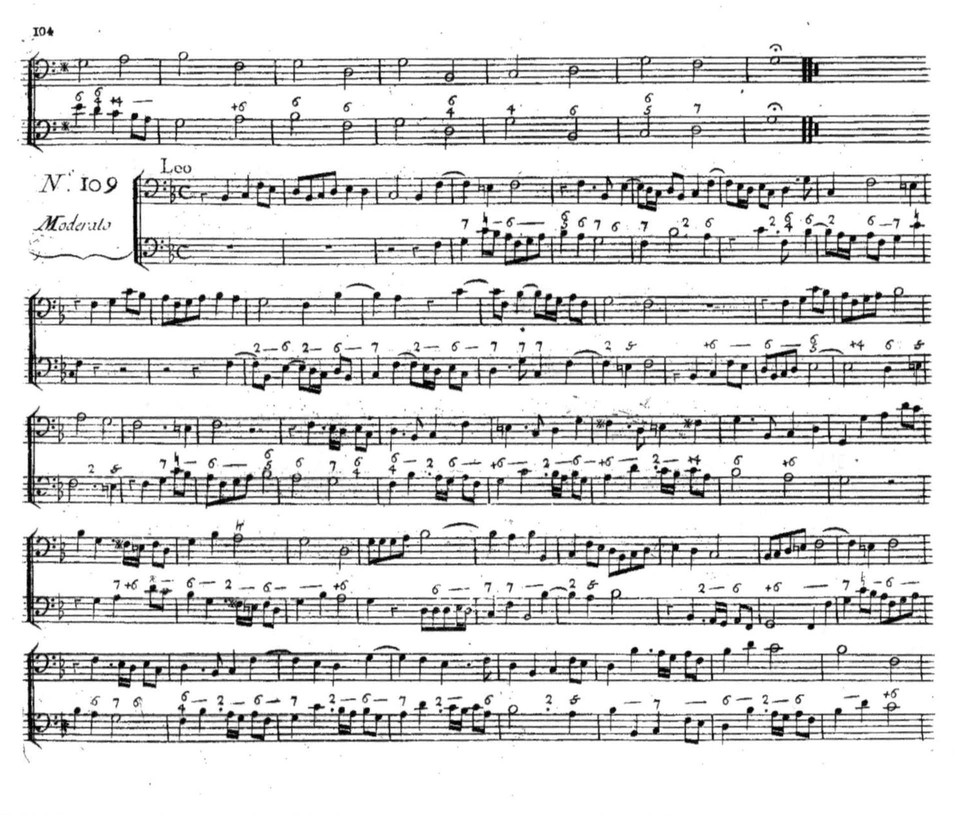
N.º 109
Leo
Moderato

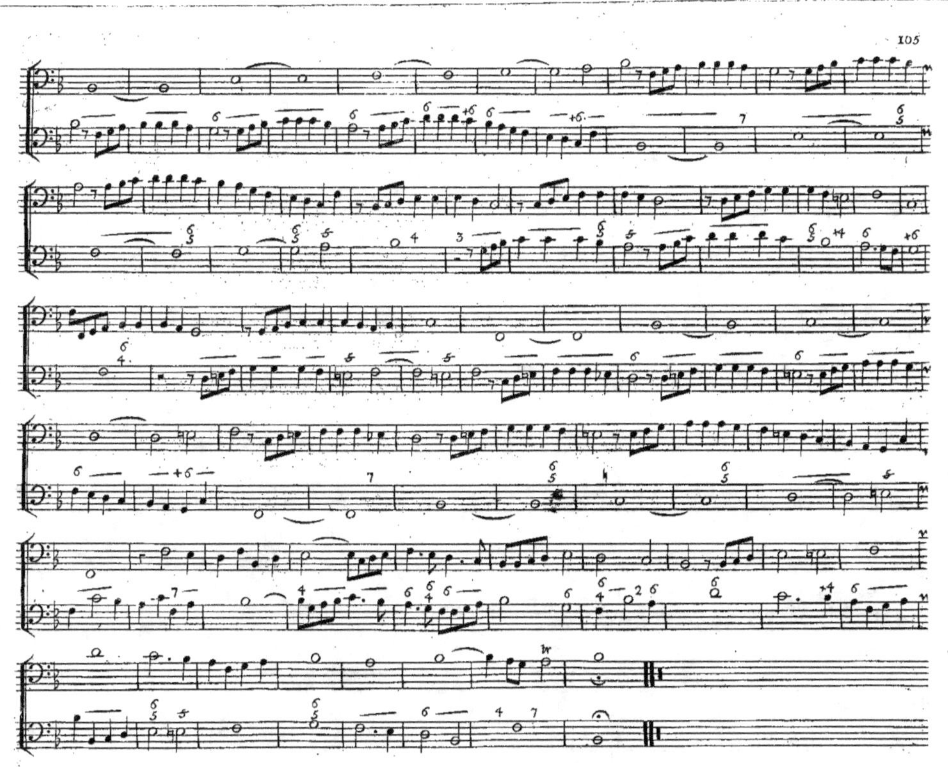

Mesure a 2 tems et ses Composées

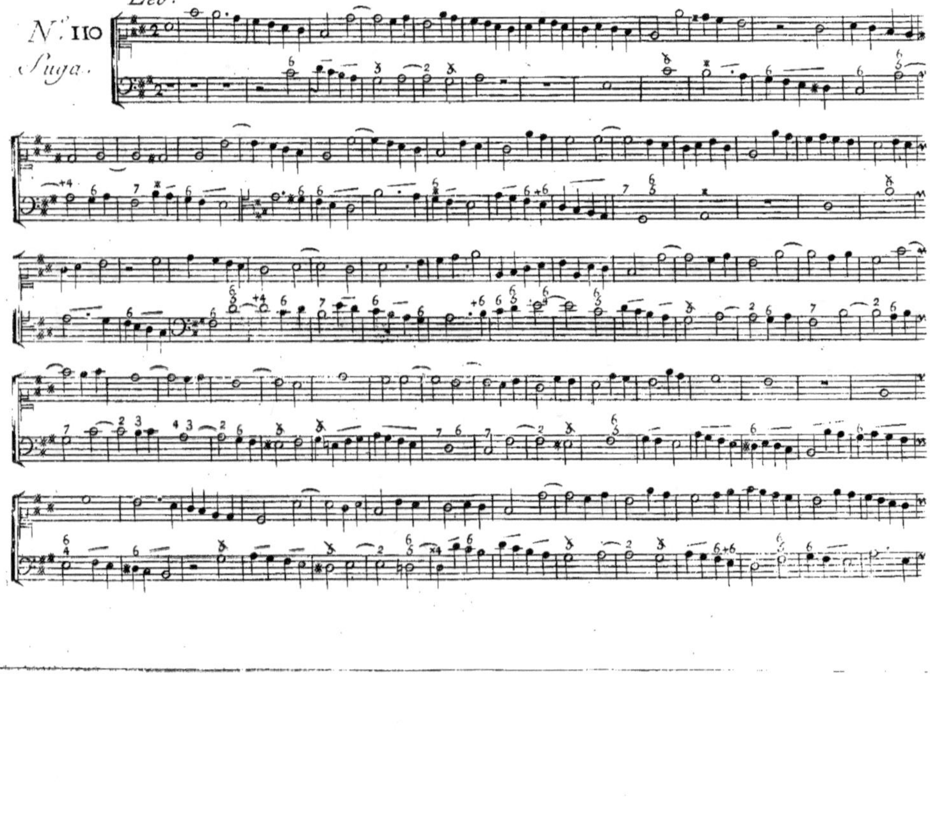

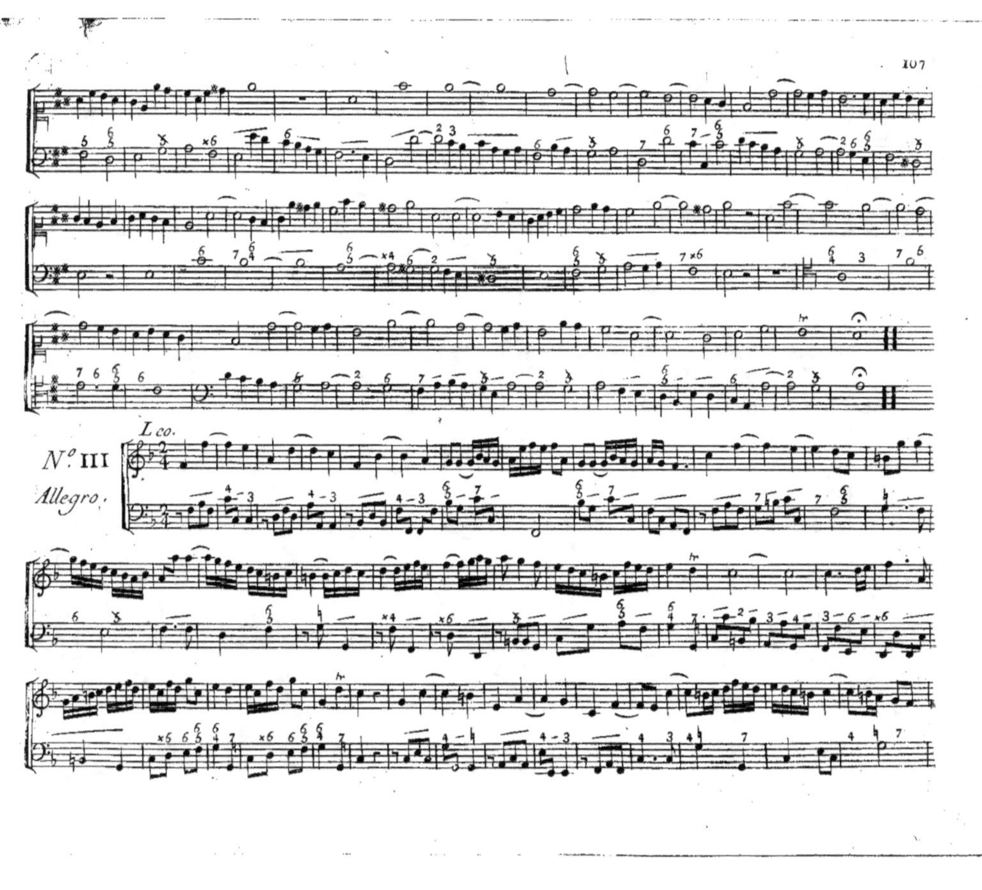

Nº III
Allegro.
L co.

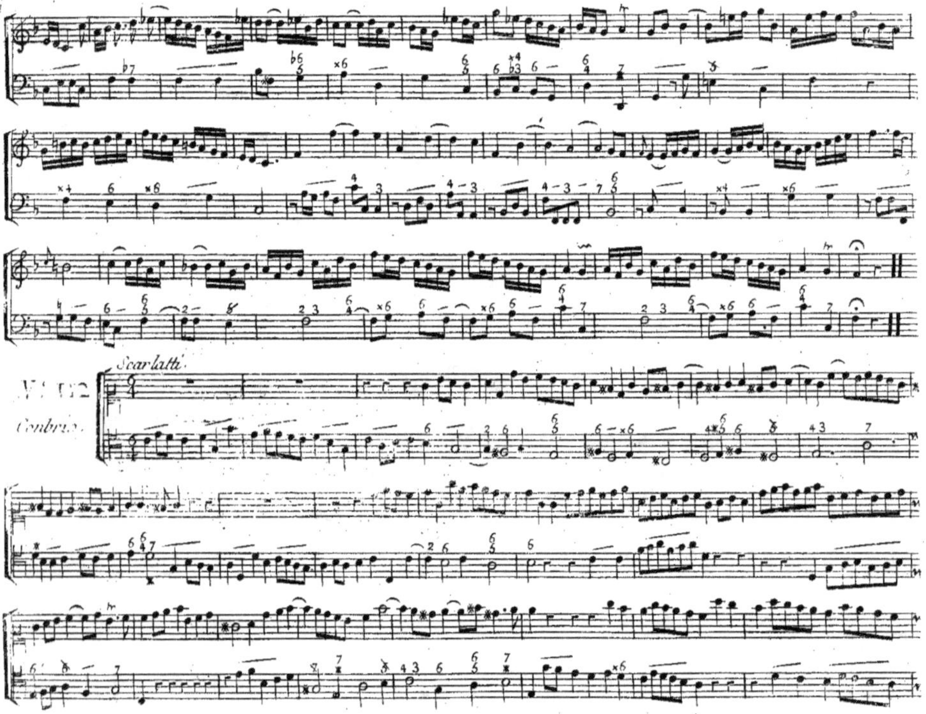

Scarlatti.
N.º 122
Cembalo.

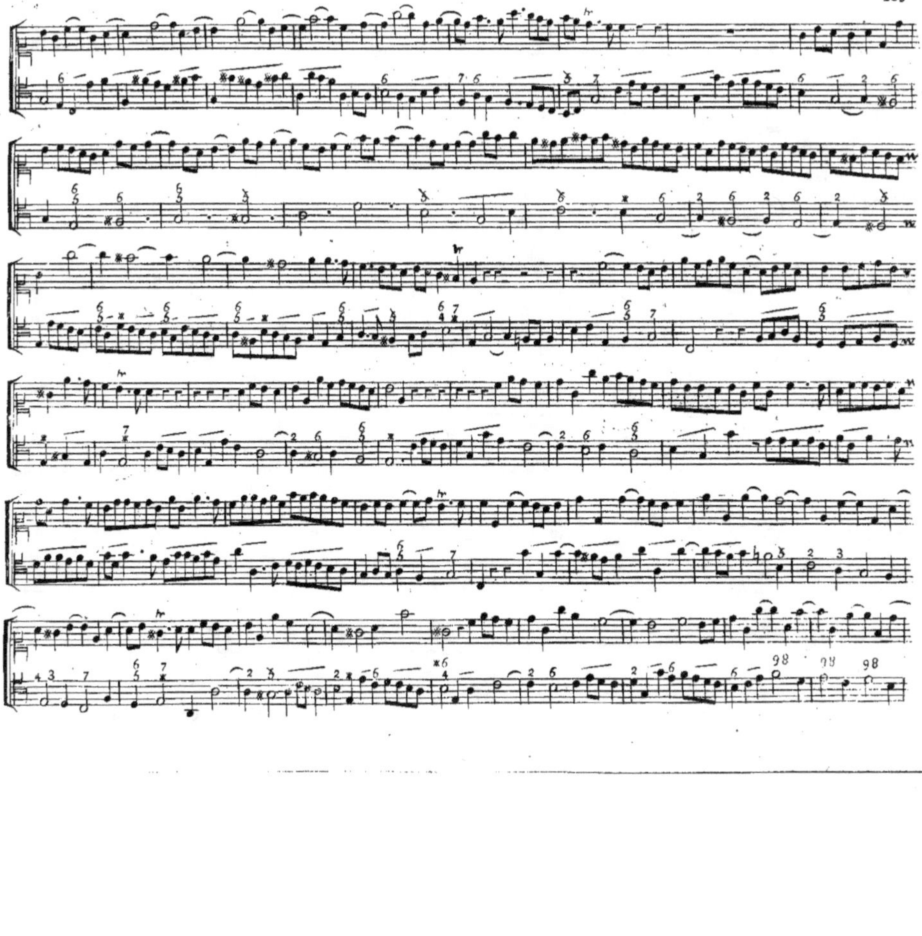

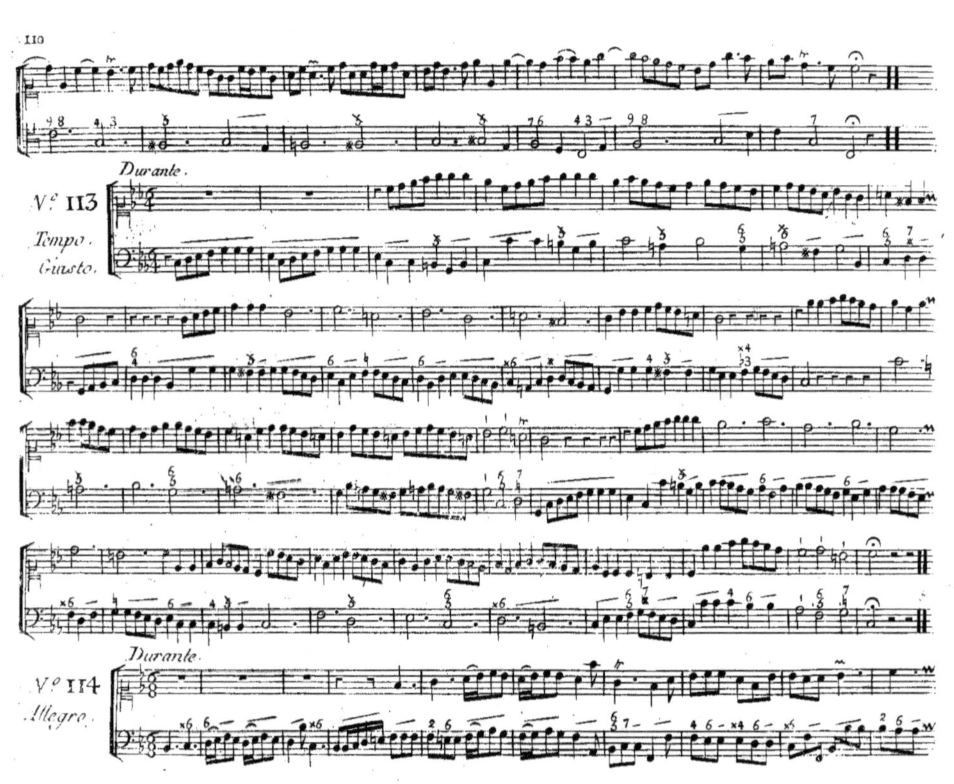
110
Durante.
N.º 113
Tempo.
Giusto.
Durante.
N.º 114
Allegro.

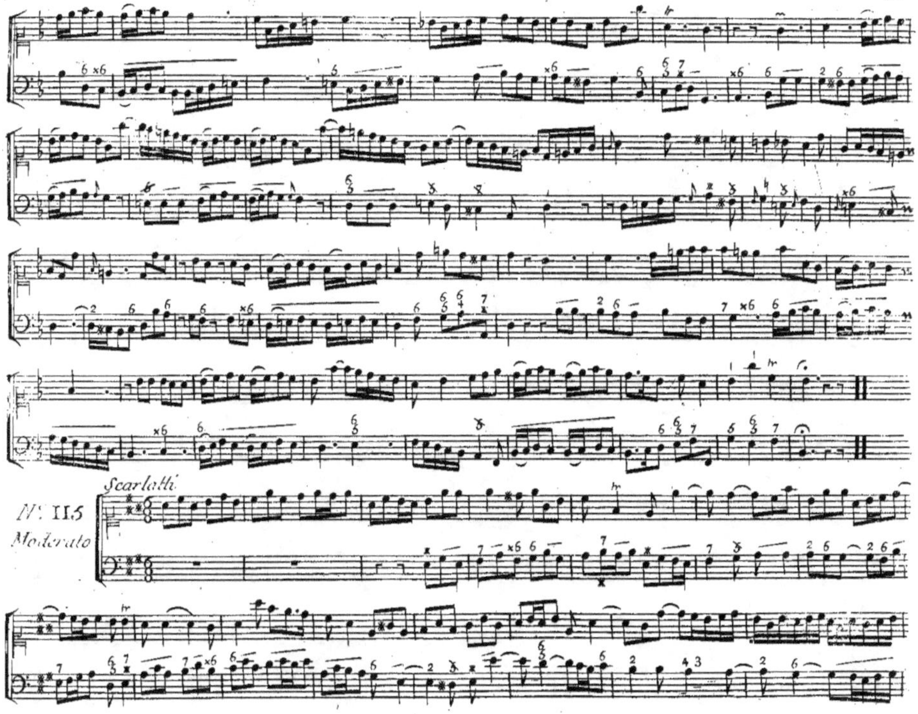

6 x6
6
x6
6 5 7
3
x6 6
2 6
6 5
3
3 8
x 3 4 3
x6
2 6
6
6 6 7
6 4 x
2 6
7 x6 6
1
x6
6
6 5 7
3
5 6 7
3
Scarlatti
Moderato
x 7 x6 6
7
x
7 8
2 6
2 6
N.º 115
7
6 5 7
3 x
7 x6 6
6
2 3 x
6 5
3
6
2
4 3
2
6

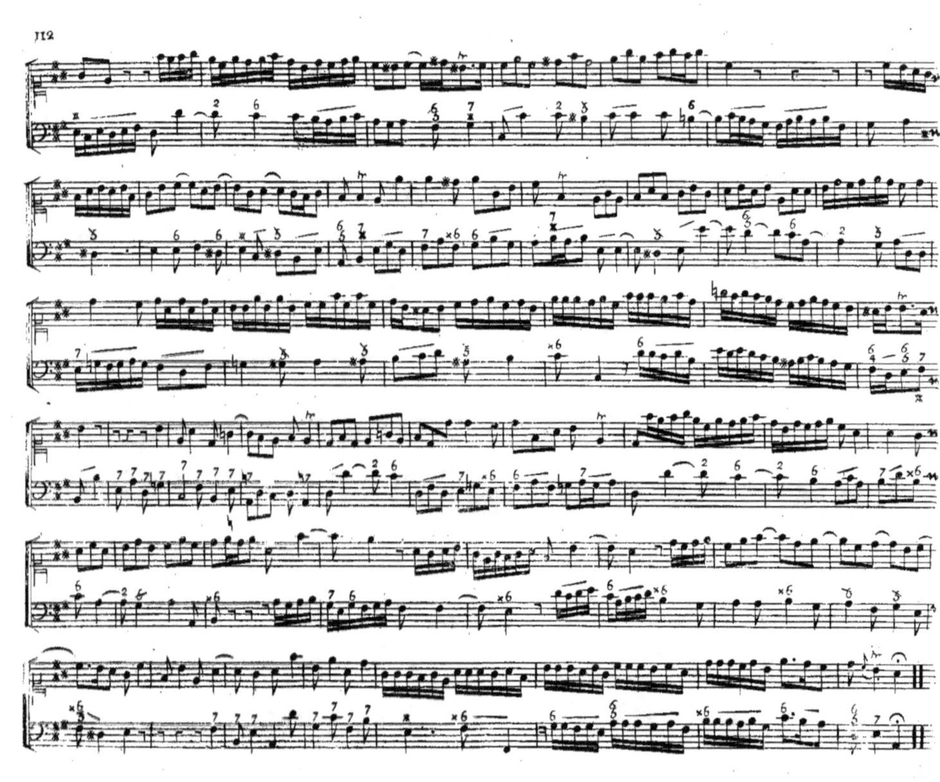

Mesure a 3 tems et ses Composées,

Leo.

N.º 116

Andante.

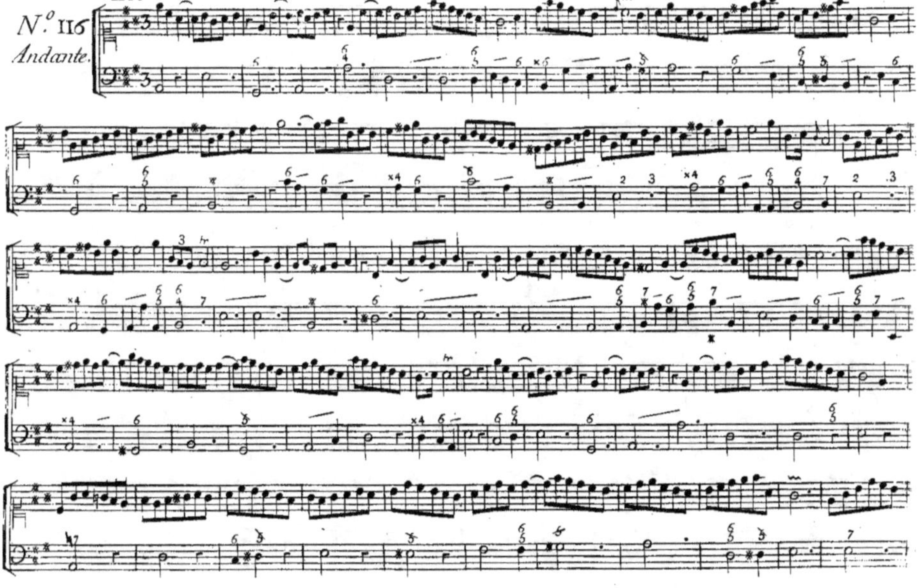

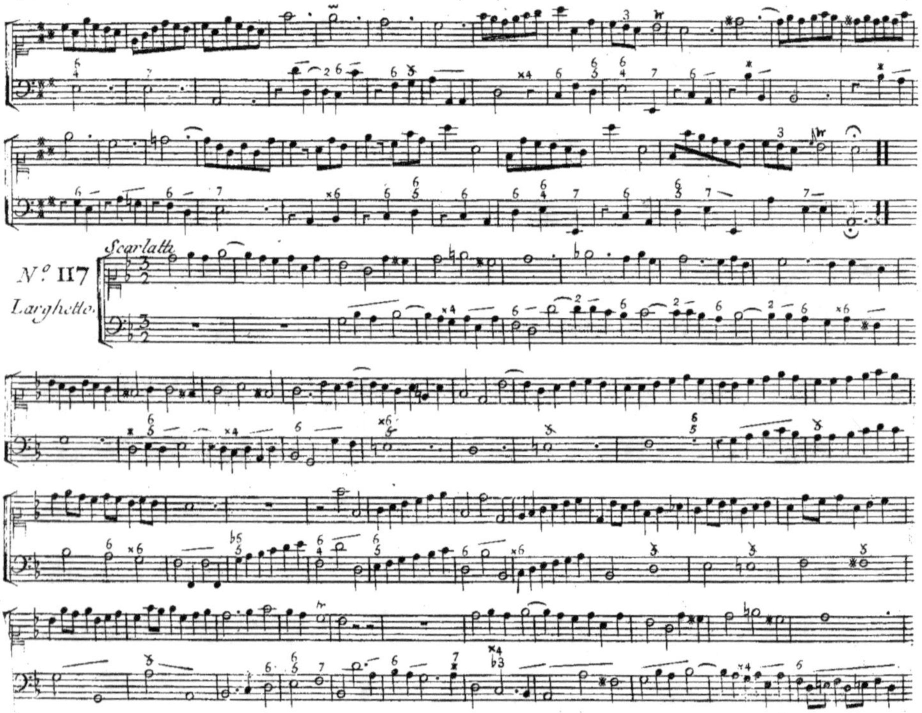

116
Scarlatti
Nº 117
Larghetto.

N.o 118

Scarlatti

Larghetto.

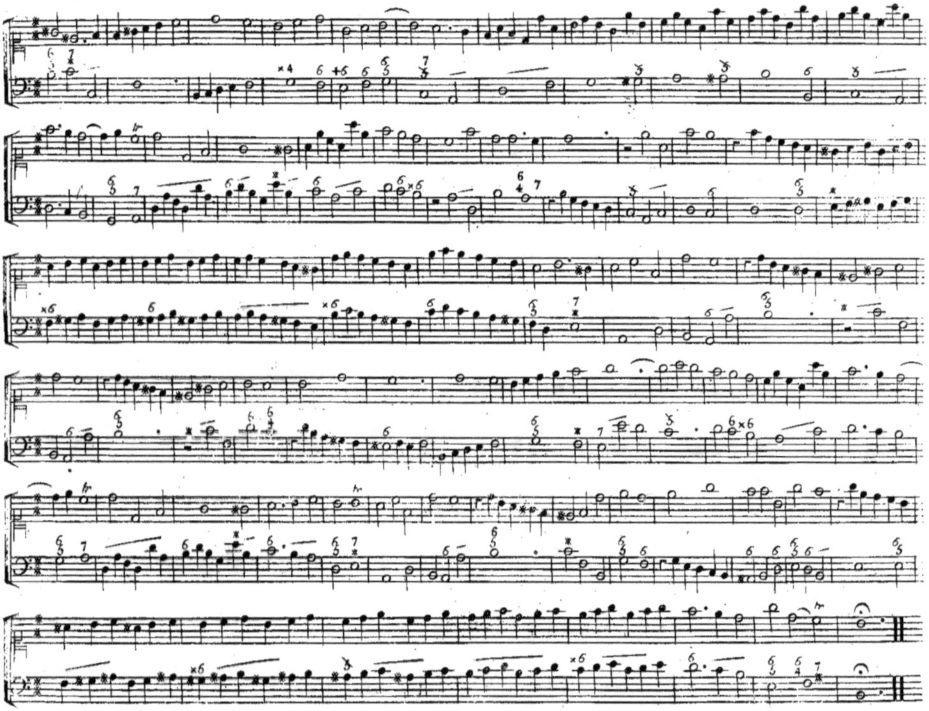

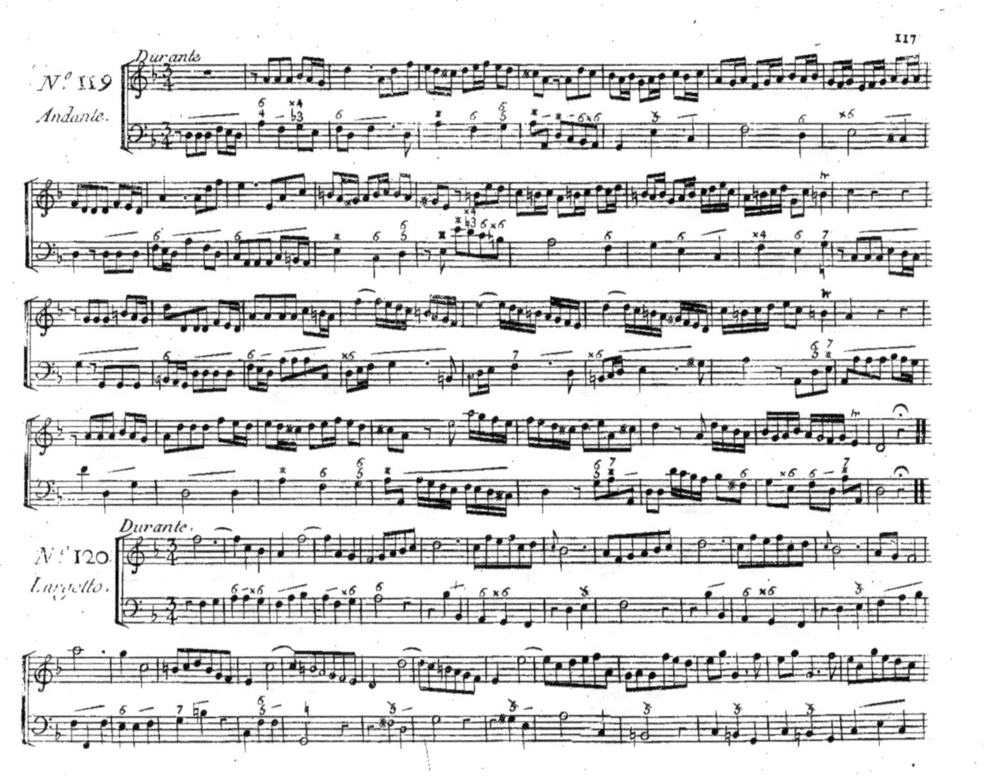
Durante
N.º 119
Andante.
Durante
N.º 120.
Larghetto.

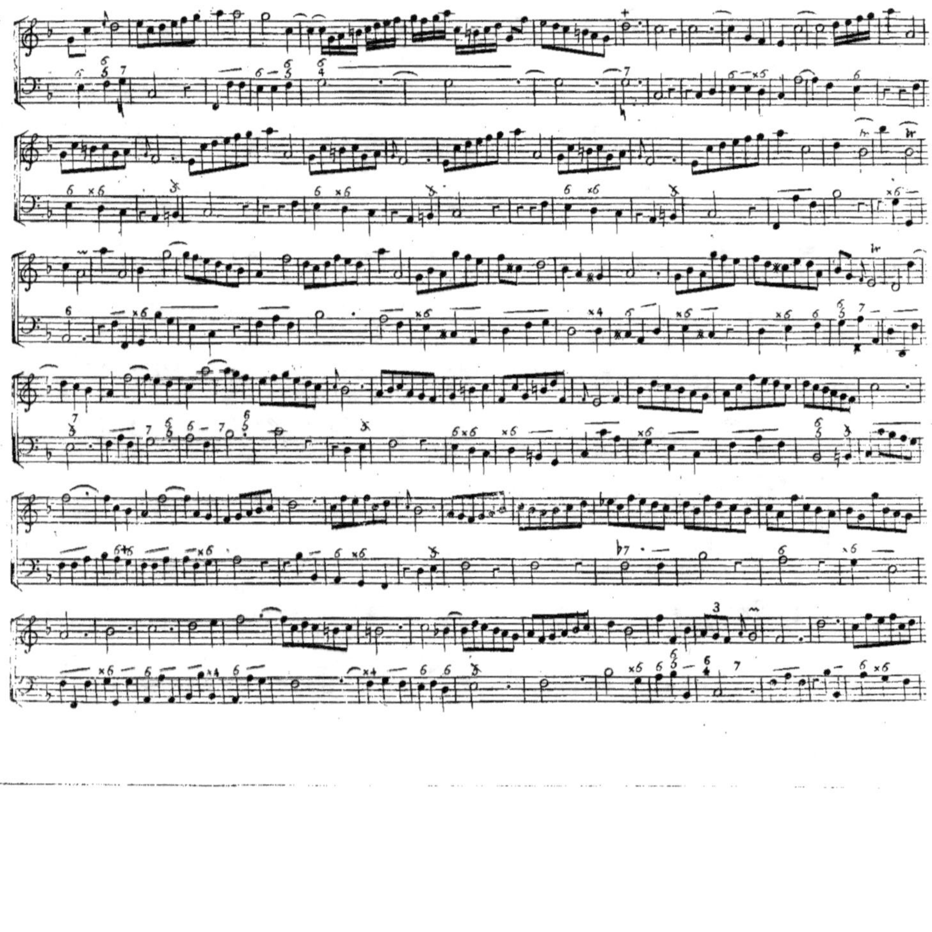

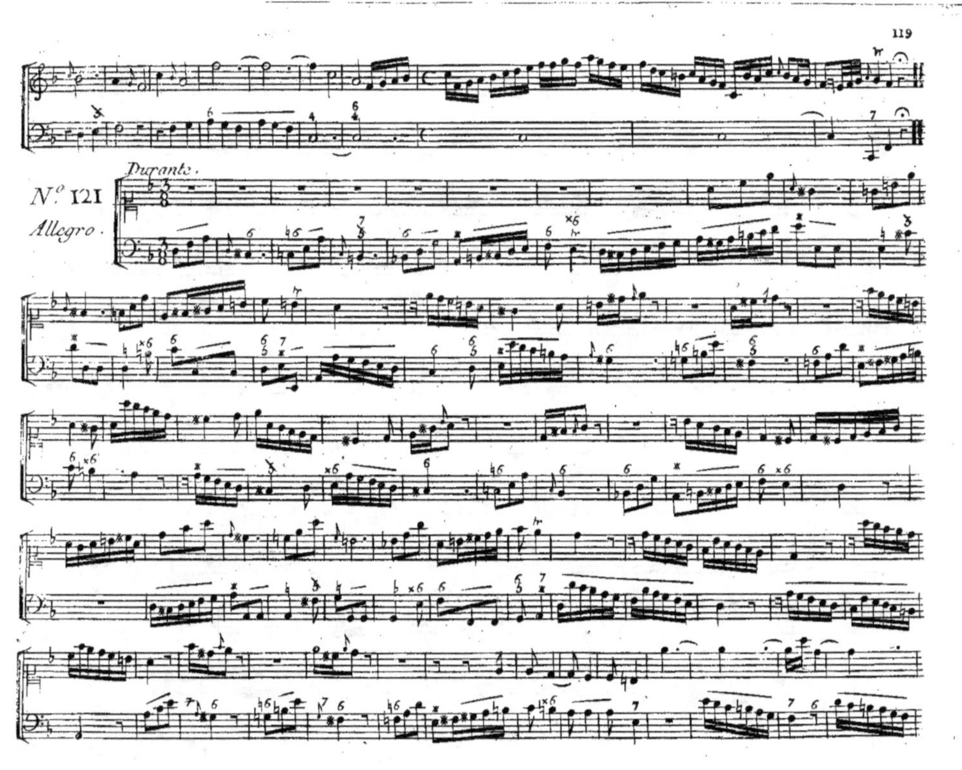
Durante.
N.° 121
Allegro.

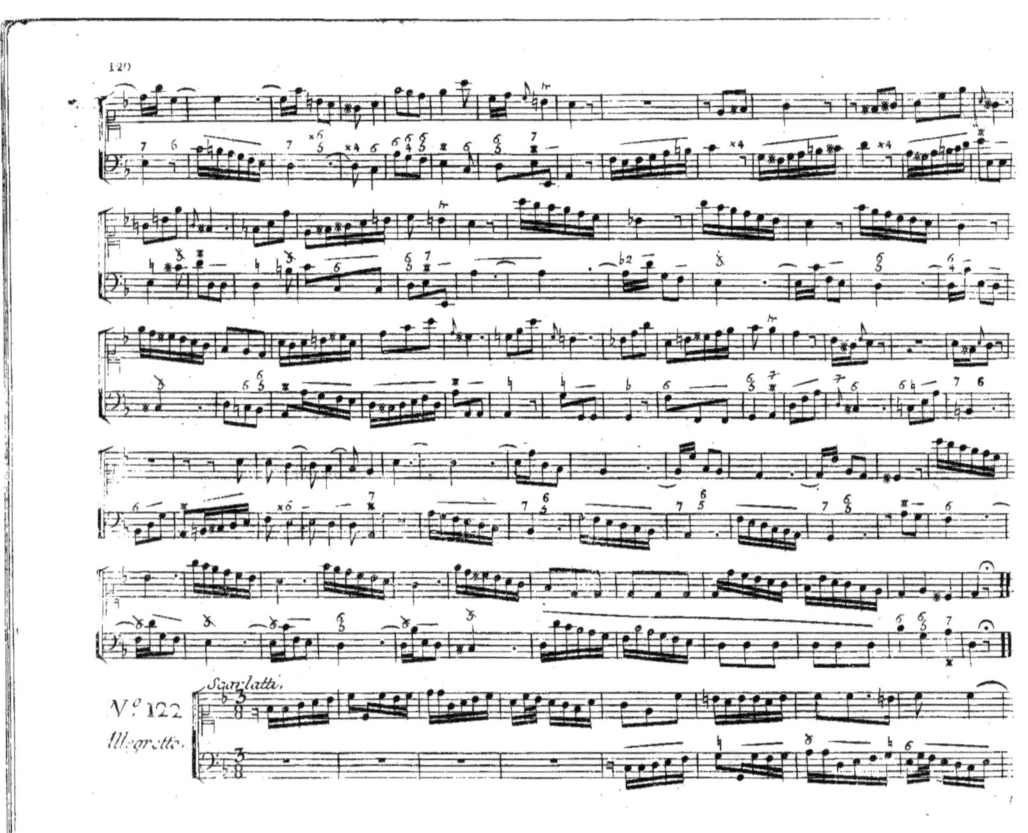
Scarlatti.
N.º 122
Allegretto.

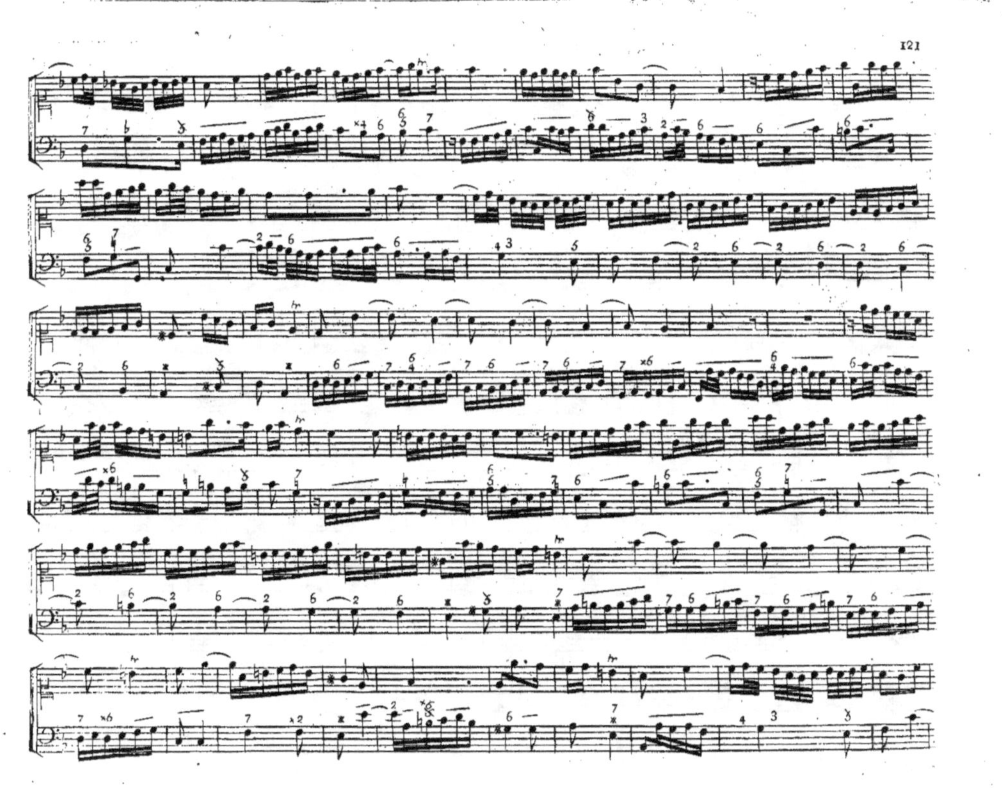

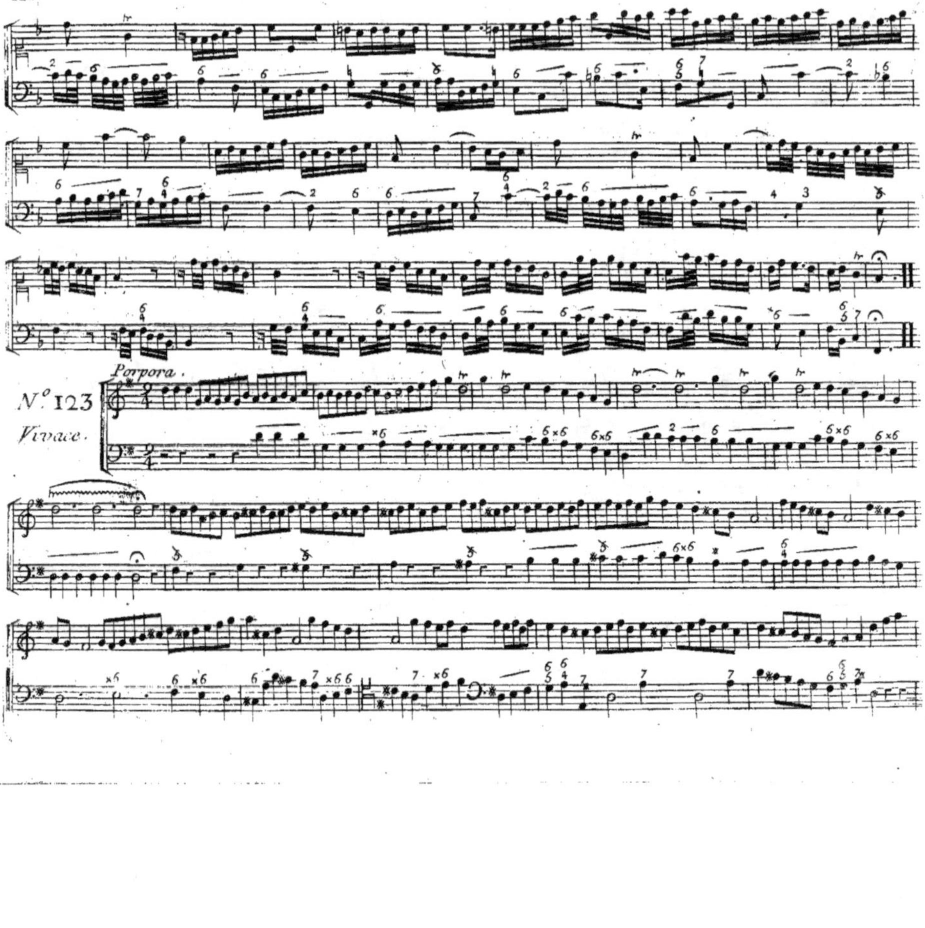

N.º 123
Vivace.
Porpora.

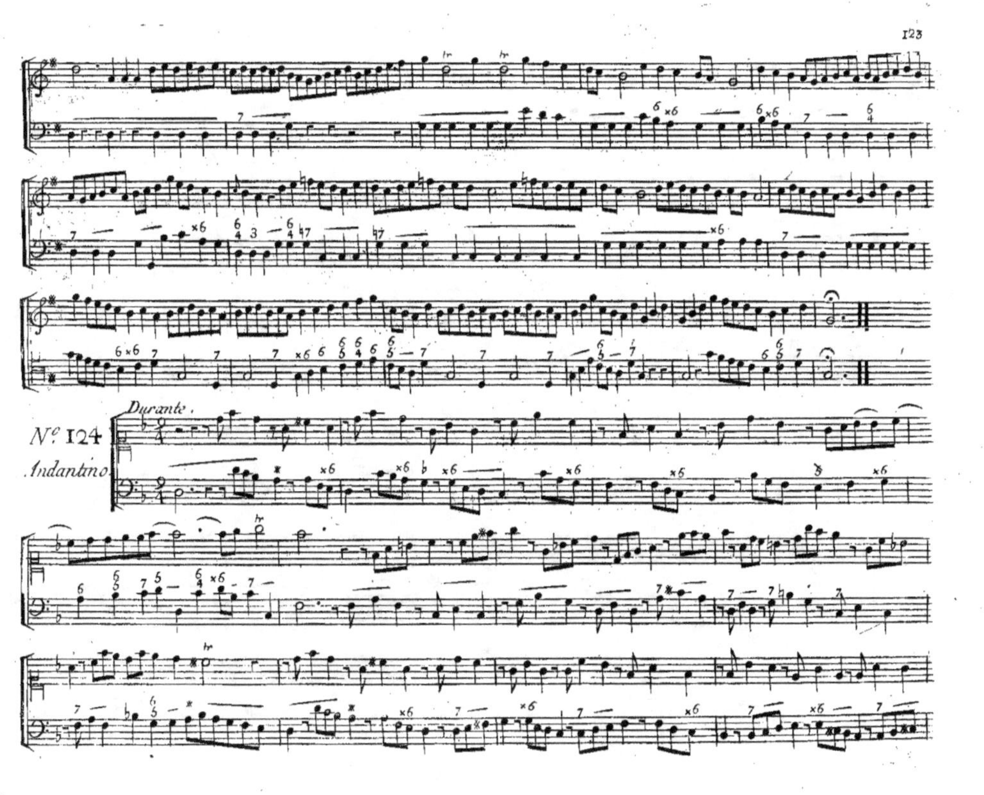
Durante.
Nº 124
Andantino.

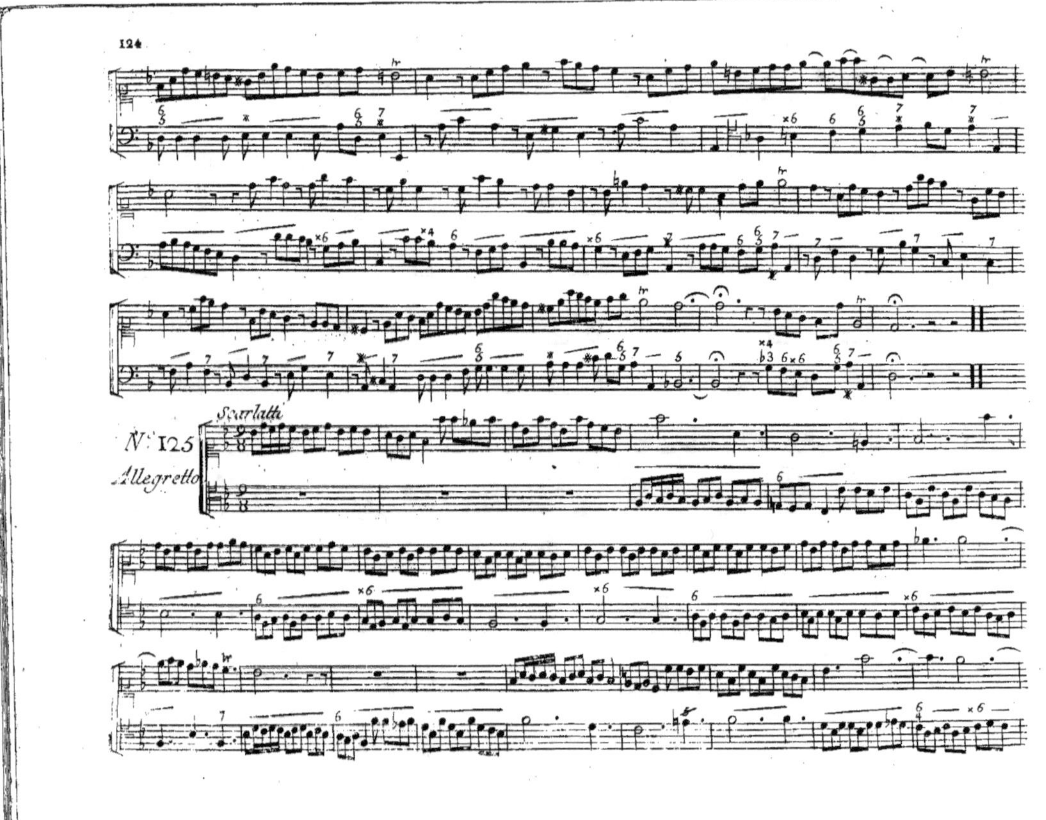
Scarlatti
N.º 125
Allegretto

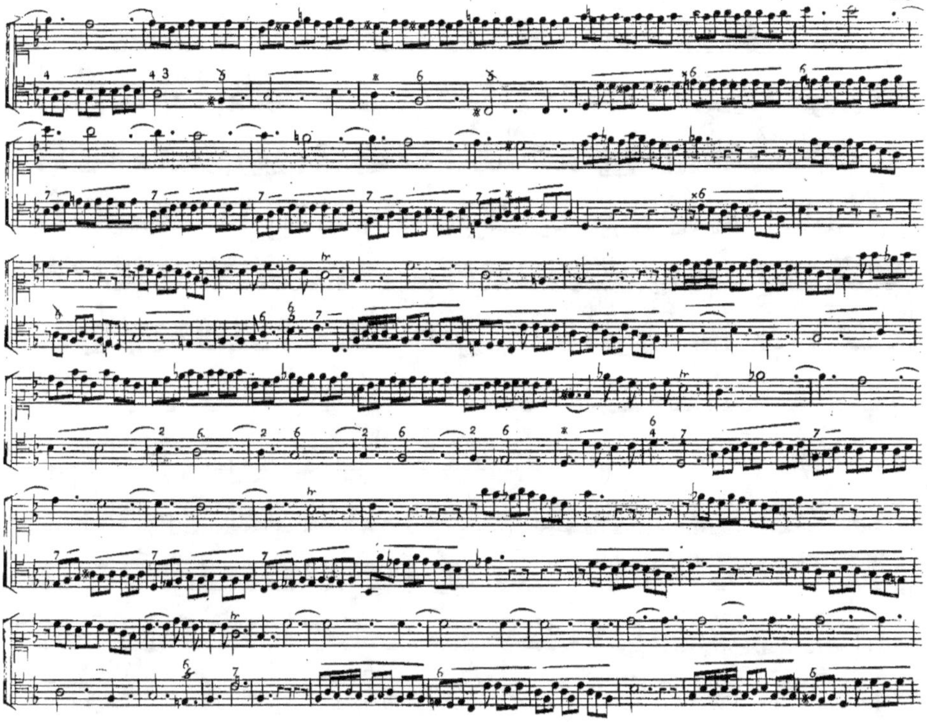

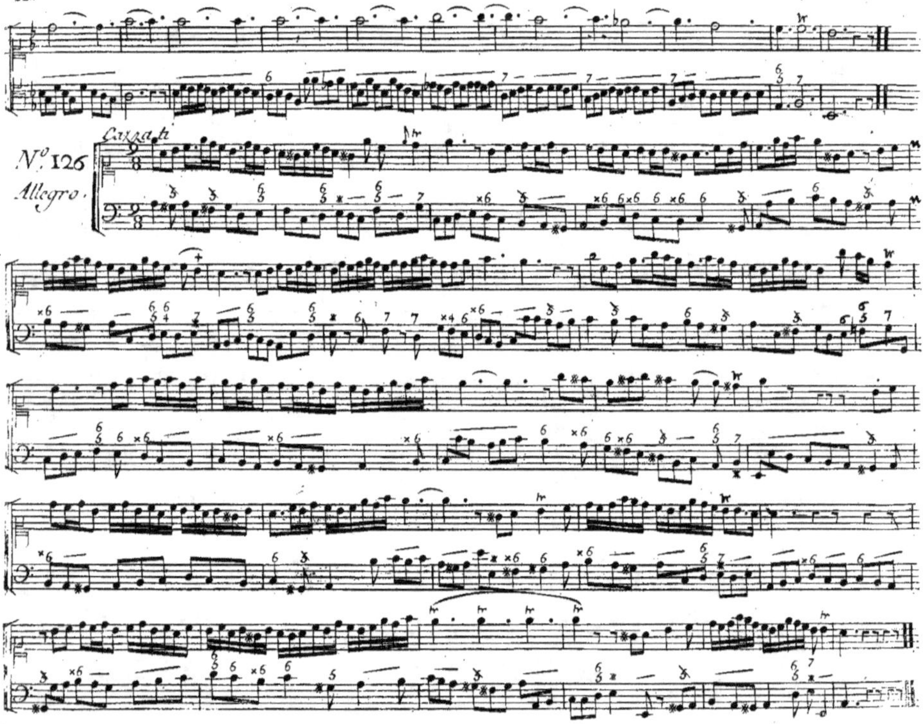

Cazzati
N.º 126
Allegro.

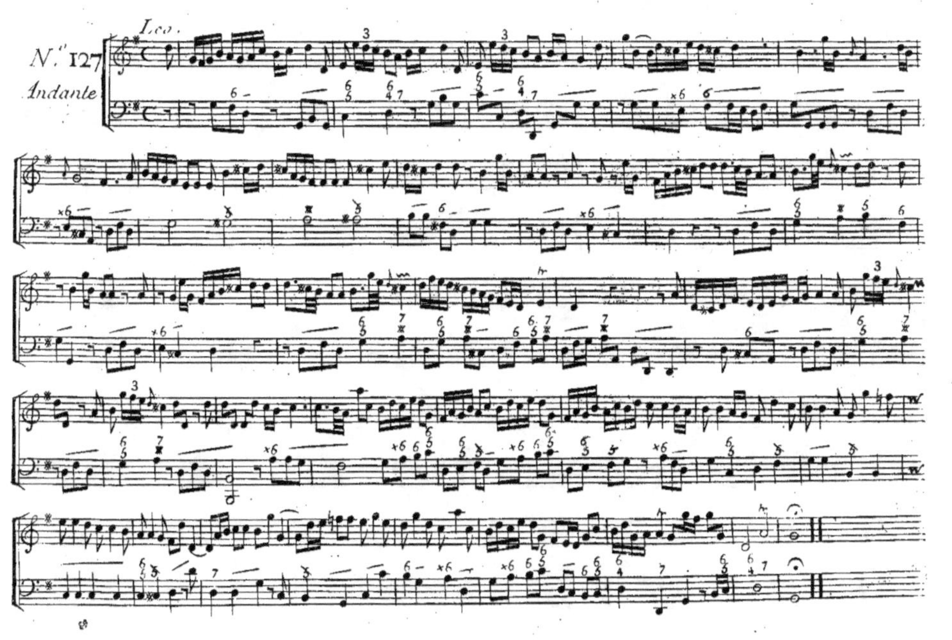

Mesure à 4 tems et ses Composées.
N.º 127
Andante

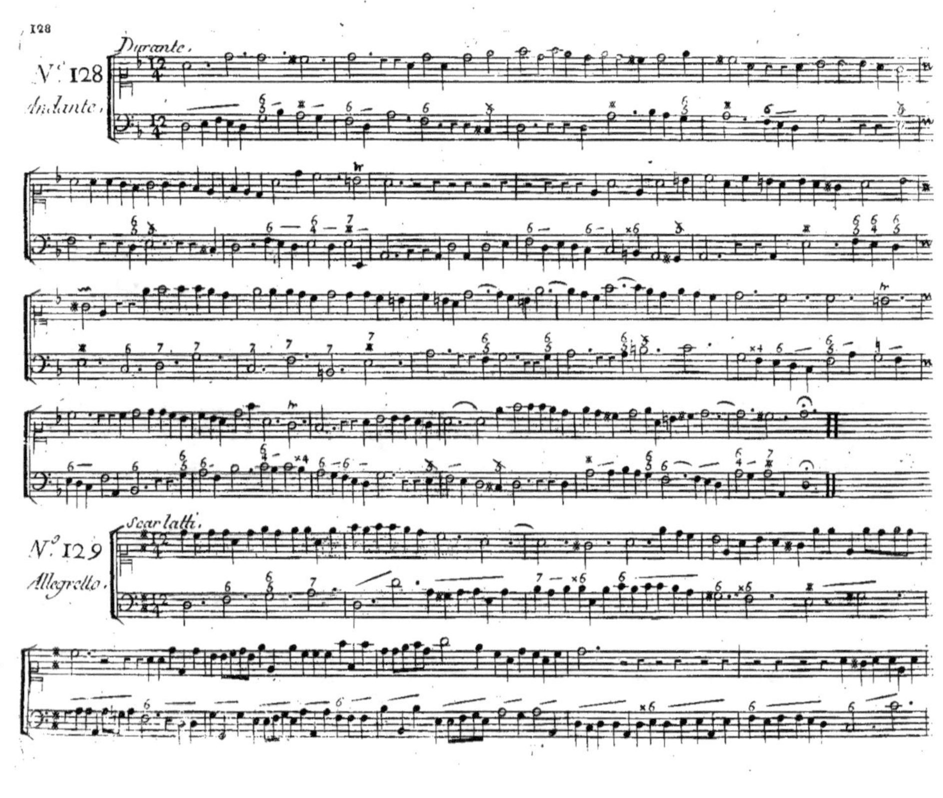
Durante.
Andante.
N.º 128
Scarlatti.
Allegretto.
N.º 129

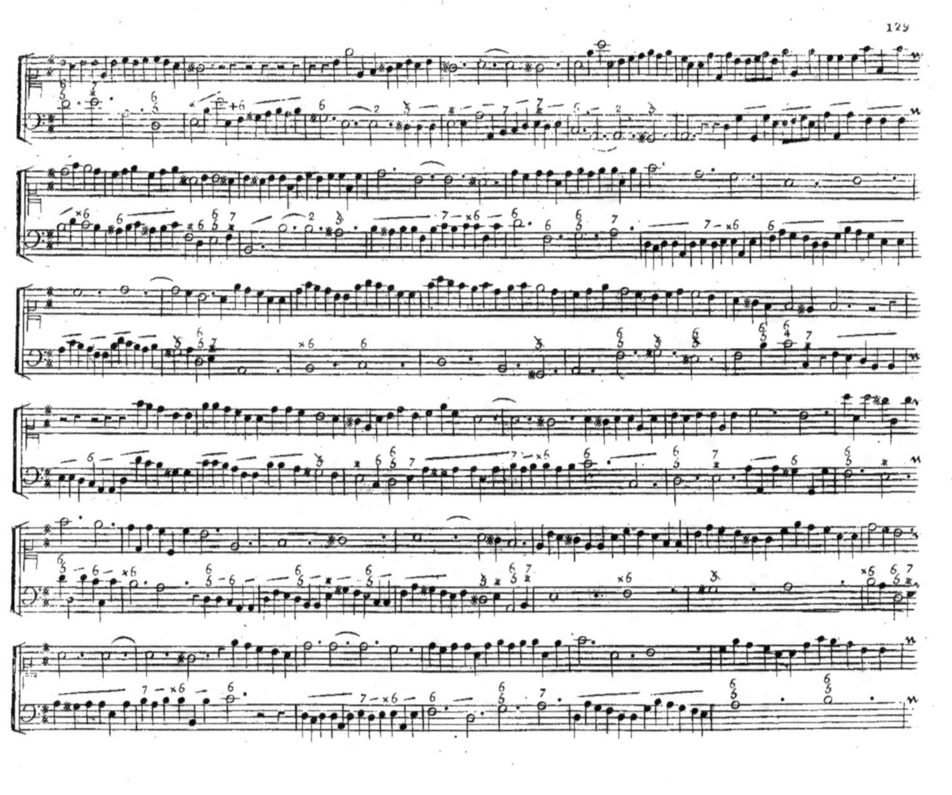

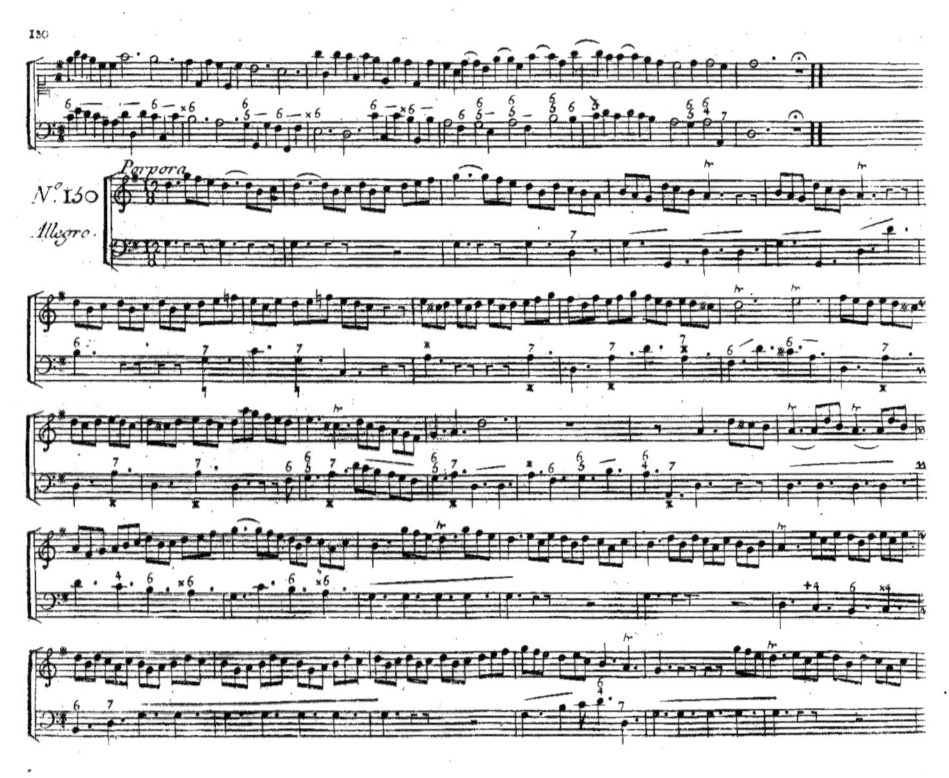
N.º 150
Porpora
Allegro.

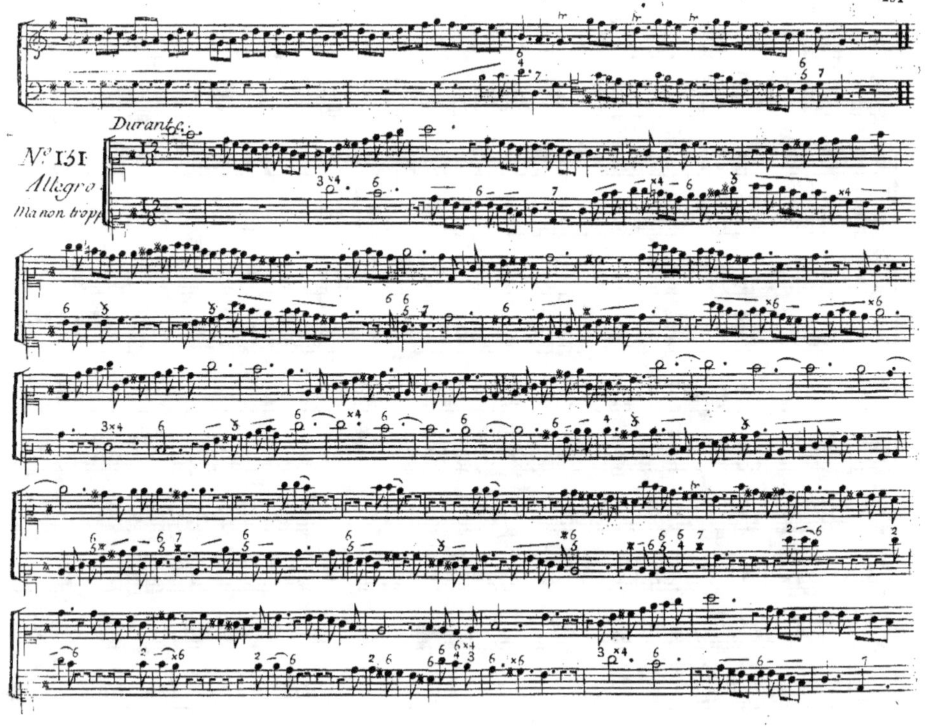
Durante.
N.° 131
Allegro
Ma non troppo

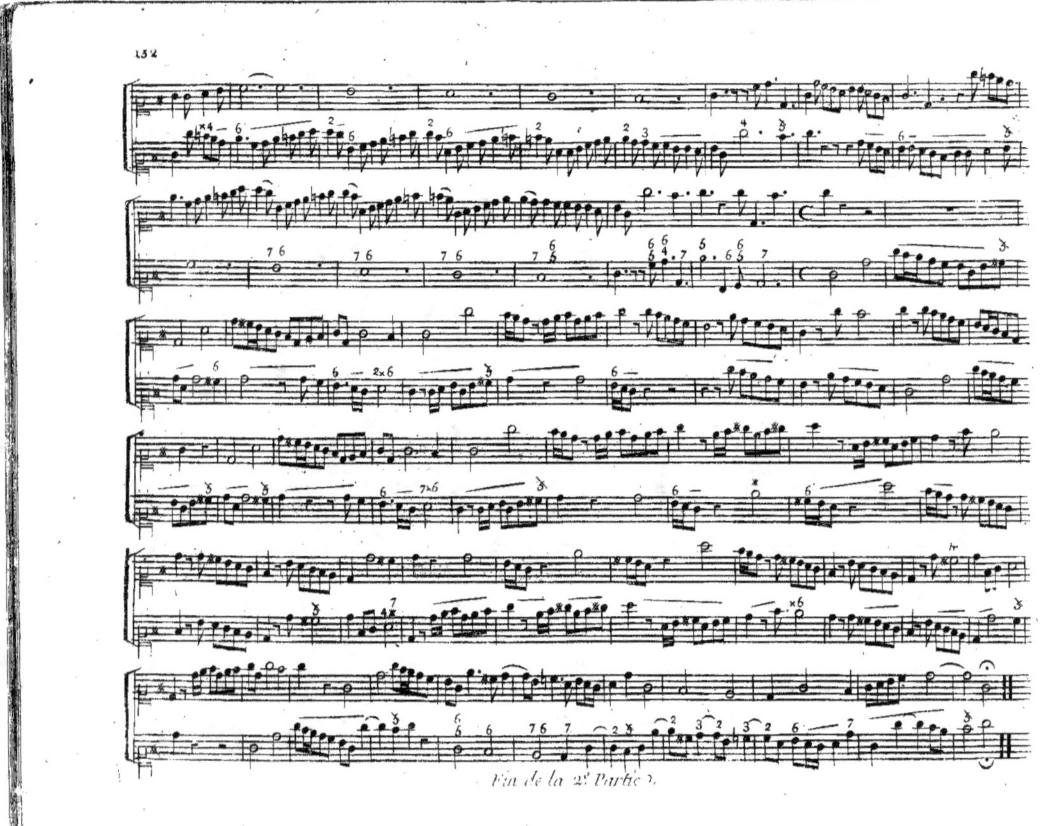

Fin de la 2.e Partie.

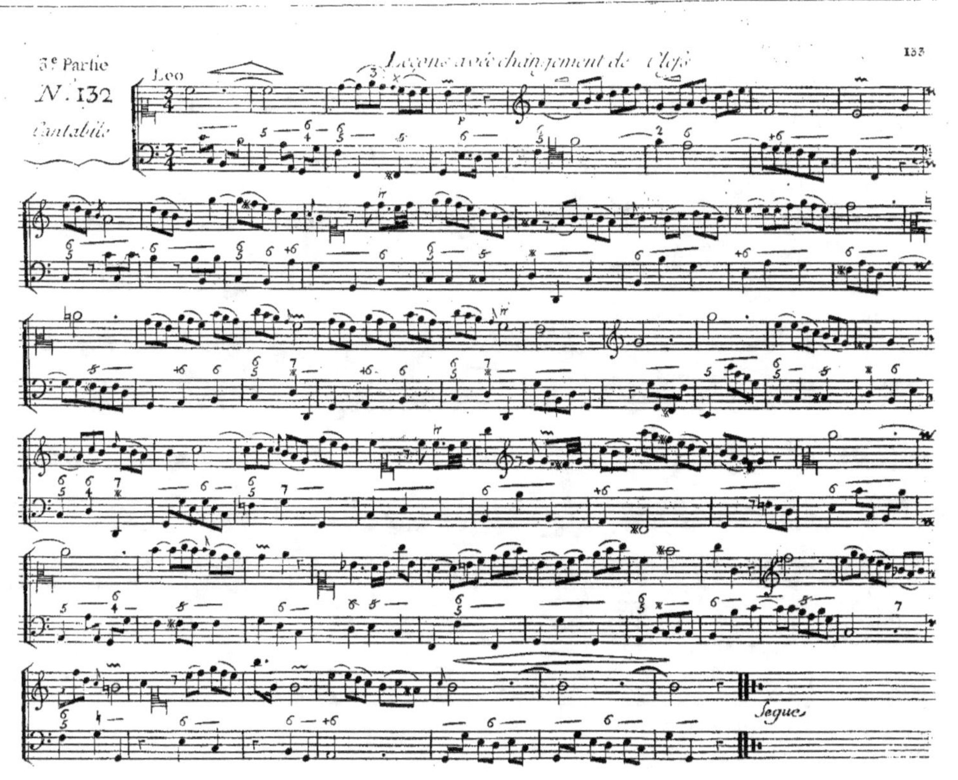
3.e Partie
N.º 132
Cantabile
Leo
Leçons avec changement de Clefs
Segue

N.° 133

Andantino

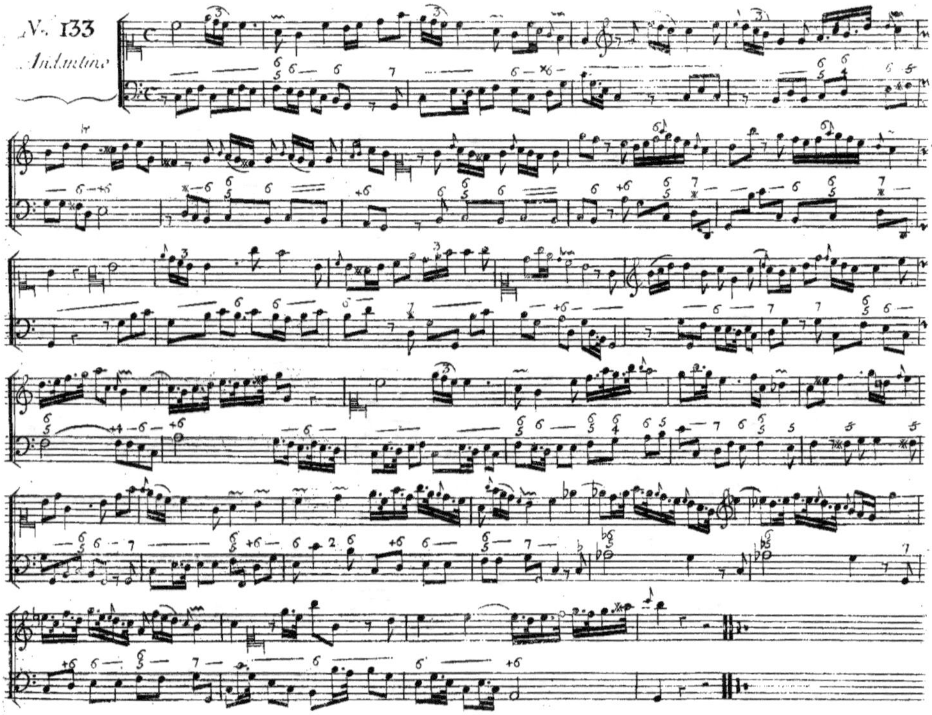

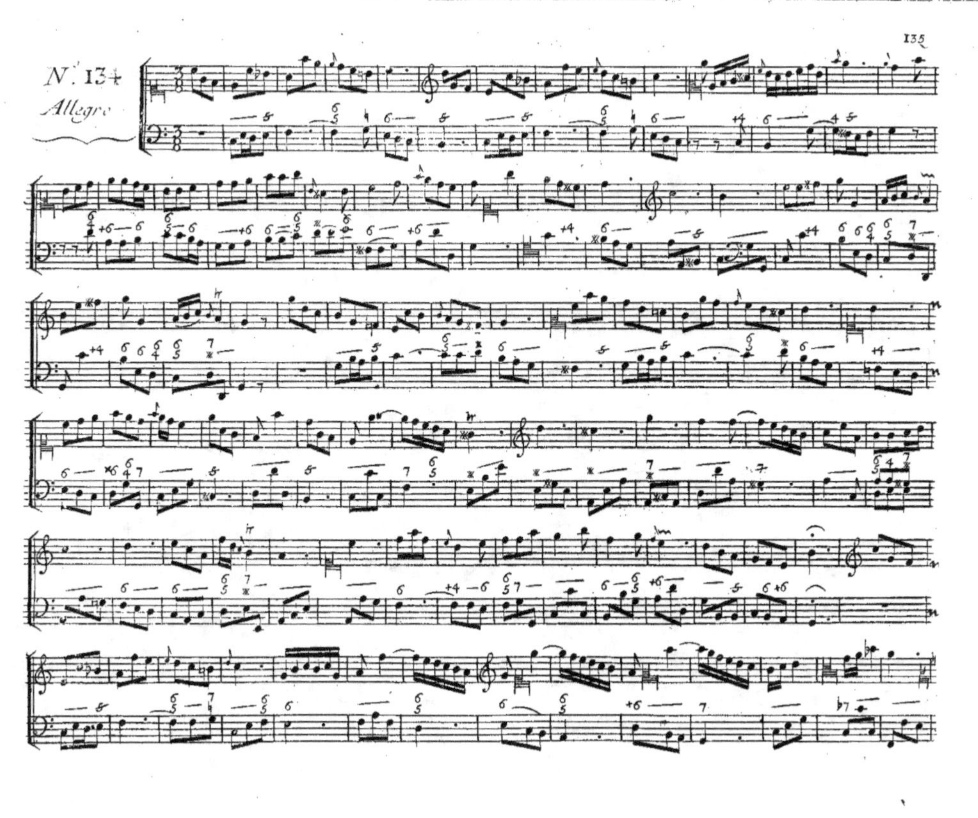
N.º 134
Allegro

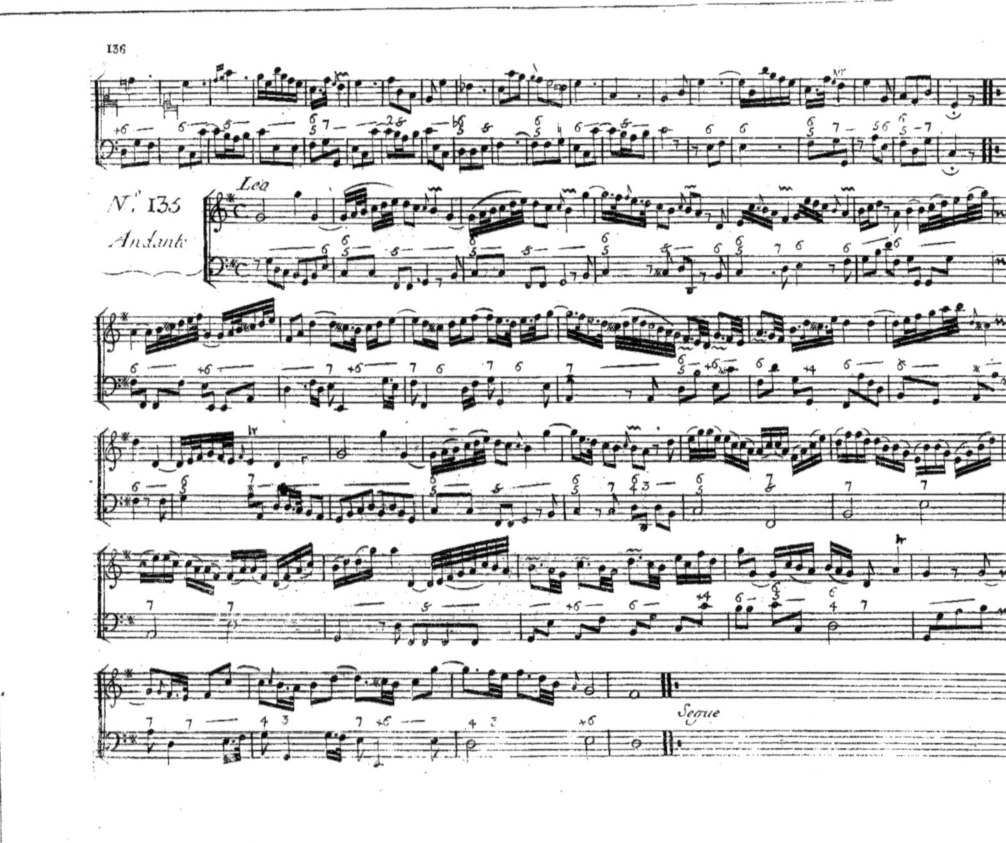

N.° 135
Andante
Leo
Segue

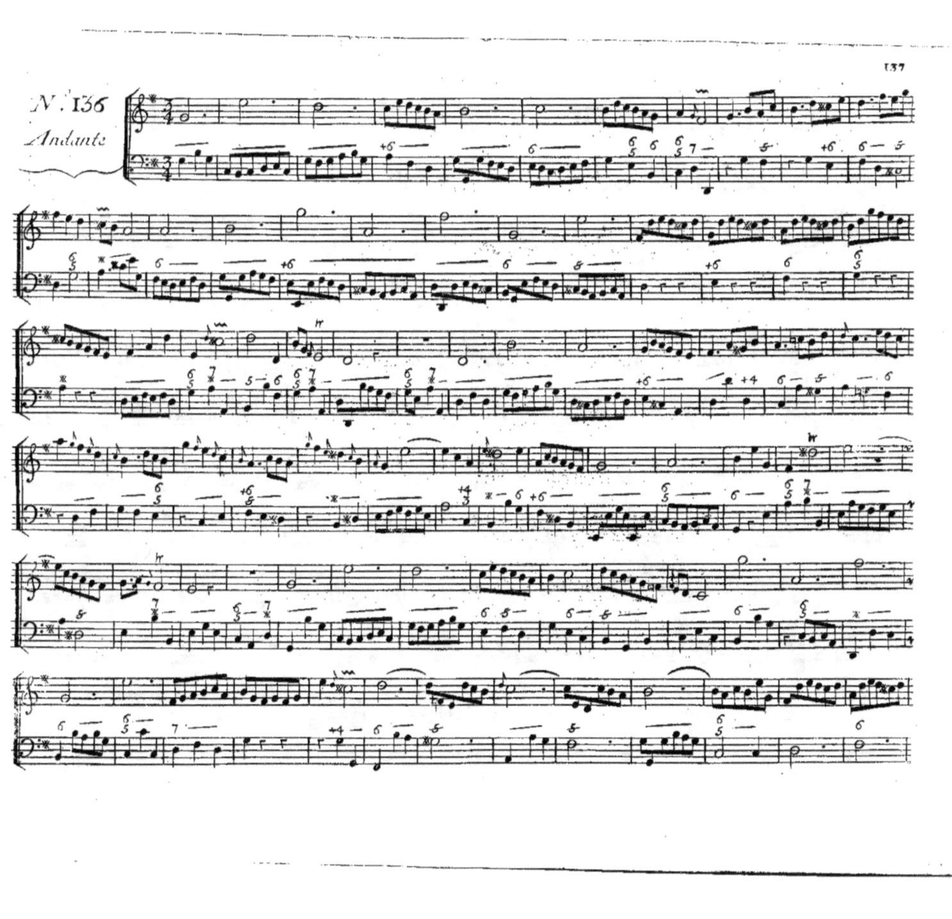
N.° 136
Andante

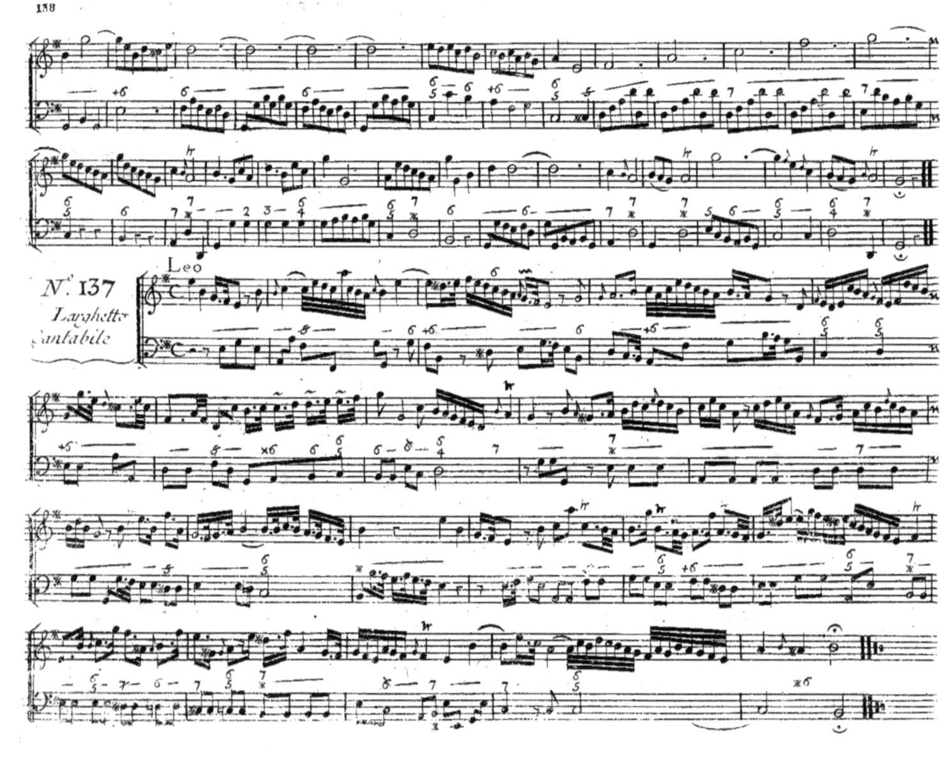
138
N.° 137
Larghetto
Cantabile
Leo

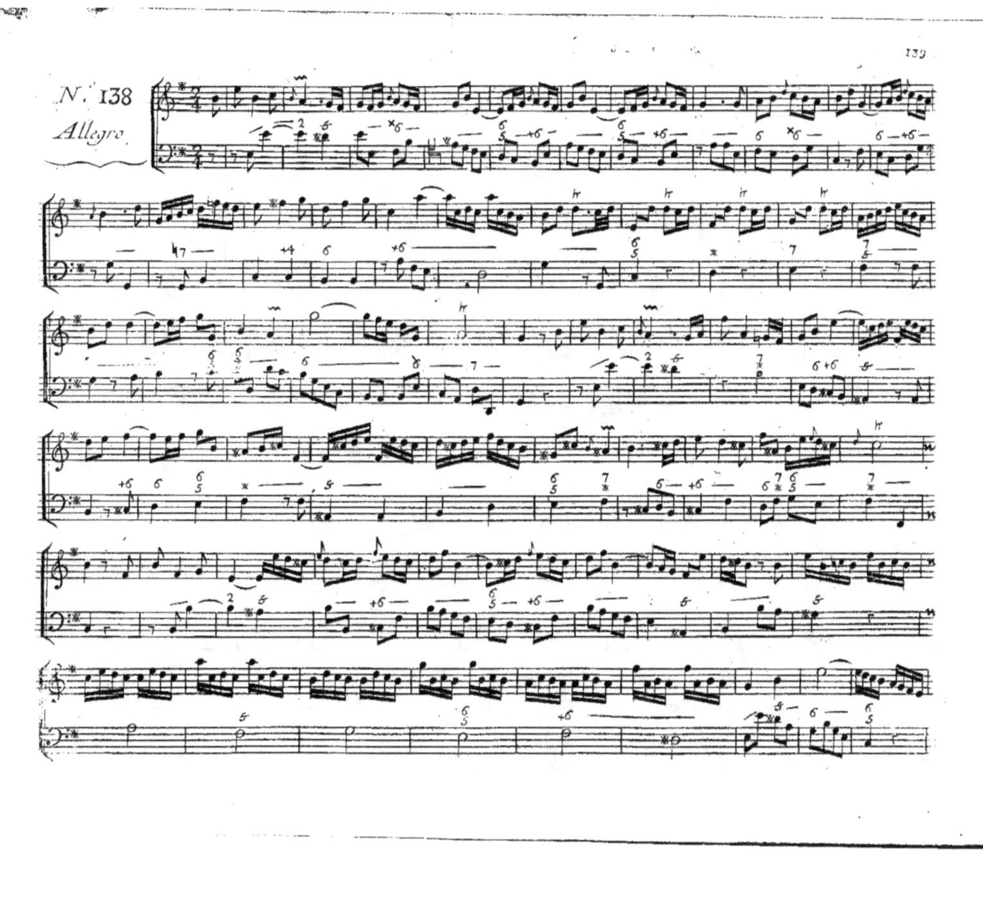
N.º 138
Allegro

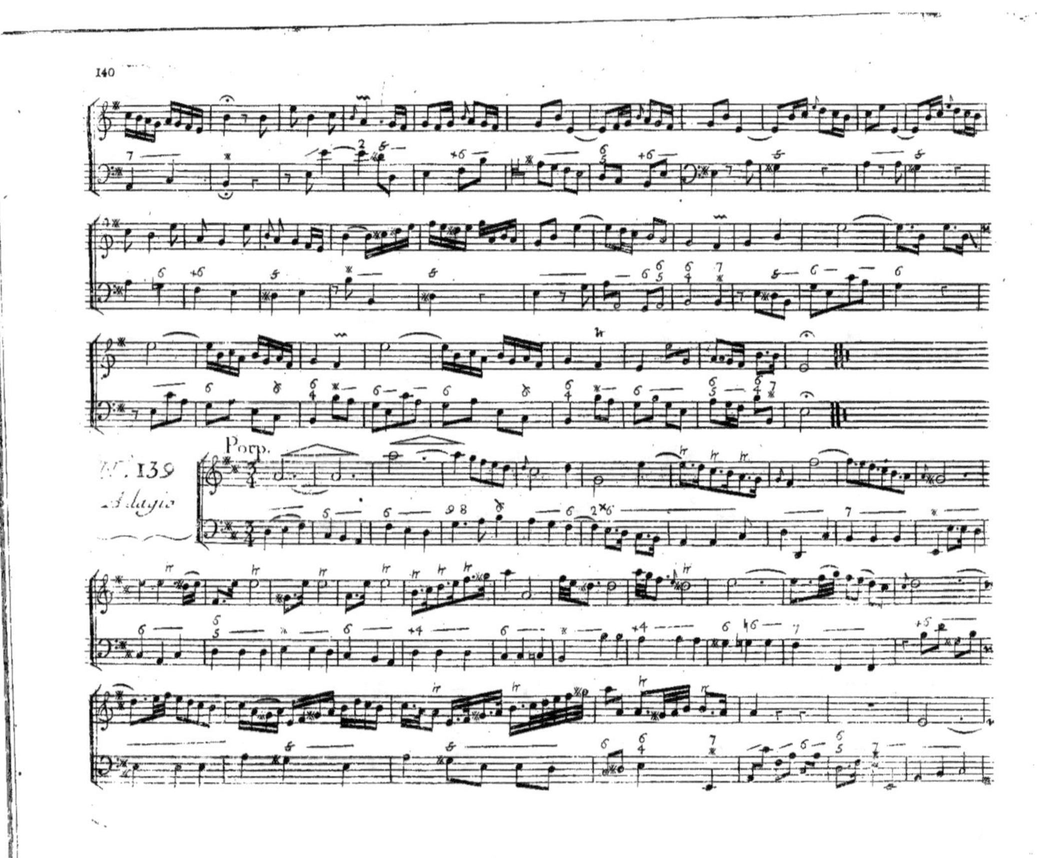
Porp.
N.° 139
Adagio

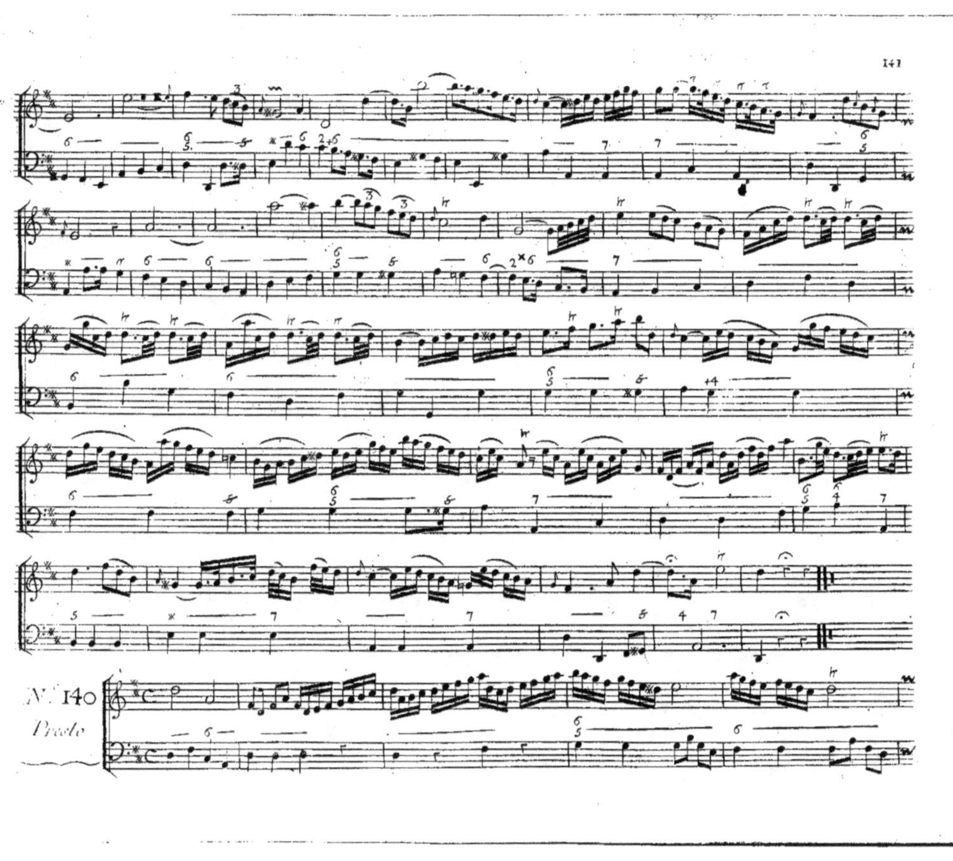
N.o 140
Presto

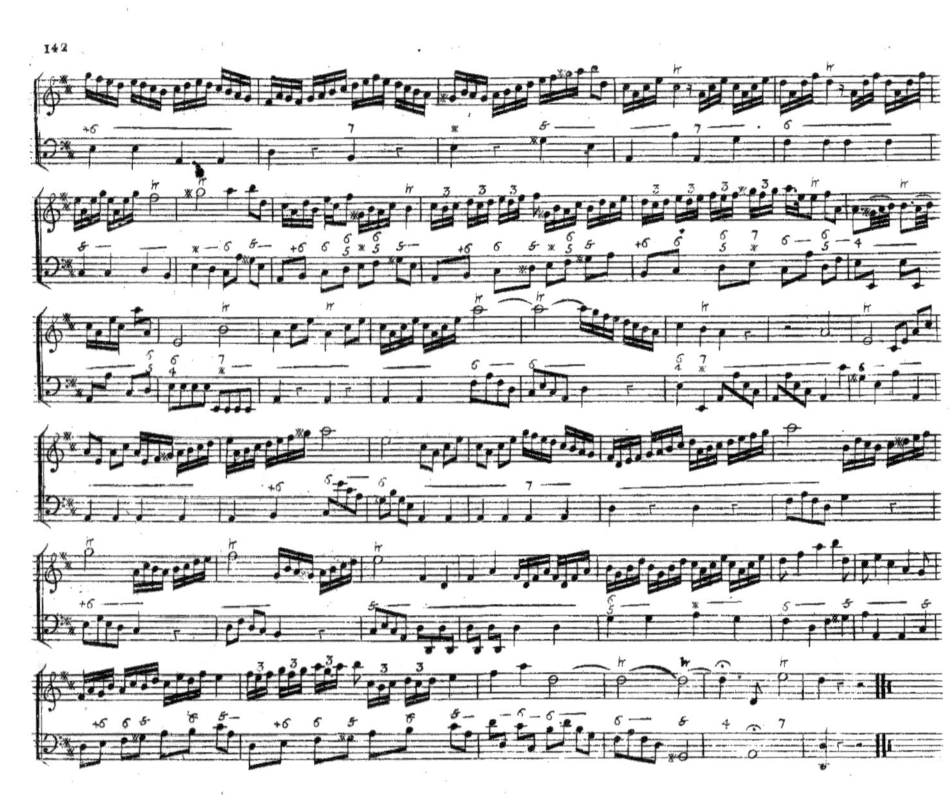

N.º 141

Andantino

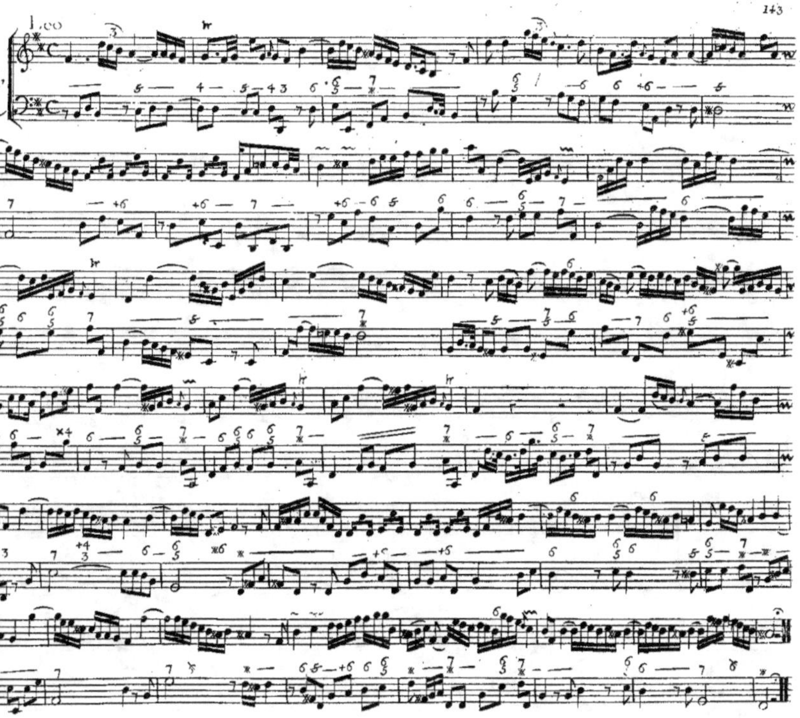

Leo

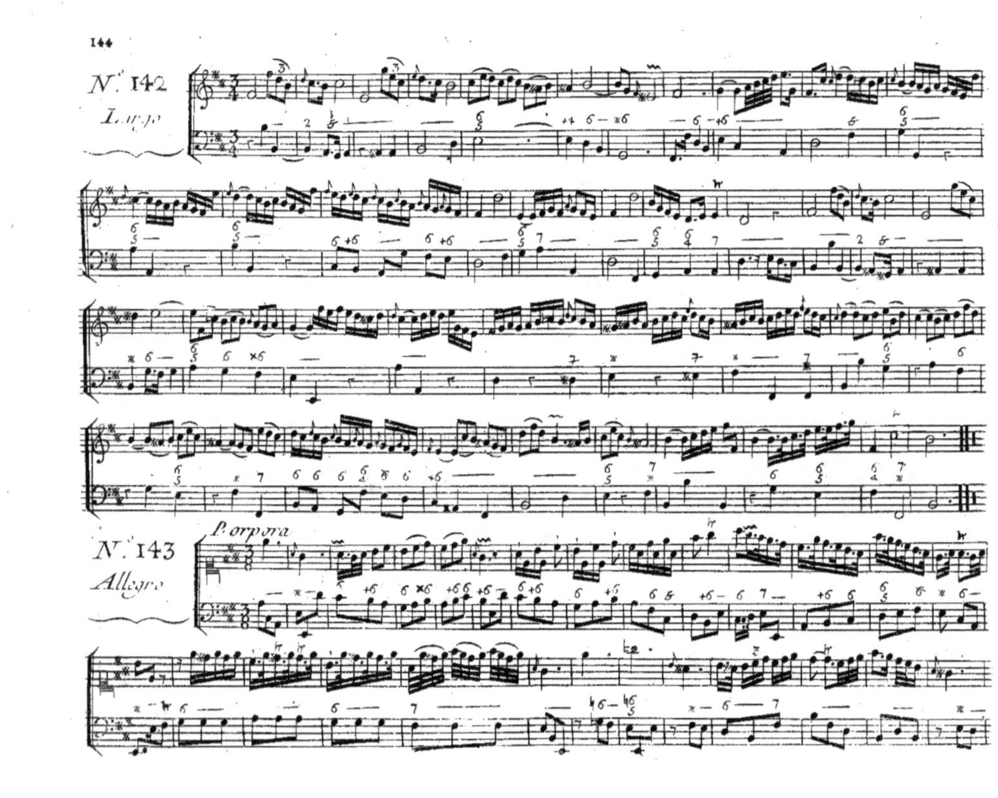
N.º 142
Largo
N.º 143
P. orpora
Allegro

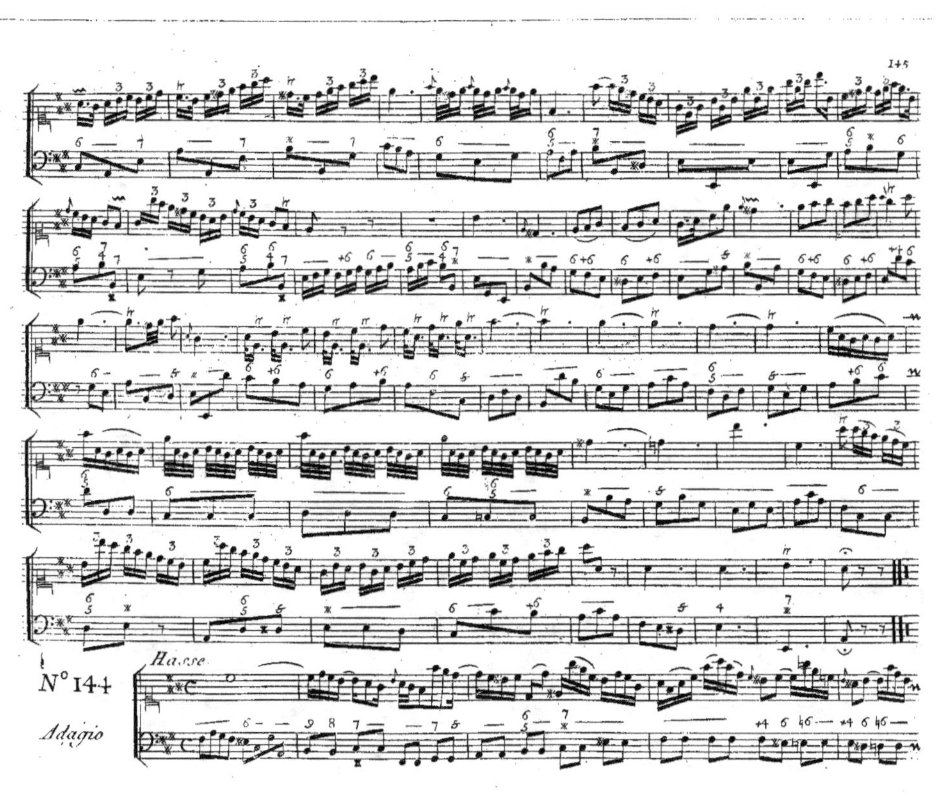

N° 144
Hasse
Adagio

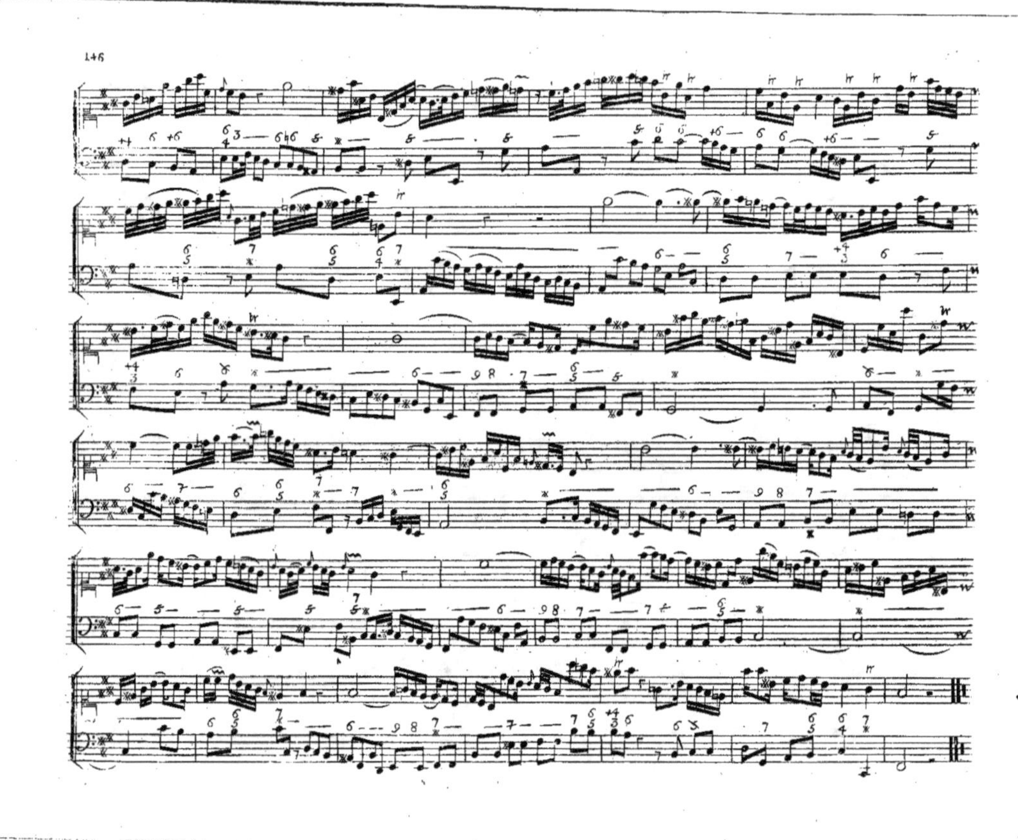

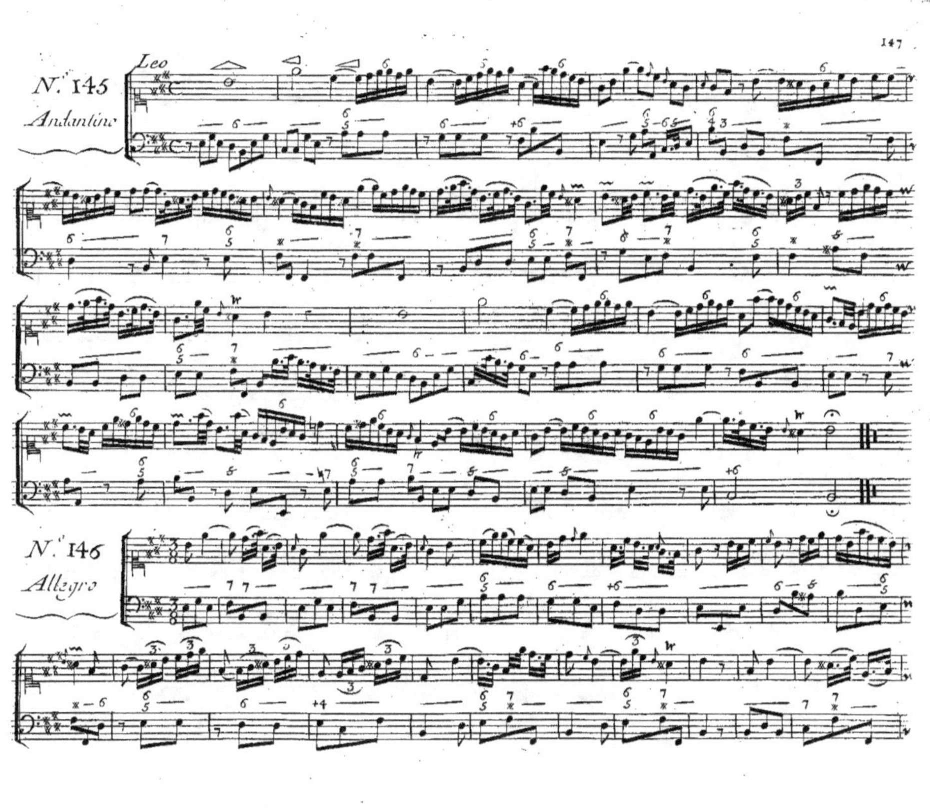
Leo
N.º 145
Andantino
N.º 146
Allegro

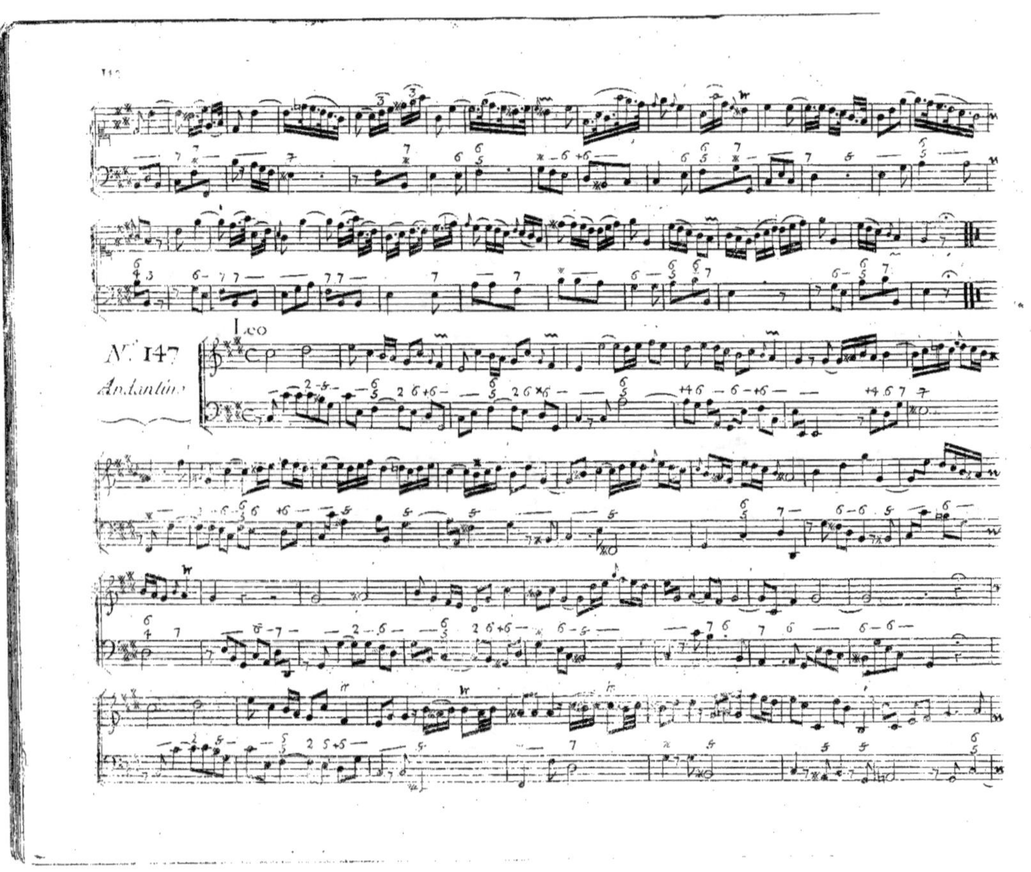
N.º 147
Andantino
Leo

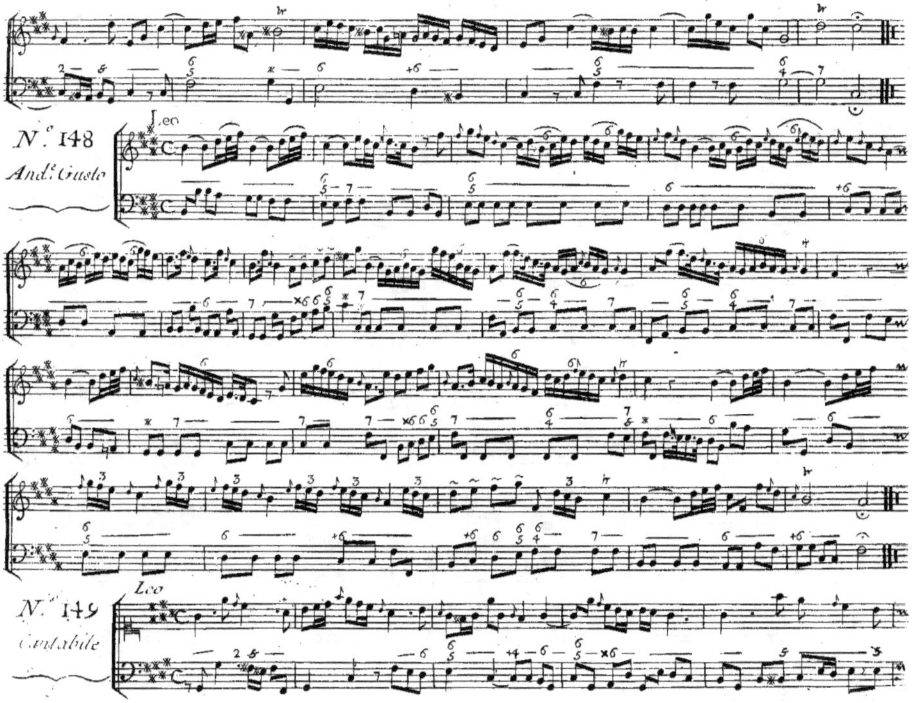
N.° 148
And.e Gusto
Leo
N.° 149
Cantabile
Leo

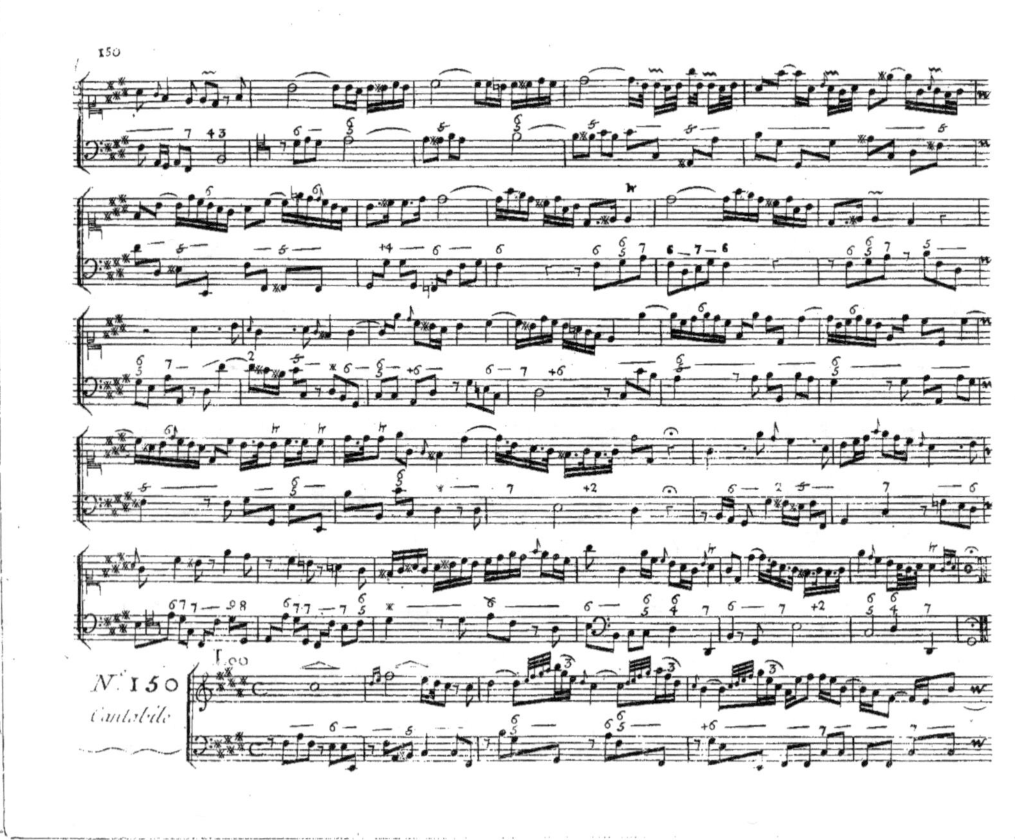
N.º 150
Cantabile

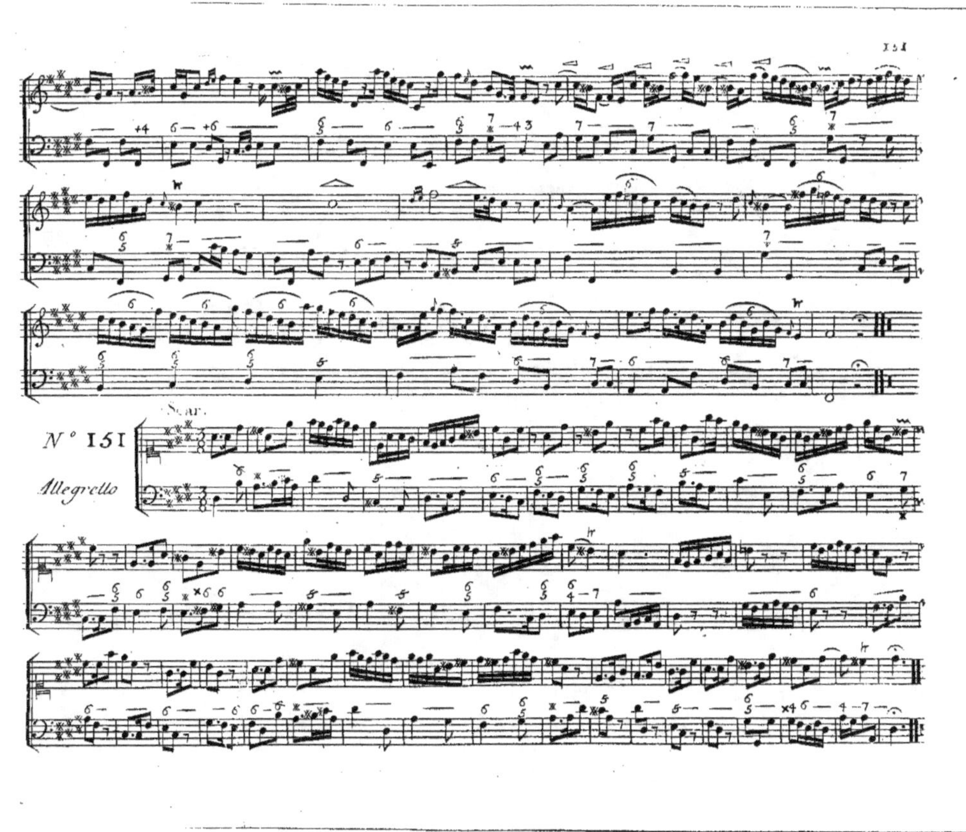
N° 151
Scar.
Allegretto

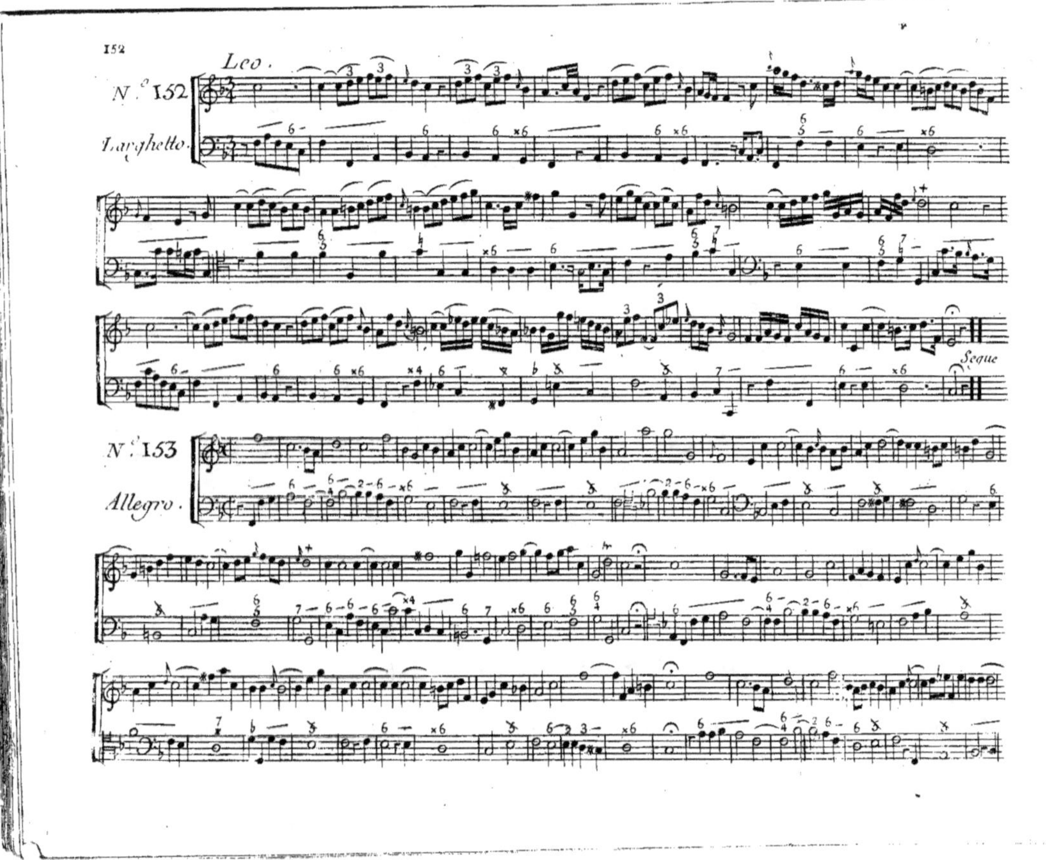
Leo.
N.º 152
Larghetto.
N.º 153
Allegro.
Seque

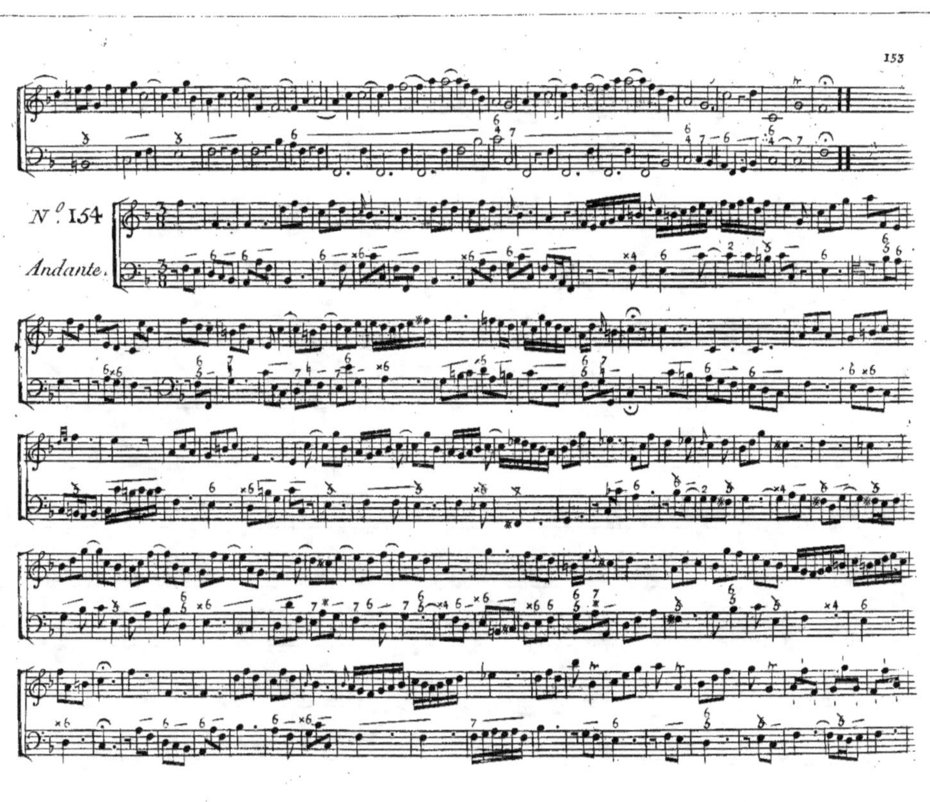
N.º 154
Andante.

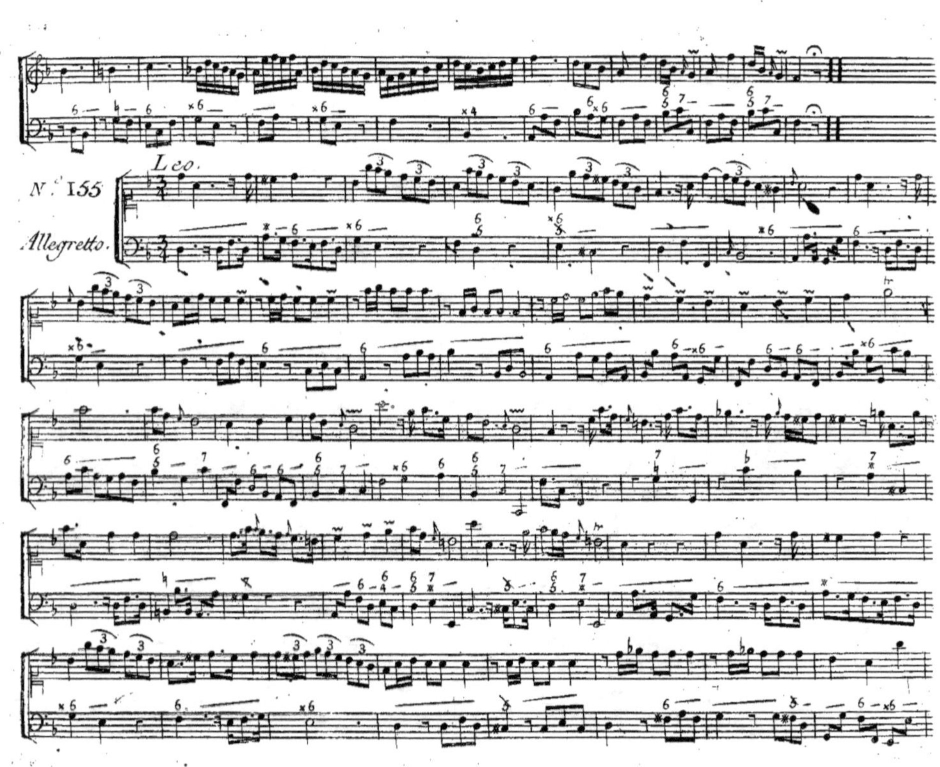
N.º 155
Leo.
Allegretto.

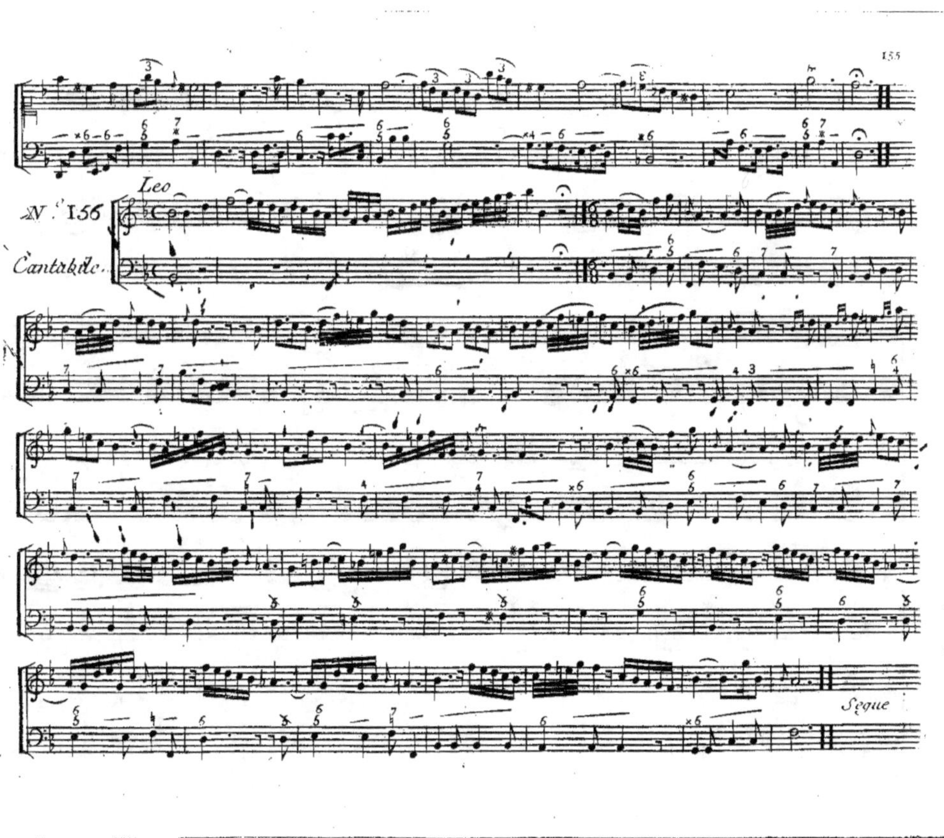

155
Leo
N.º 156
Cantabile
Segue

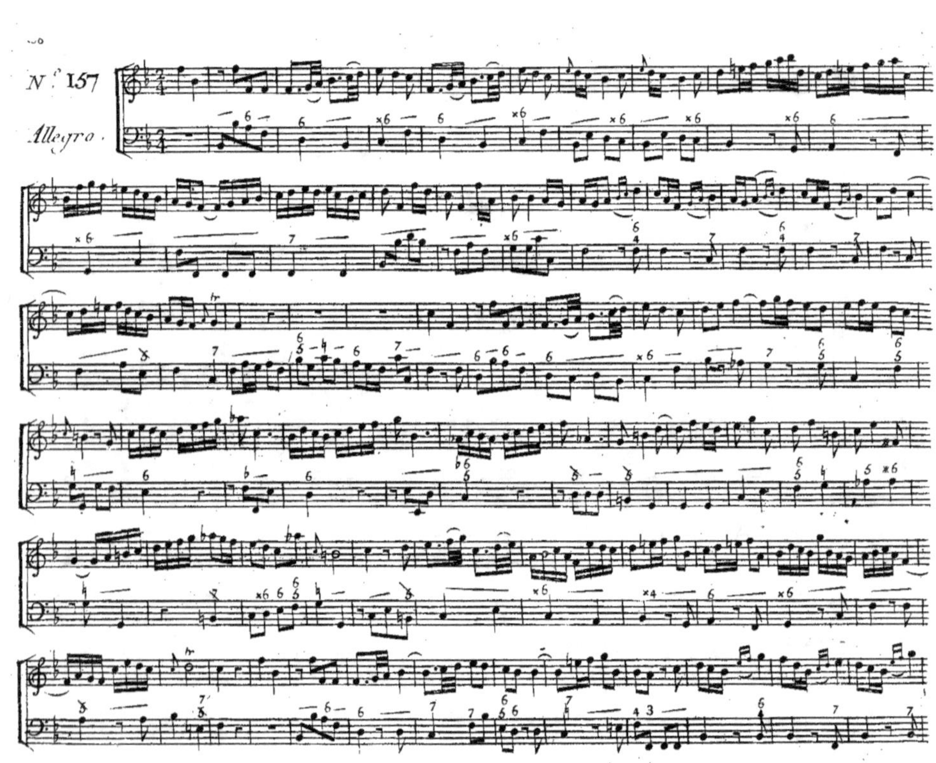

N.° 157
Allegro.

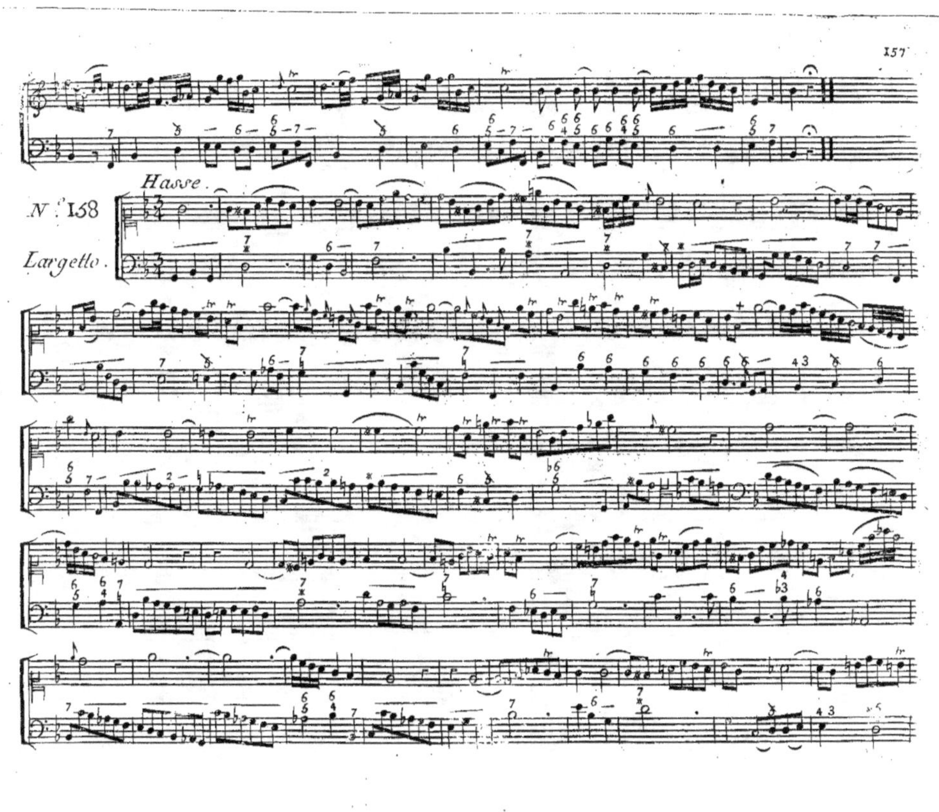
Hasse.
N.º 158
Largetto.

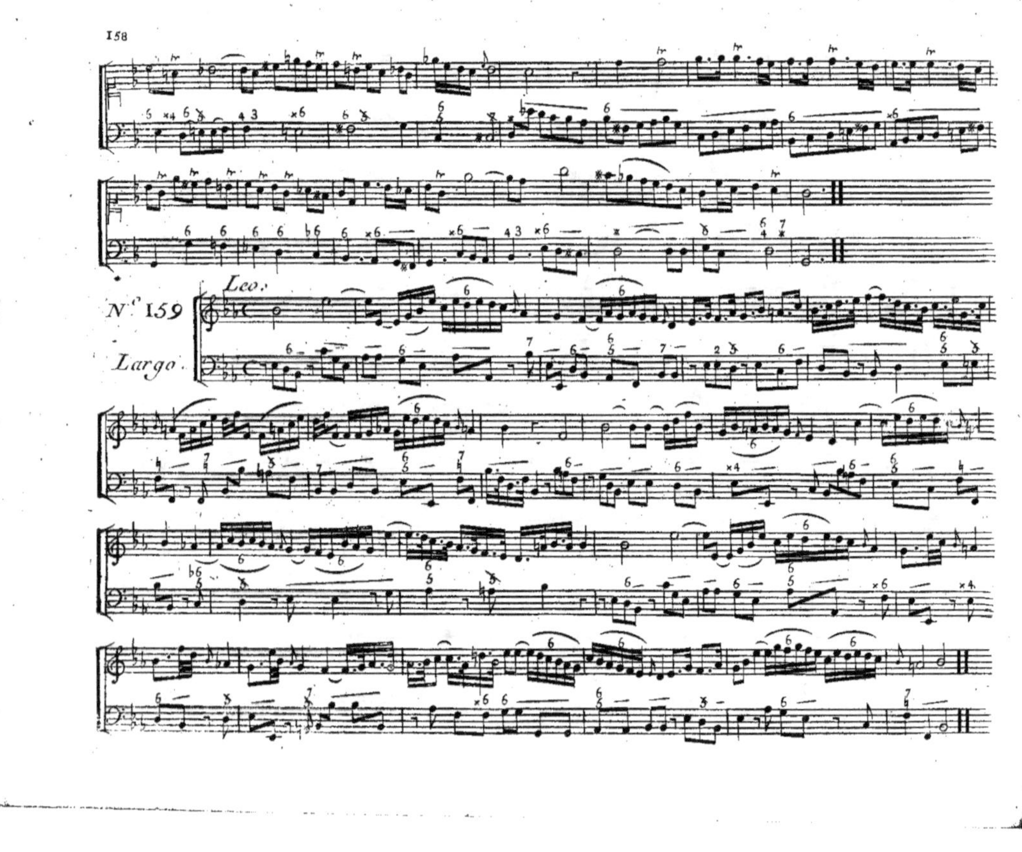
N.° 159
Leo.
Largo

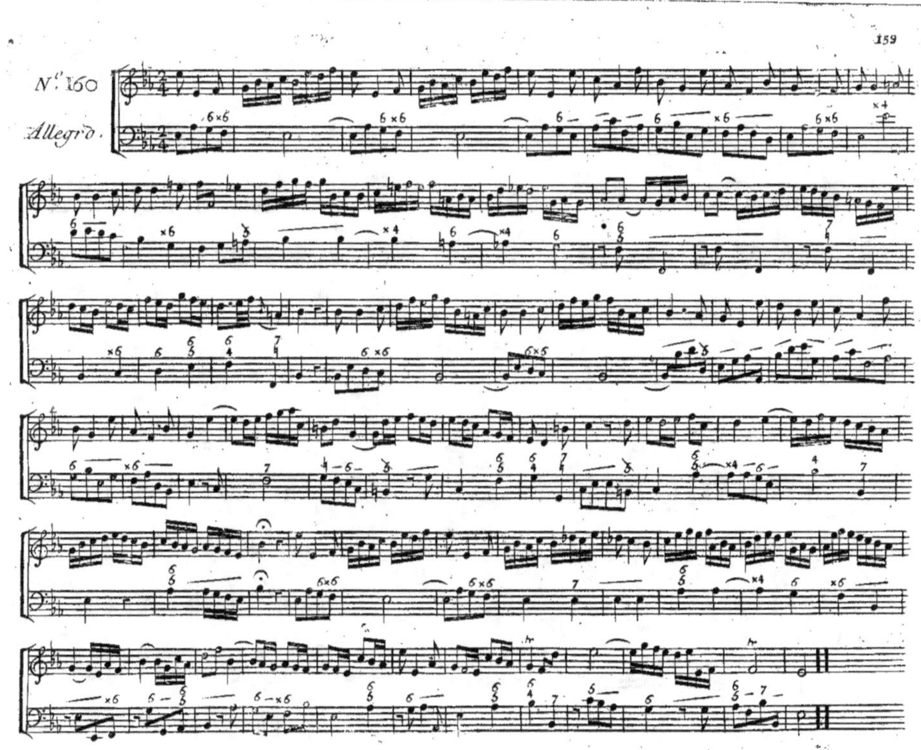
N.º 160
Allegro.

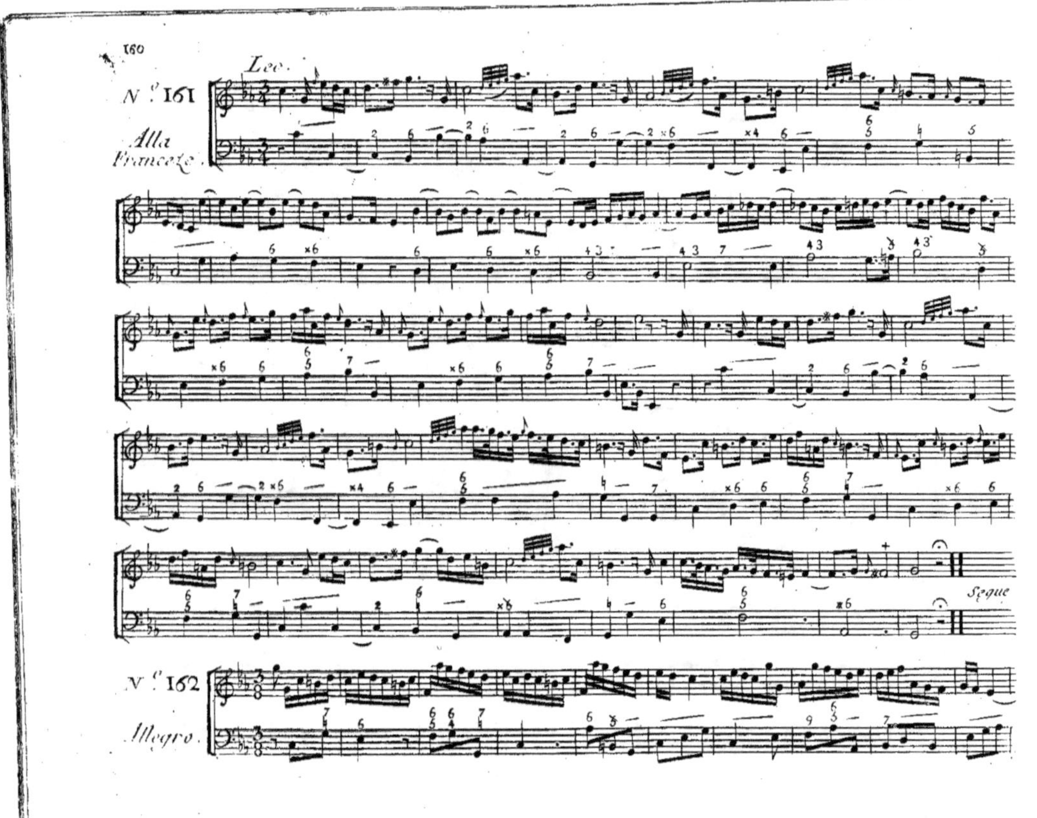
N.º 161
Leo.
Alla Francese.
N.º 162
Allegro.
Segue

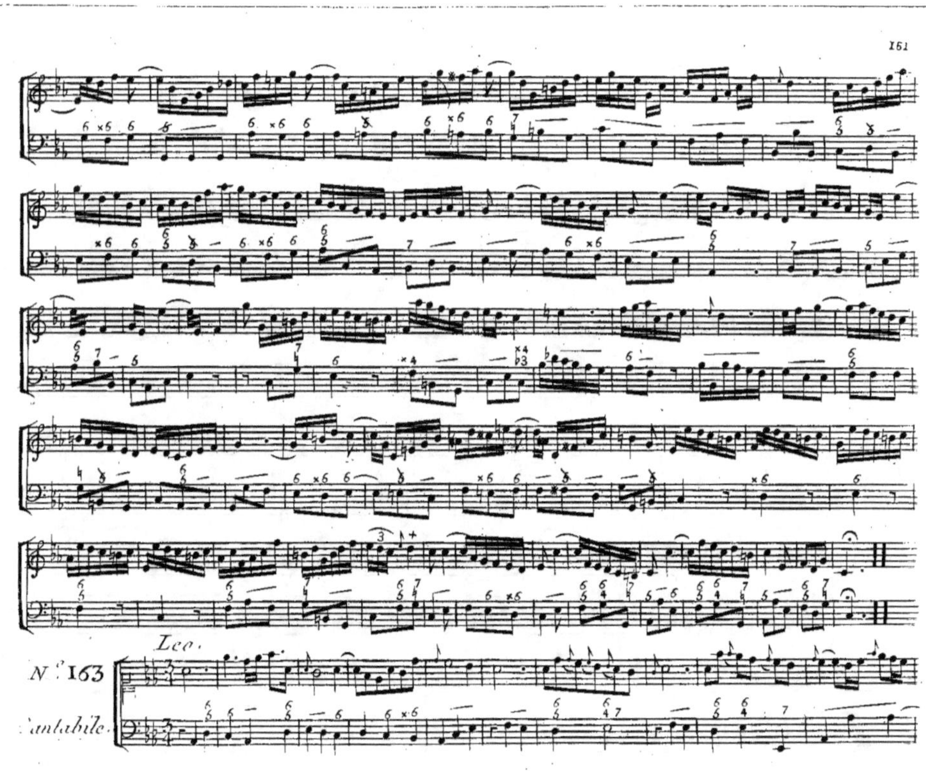
No. 163
Leo.
Cantabile.

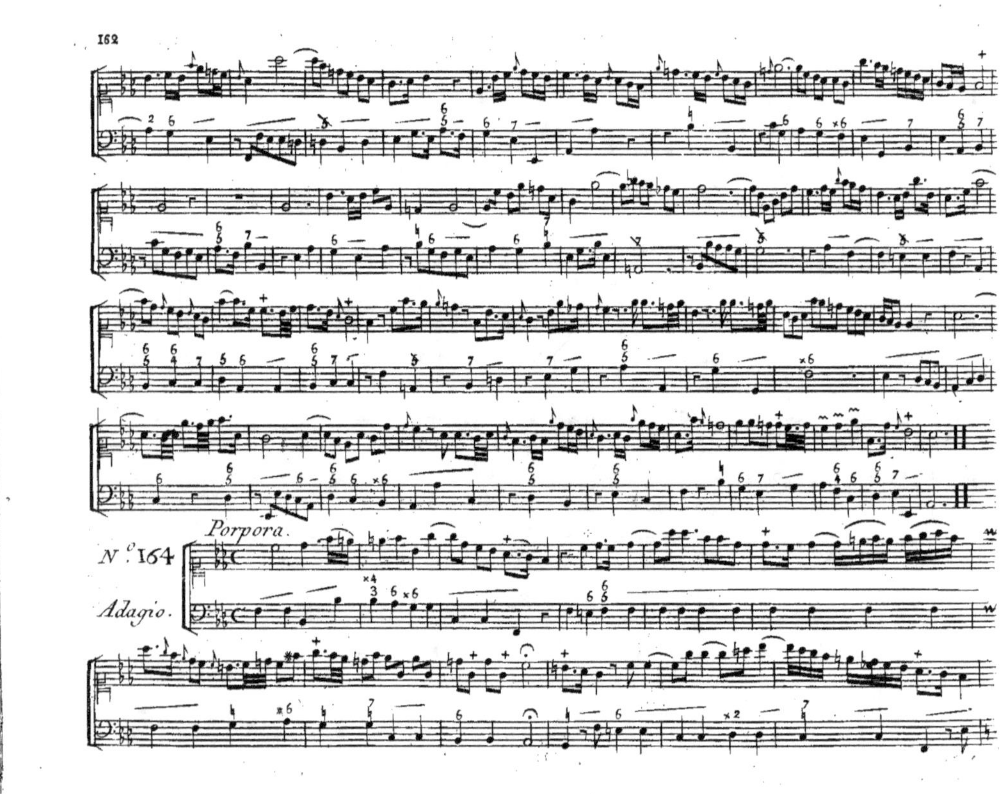
Porpora.
N.° 164
Adagio.

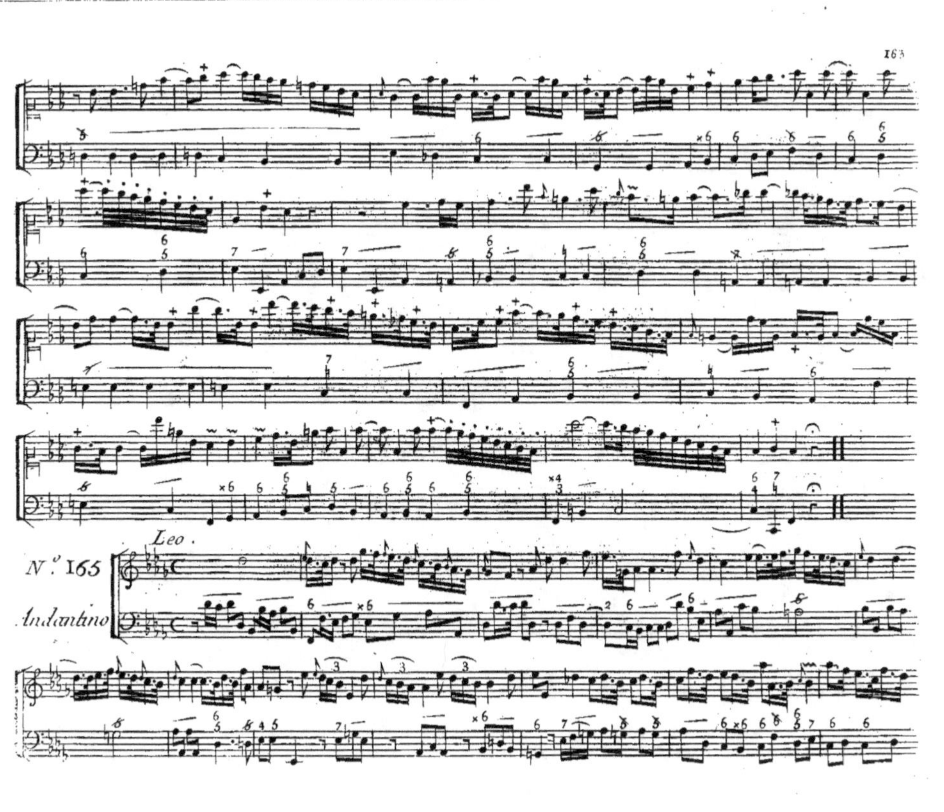
163
Leo.
N.° 165
Andantino

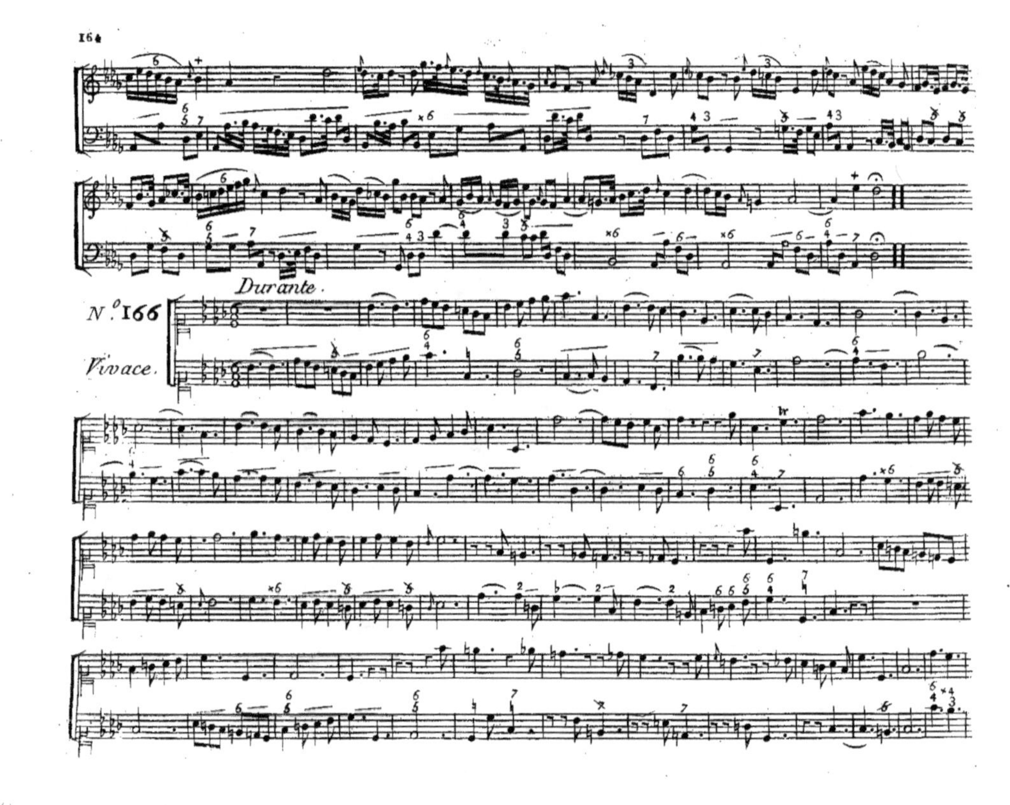
Durante.
N.º 166
Vivace.

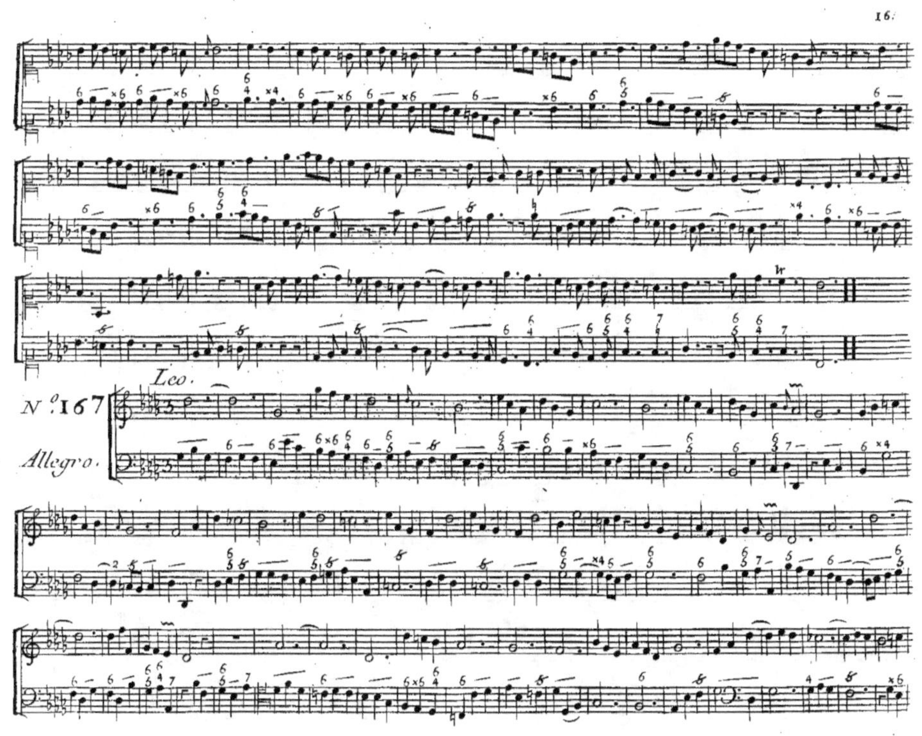

Leo.
N.º 167
Allegro.

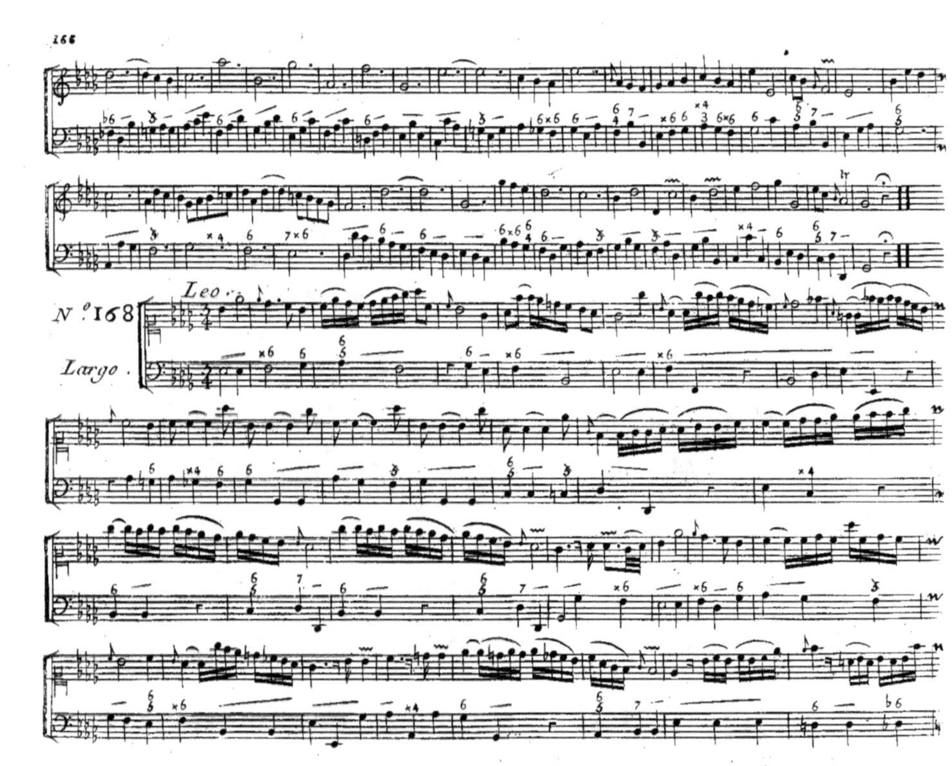
N.º 168
Leo.
Largo.

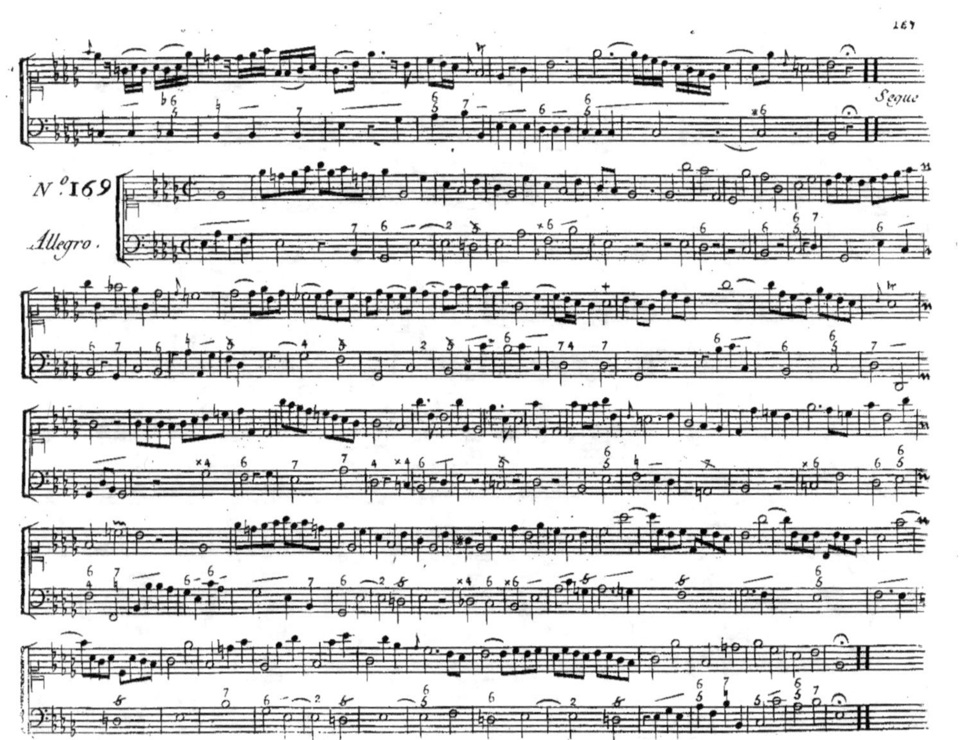
Segue
N.º 169
Allegro.

N.º 170

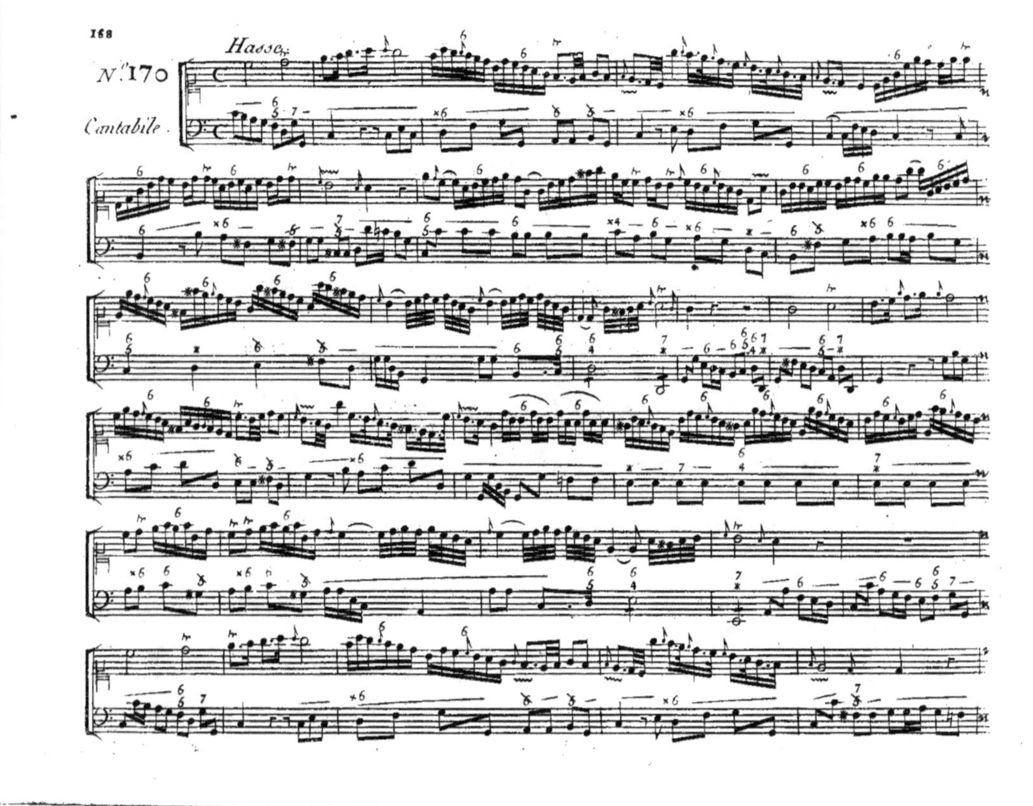

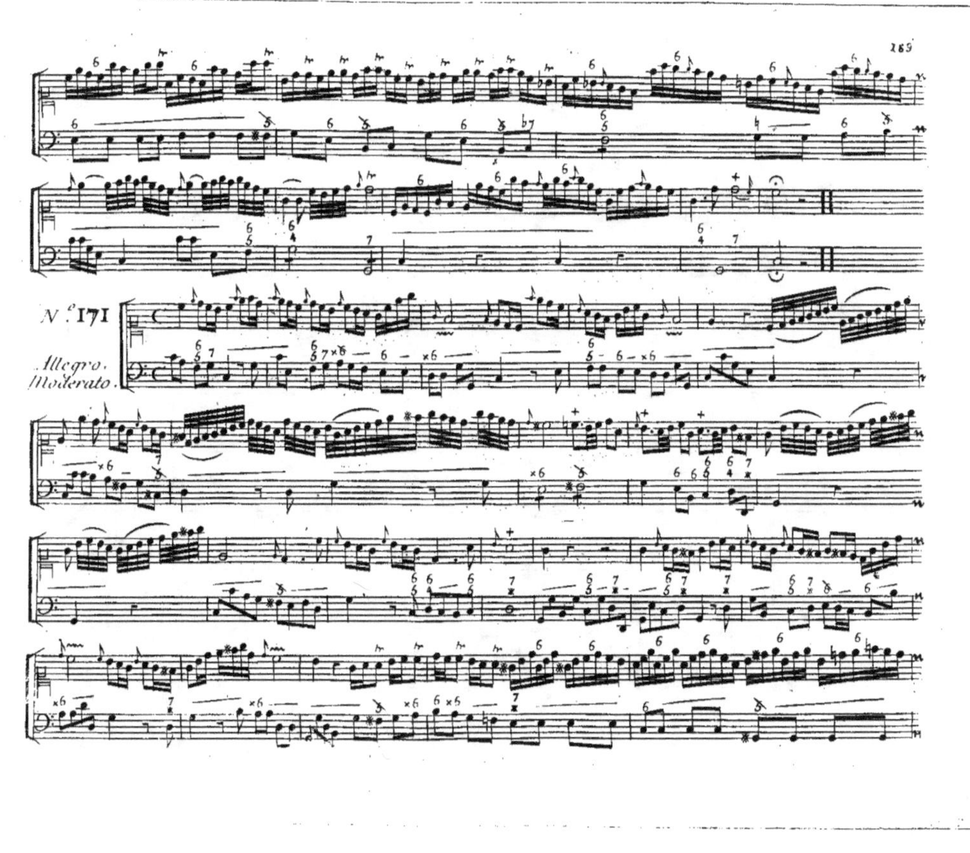
N.º 171
Allegro.
Moderato.

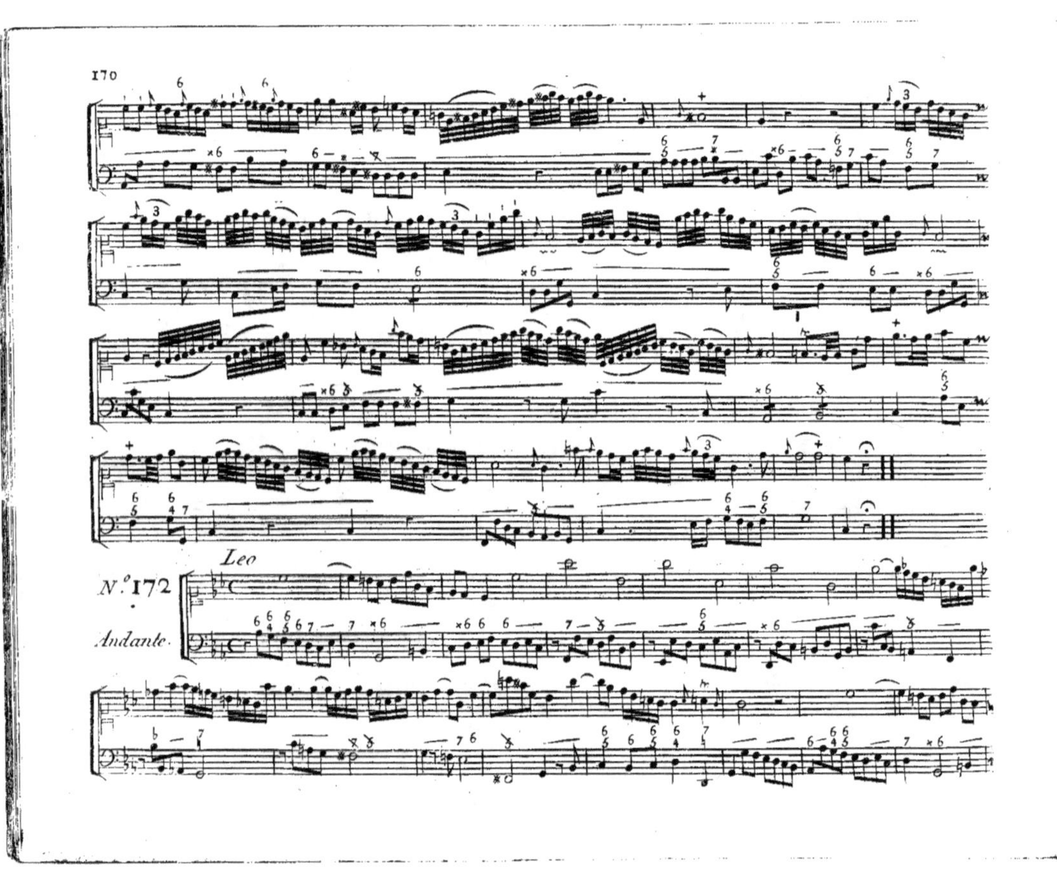
Leo
N.º 172
Andante.

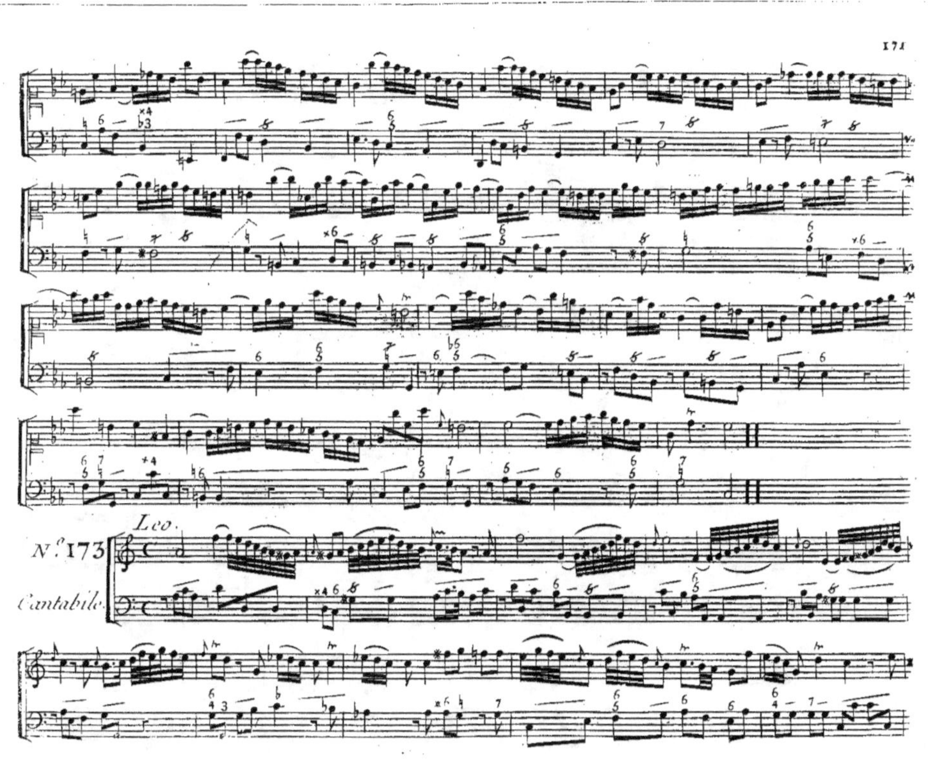
N.º 173
Leo.
Cantabile

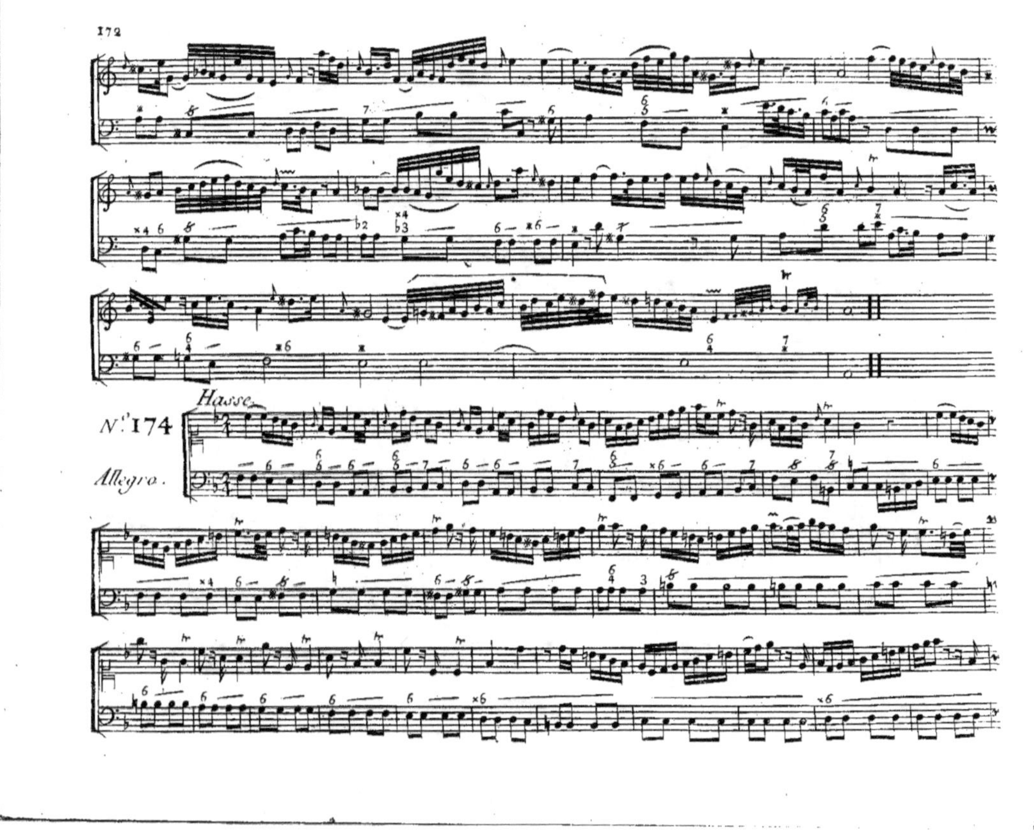

172
Hasse.
N.º 174
Allegro.

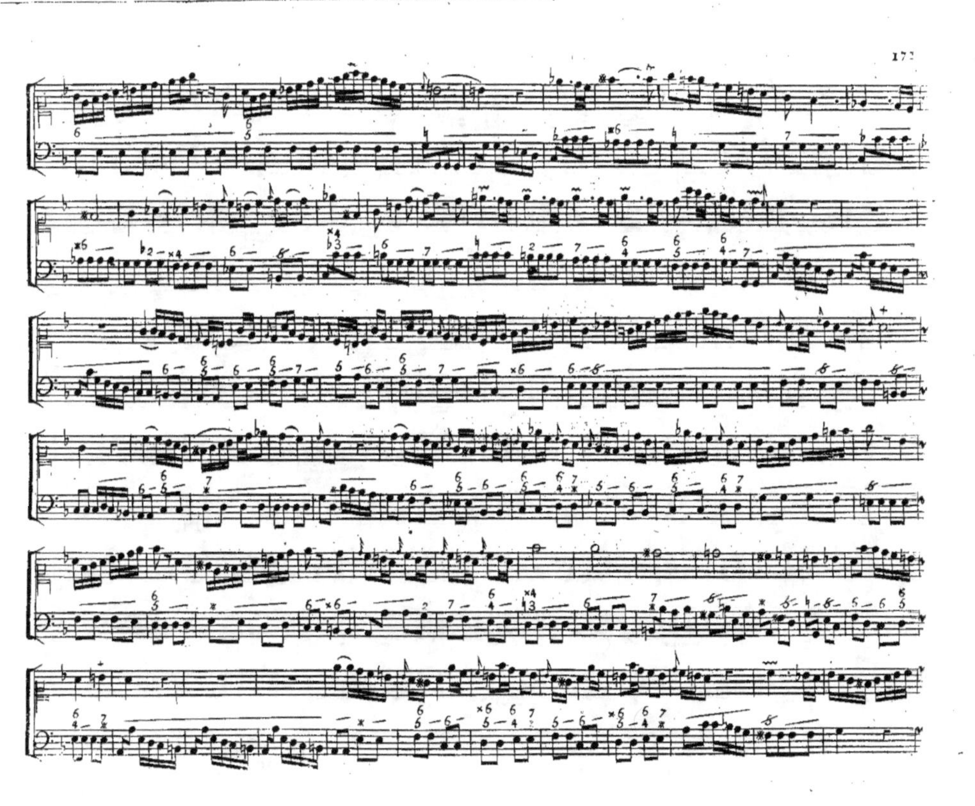

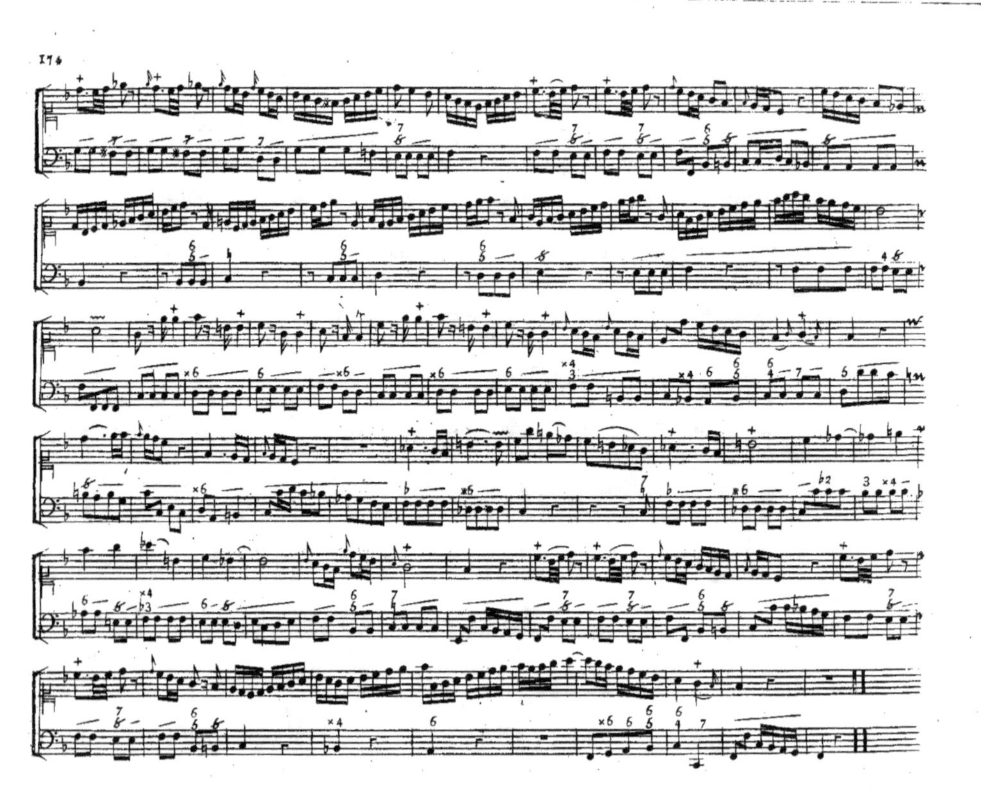

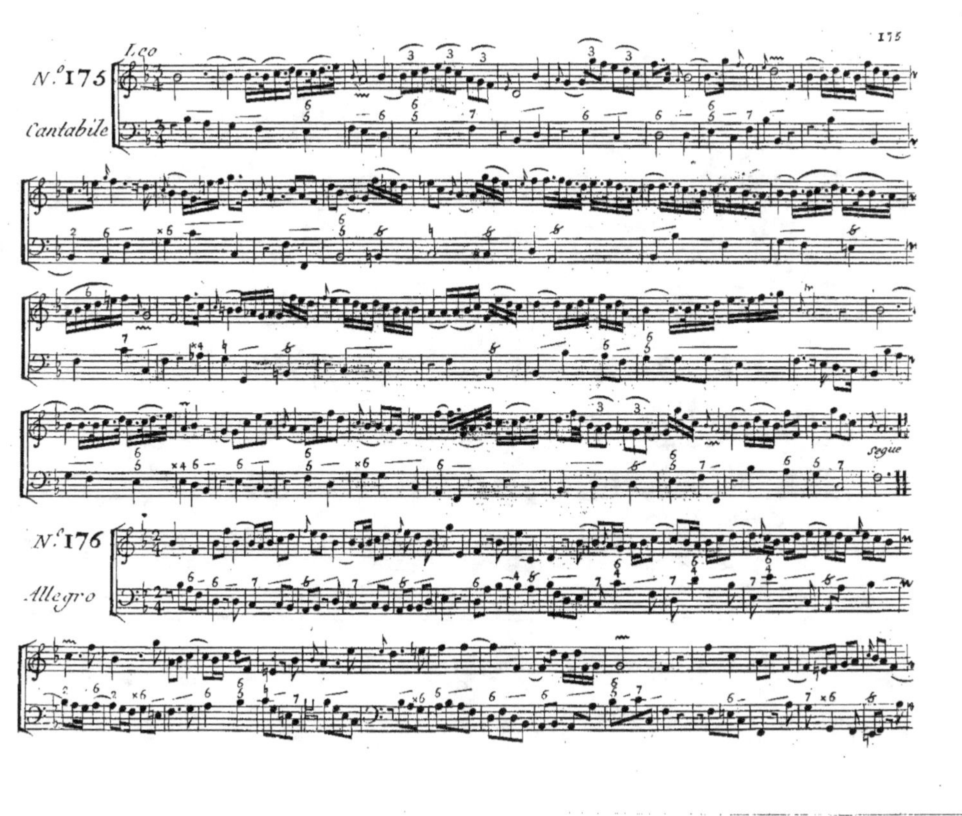
N.o 175
Lento
Cantabile
N.o 176
Allegro
segue

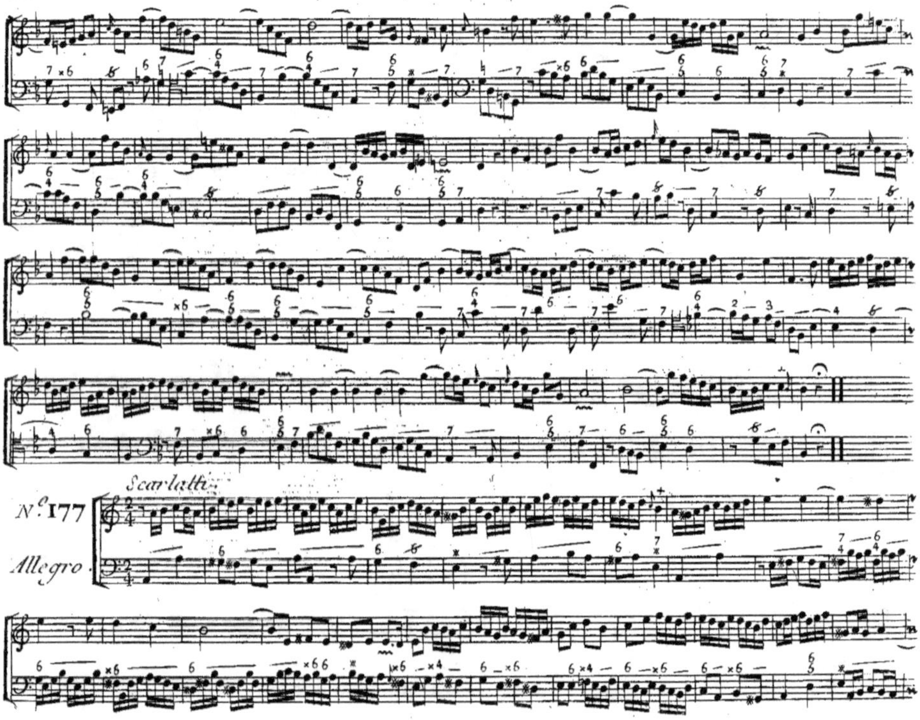

Scarlatti
N.° 177
Allegro

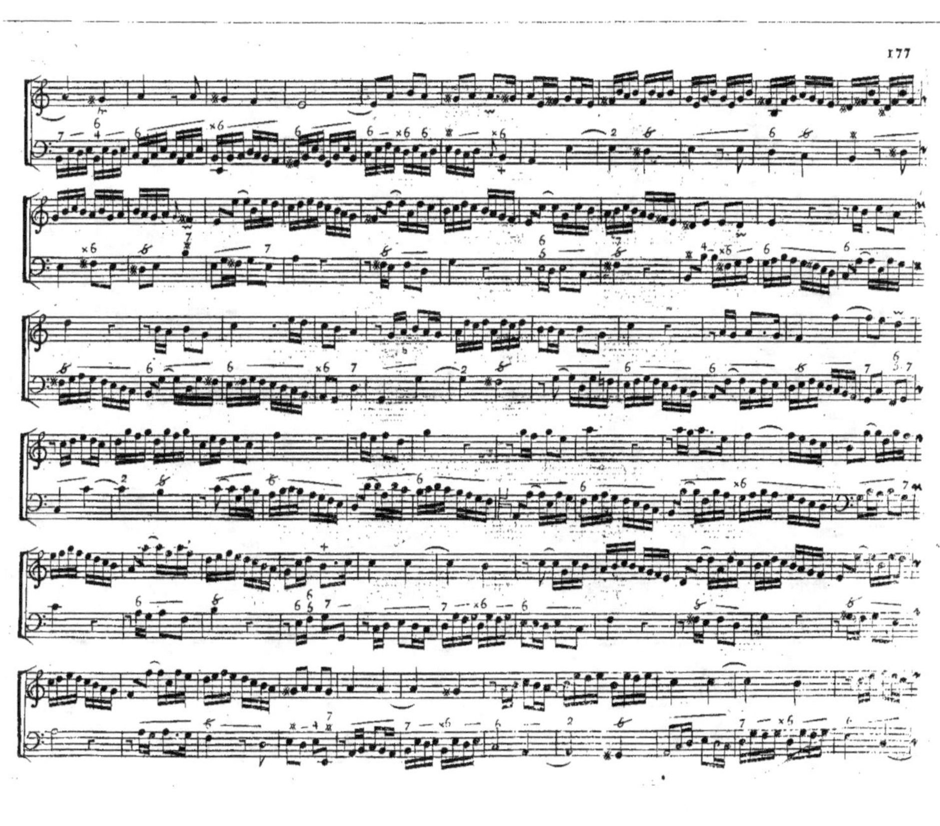

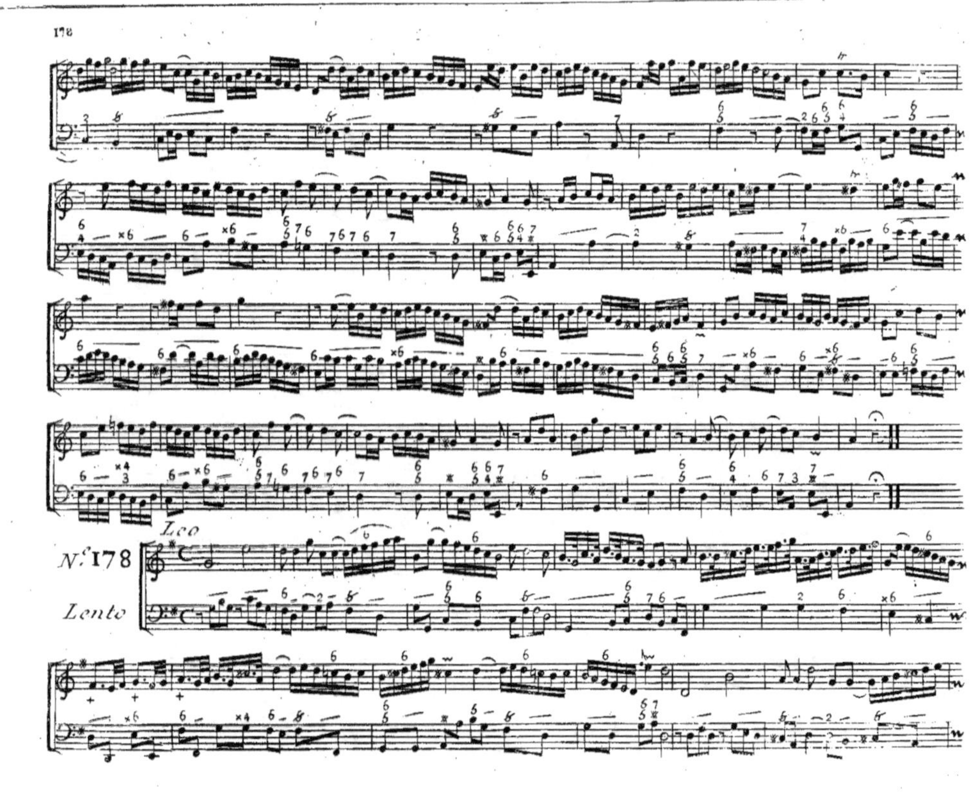
N.º 178
Leo
Lento

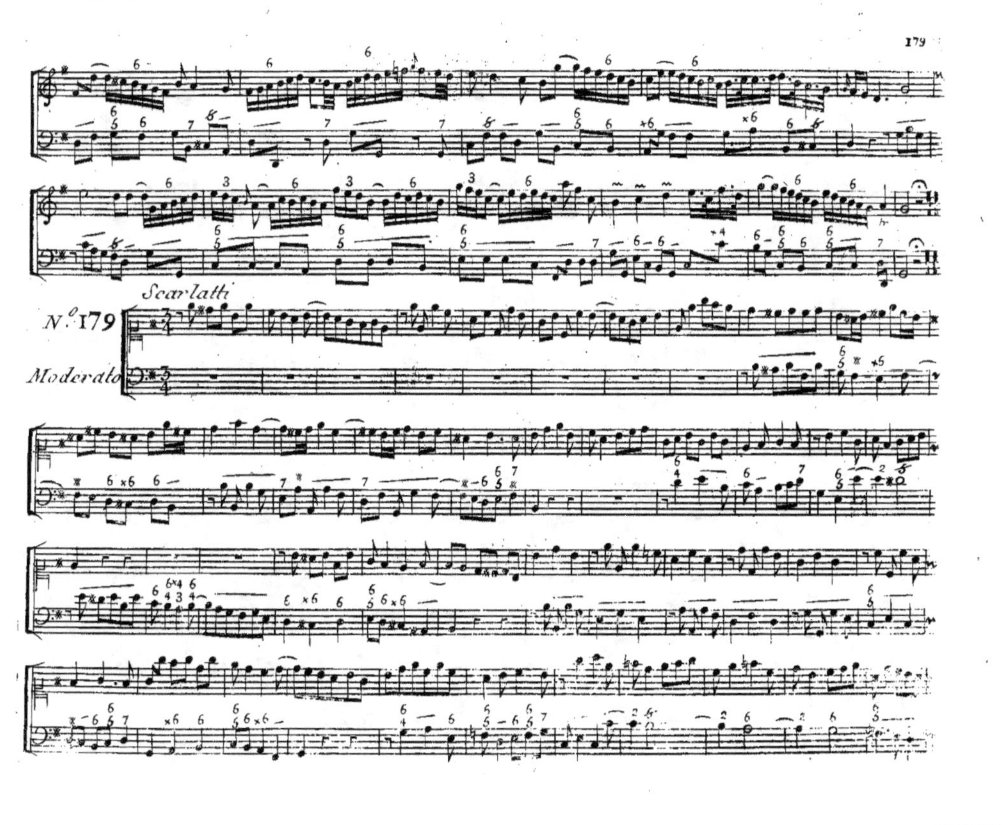
Scarlatti
Nº 179
Moderato

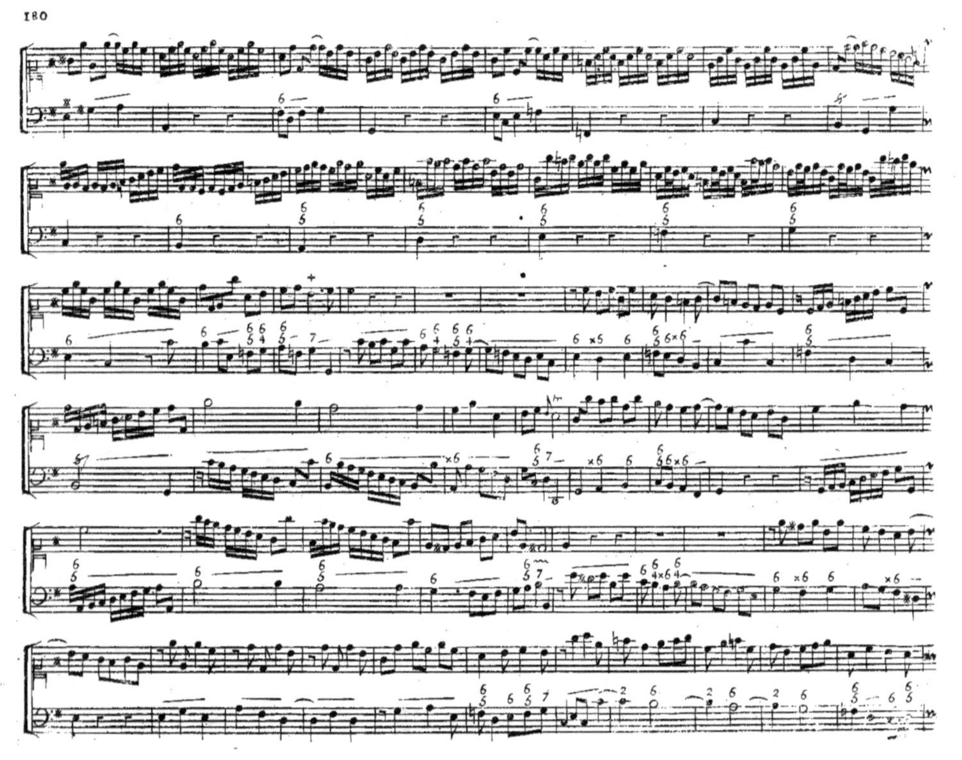

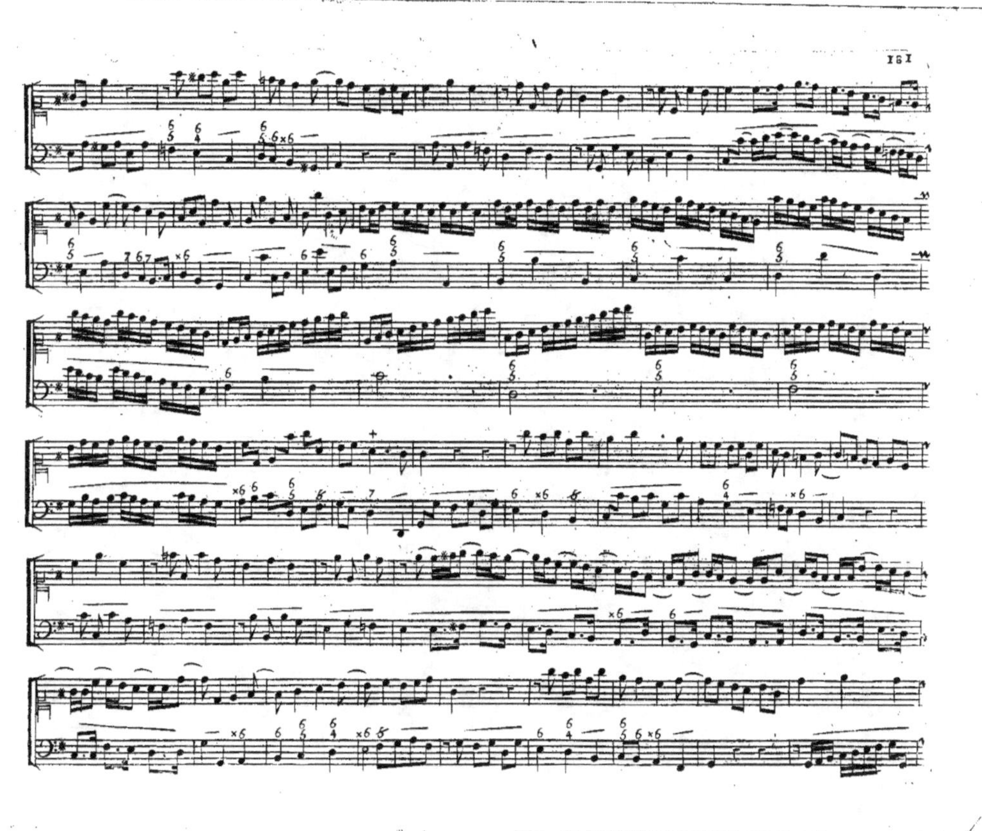

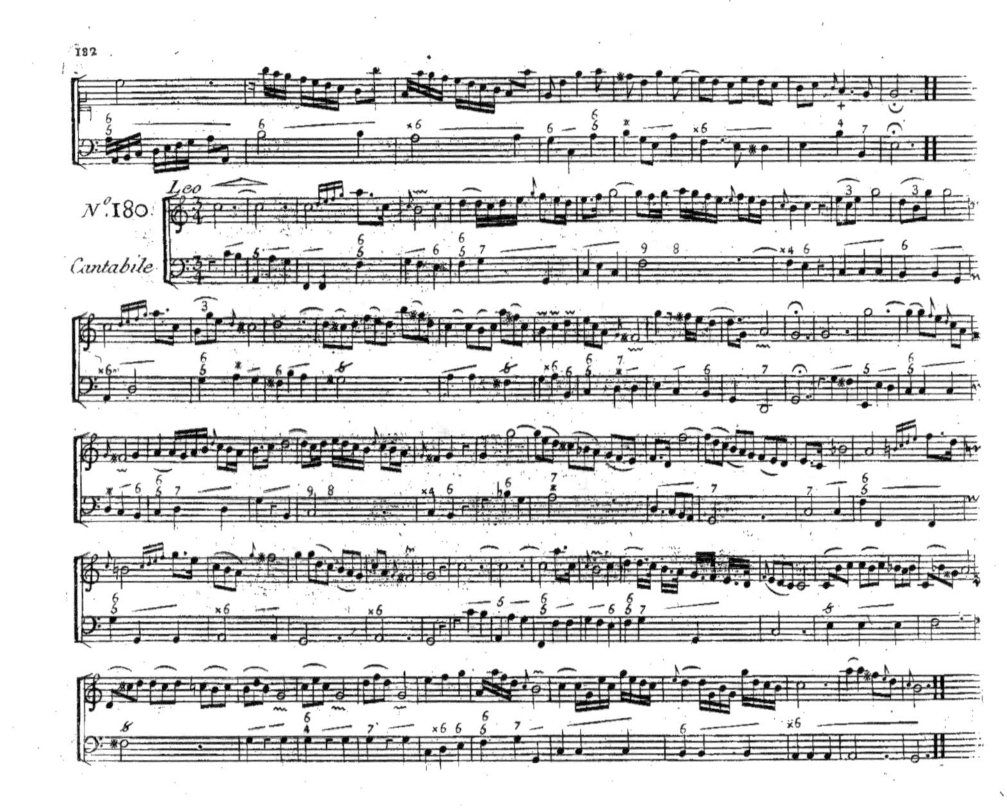
N.º 180.
Leo
Cantabile

N.º 181

Allegro.

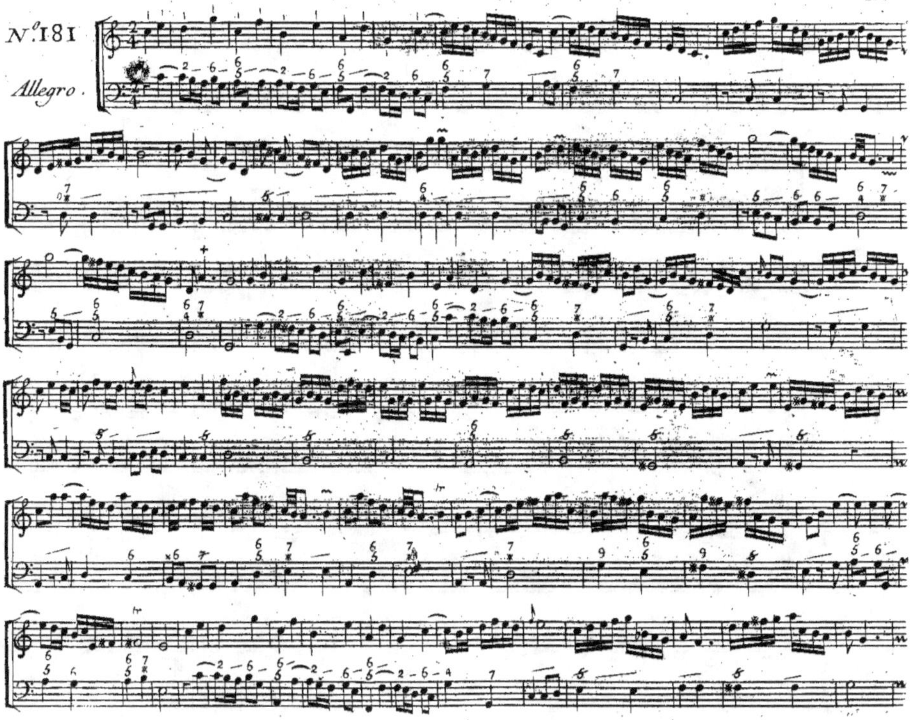

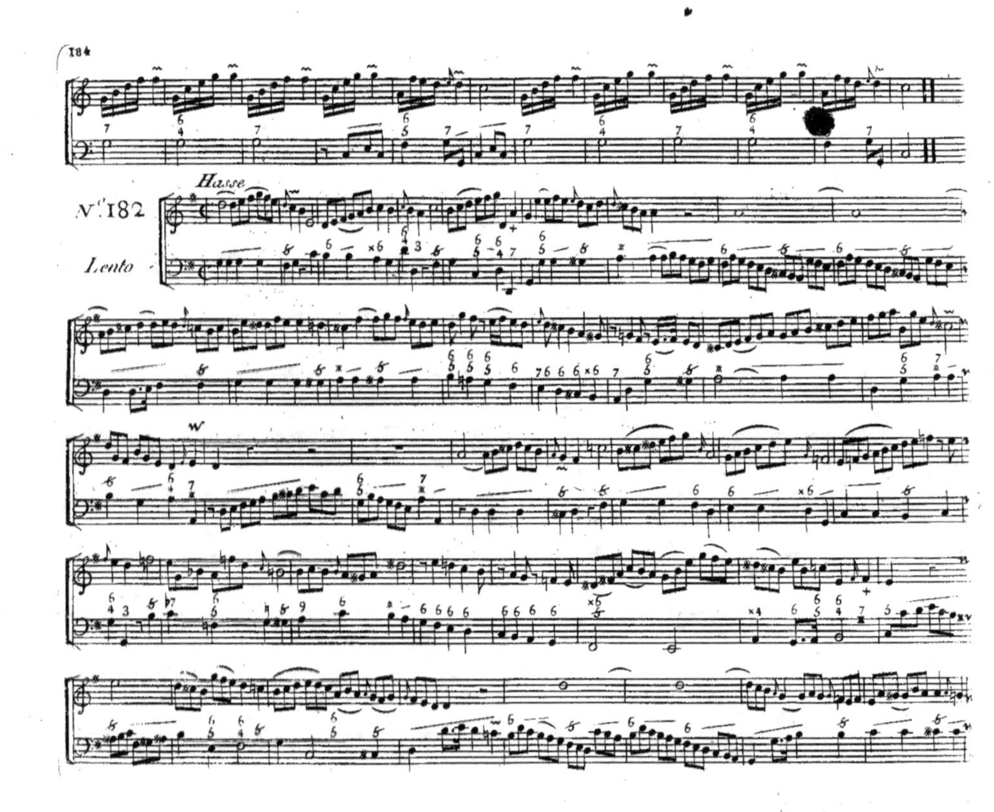
Hasse
Nº 182
Lento

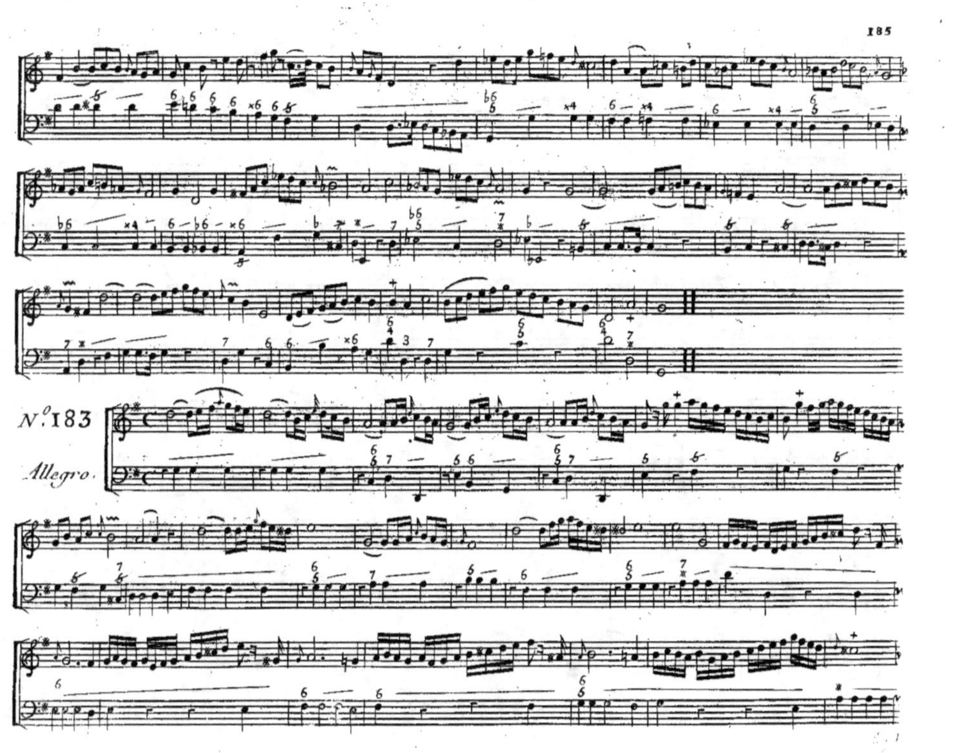
N.º 183
Allegro.

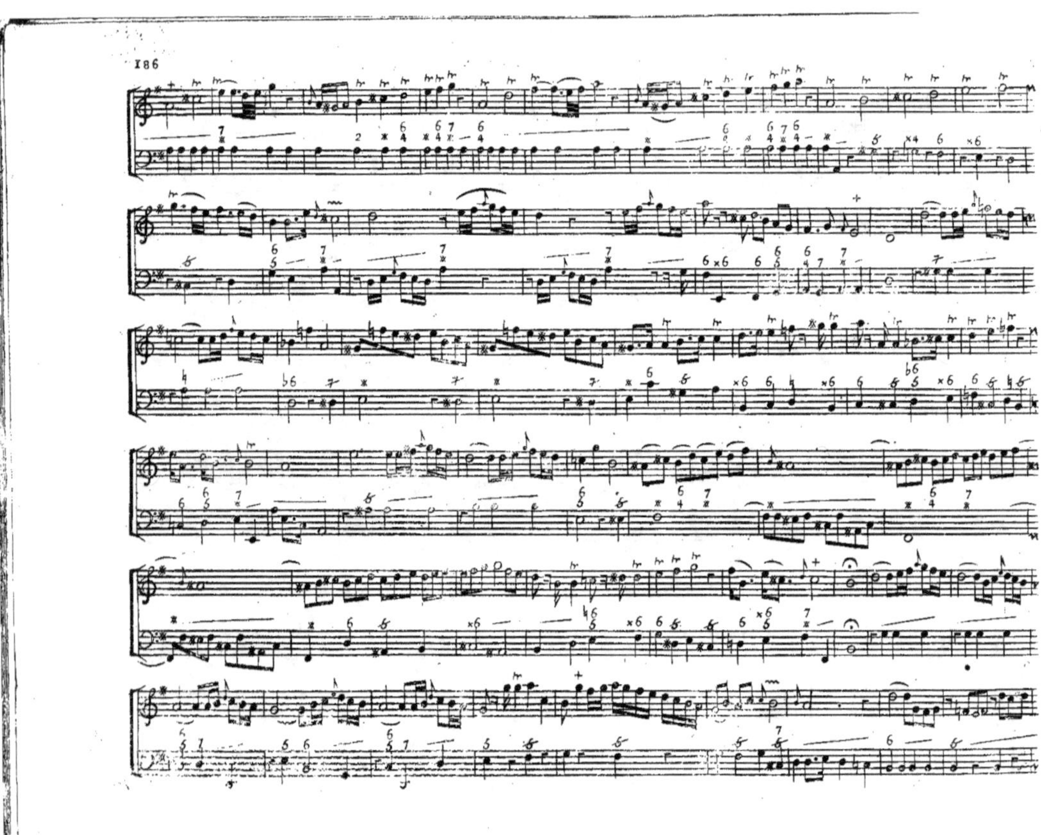

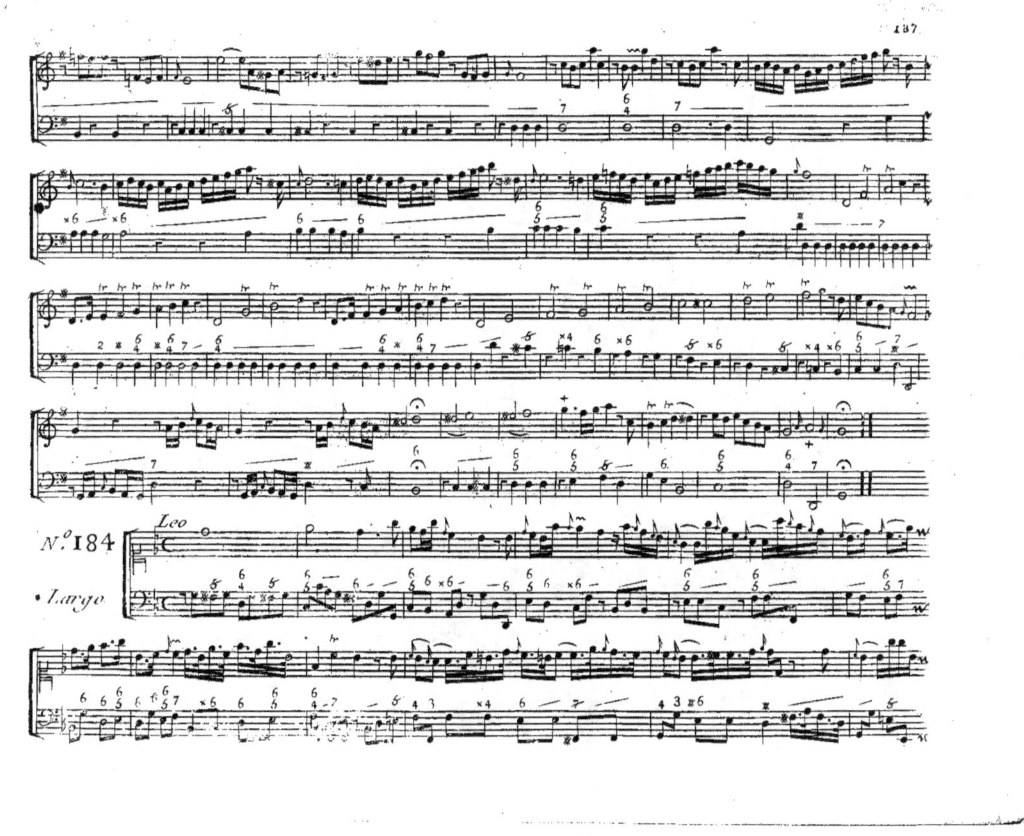

N.º 184
Leo
Largo

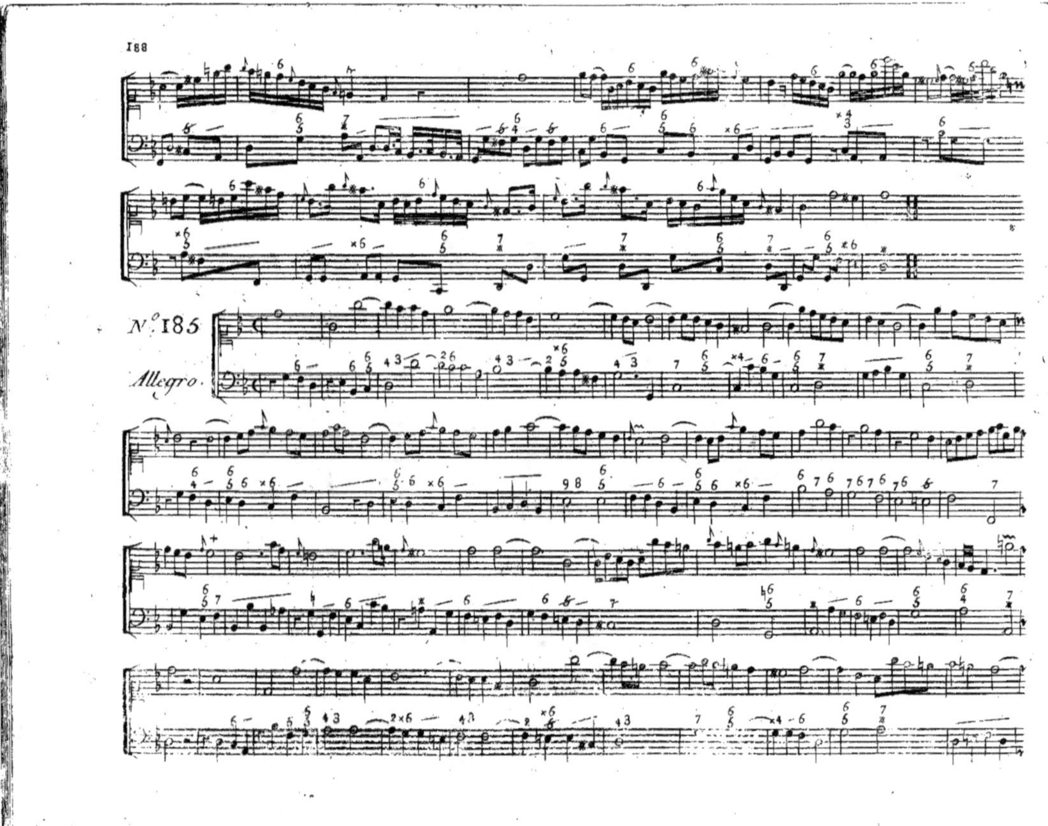
N.º 185
Allegro.

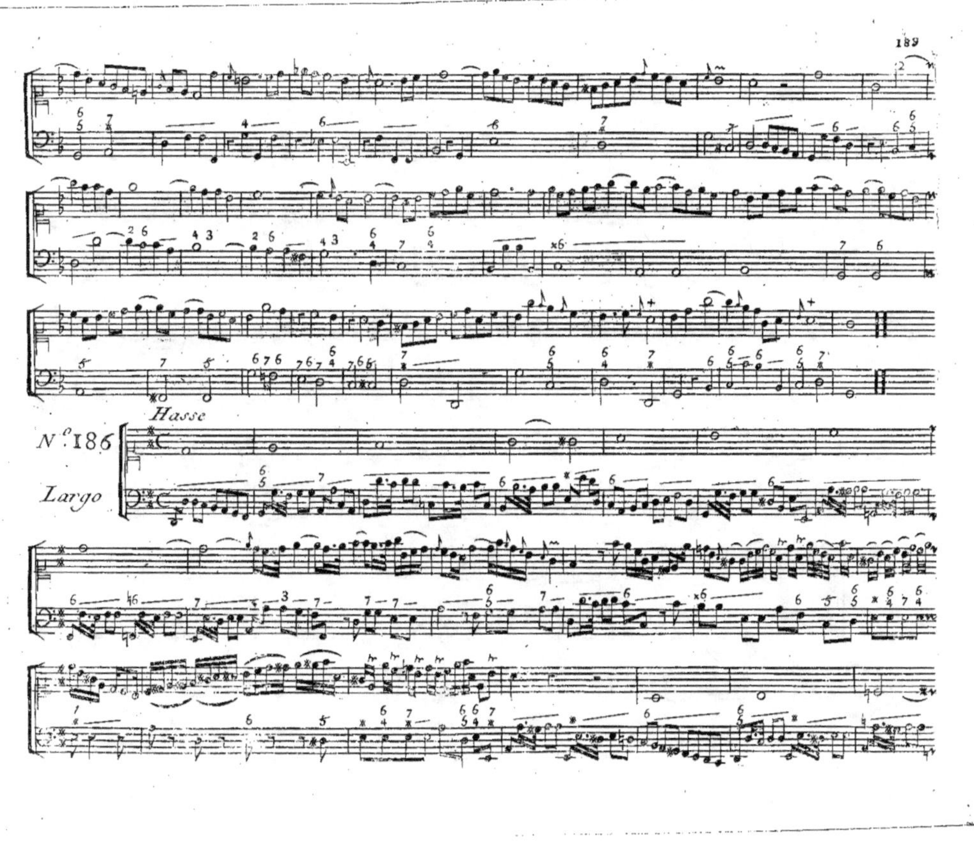
Hasse
N.º 186
Largo

N.º 187
Mazzoni
Larghetto

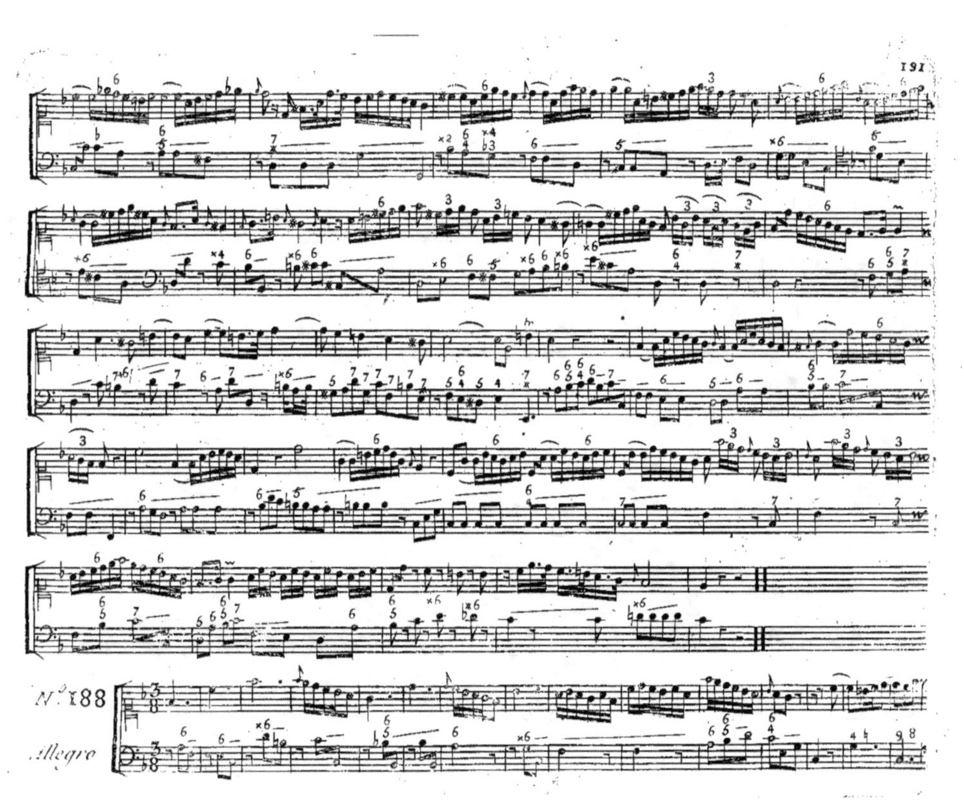
N.º 188
Allegro

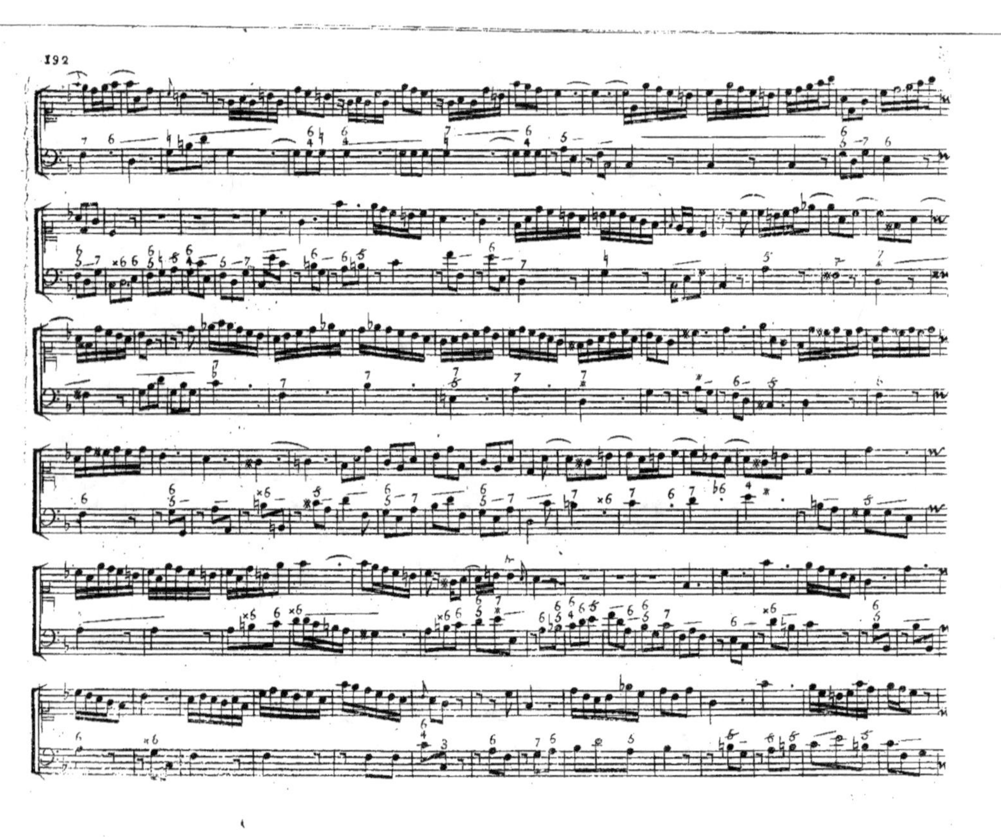

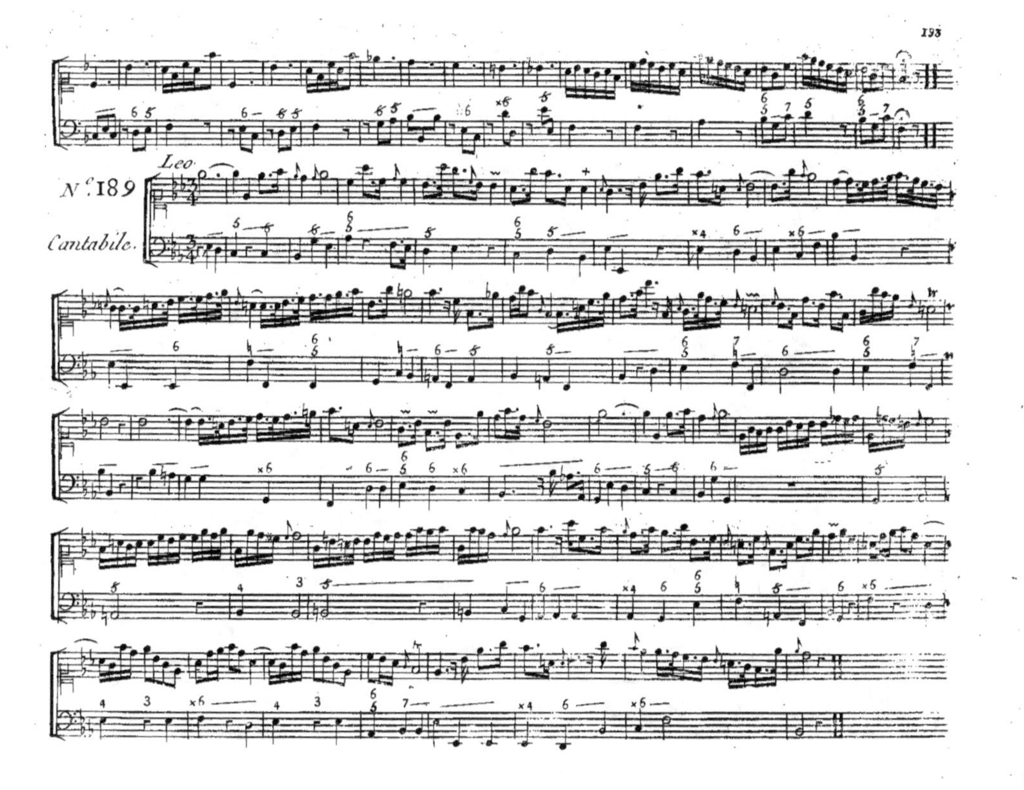
N.º 189
Leo.
Cantabile.

N.º **190**

Allegro.

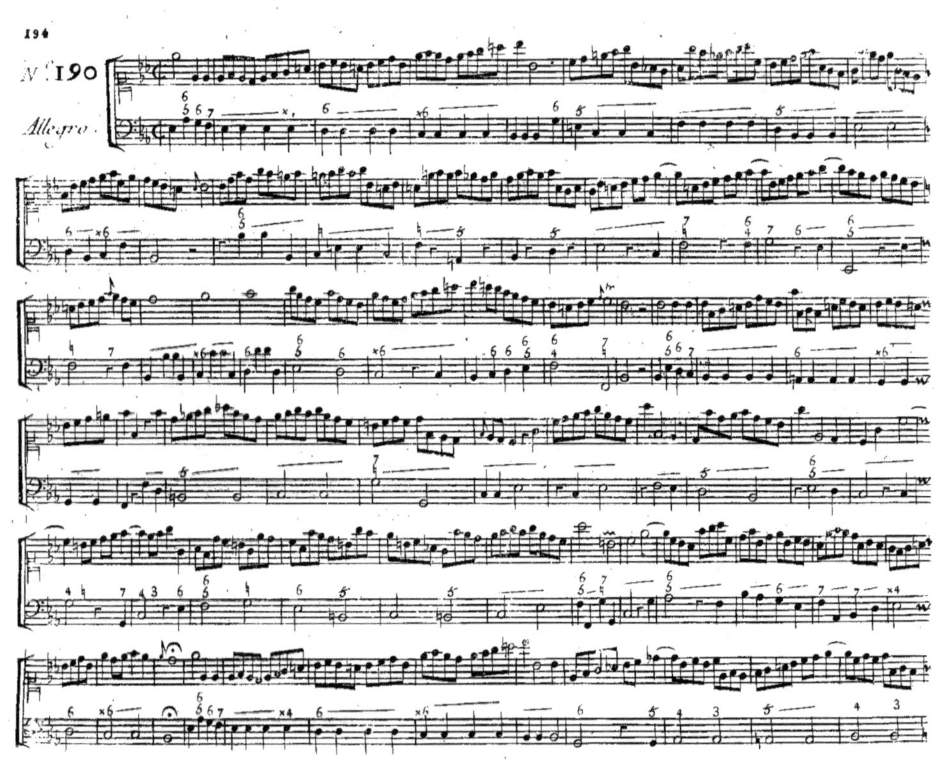

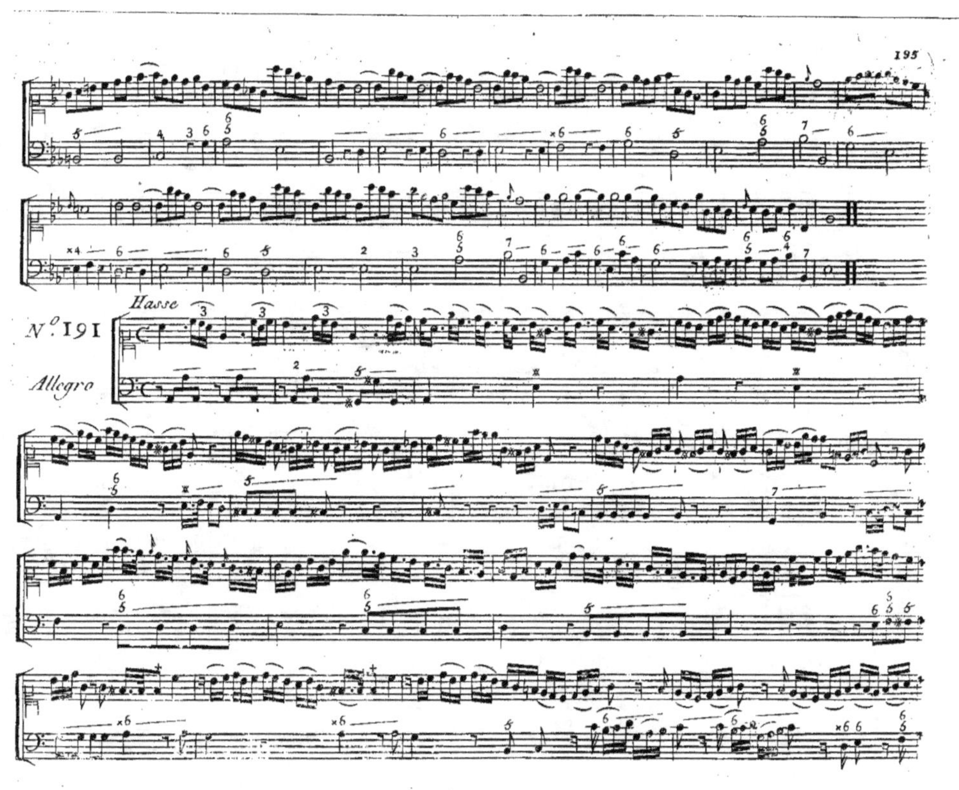
195
Hasse
N.º 191
Allegro

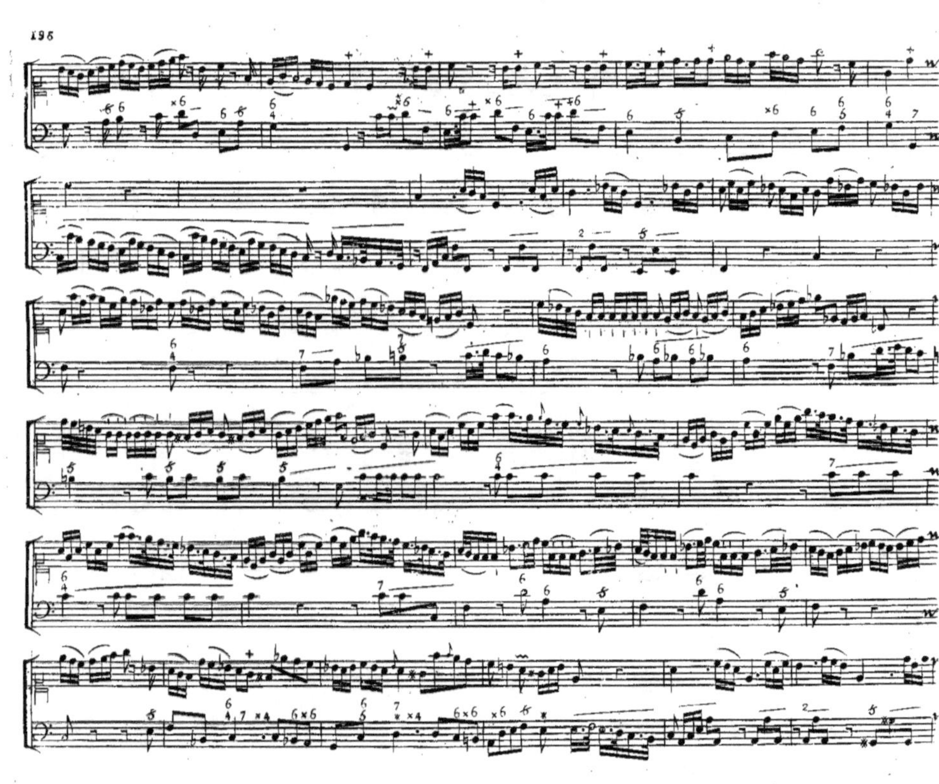

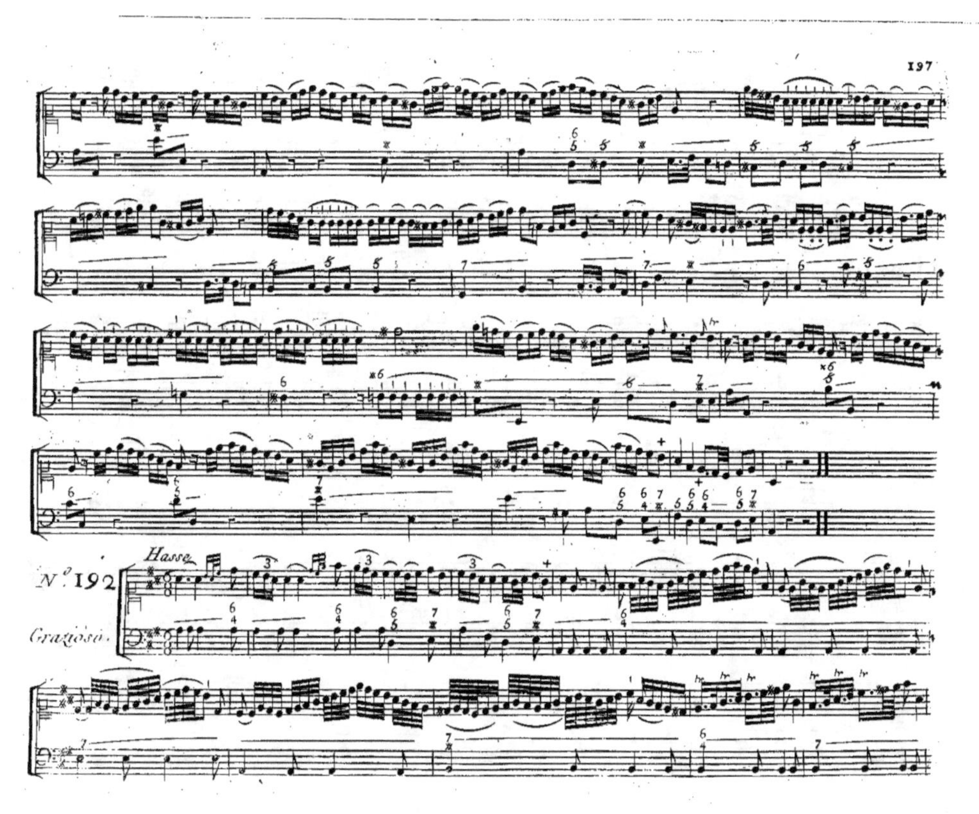

N.º 192
Hasse
Grazioso.

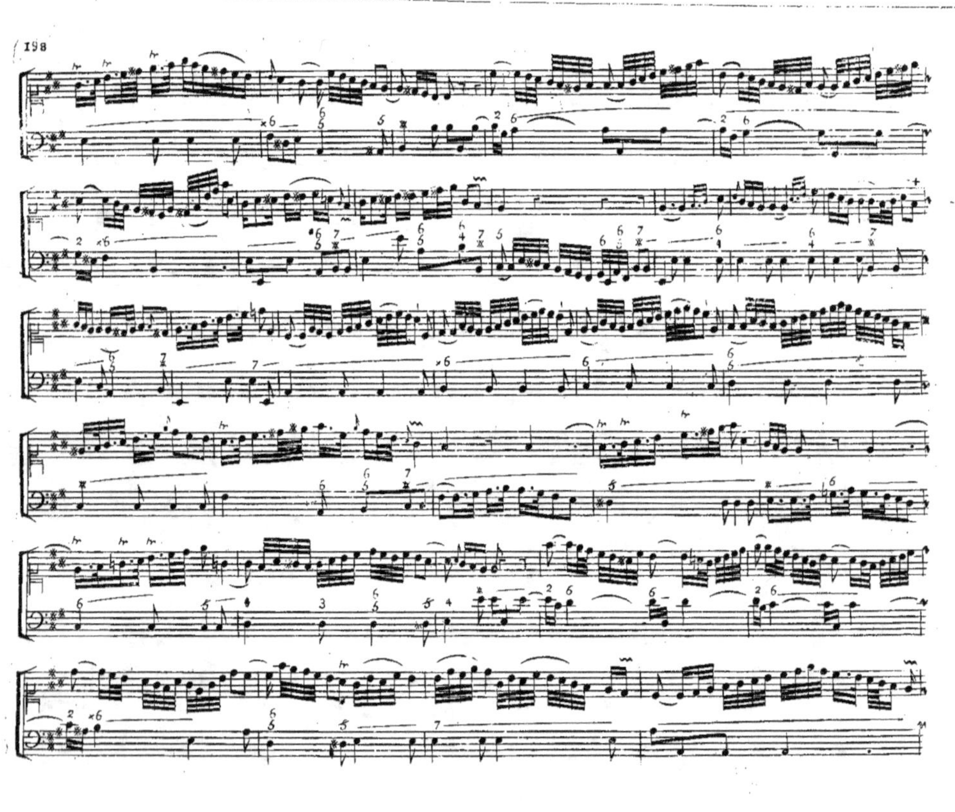

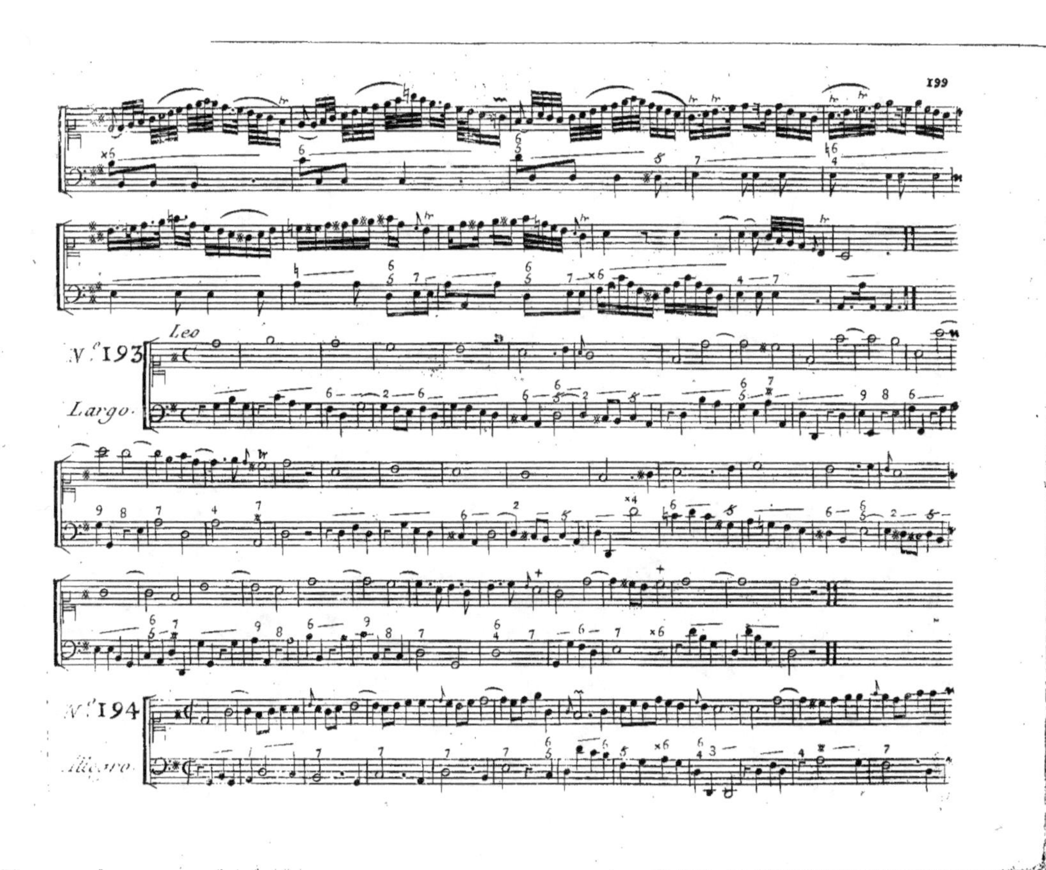
N.º 193
Leo
Largo.
N.º 194
Allegro.

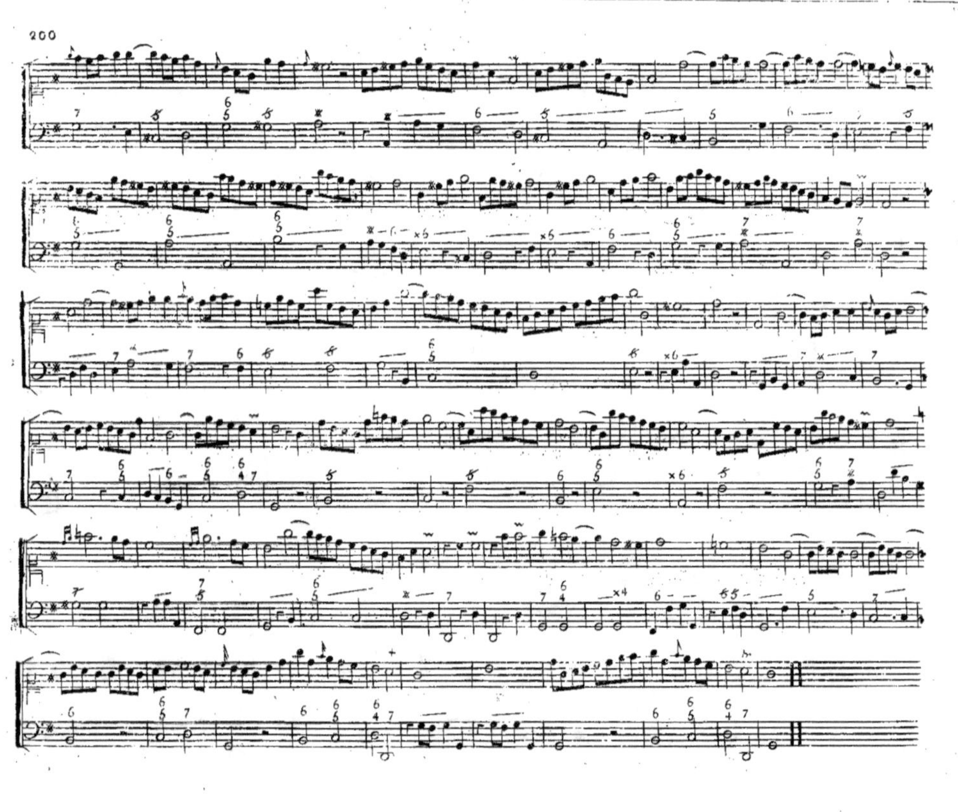

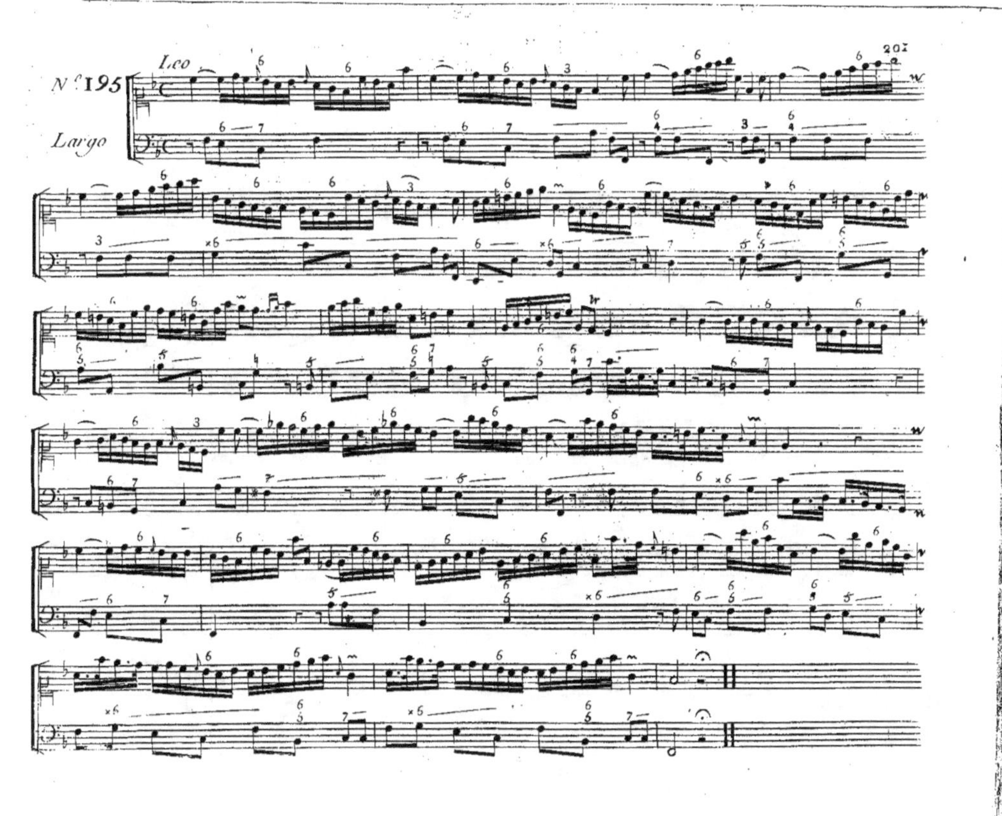

N.º 195
Leo
Largo
201

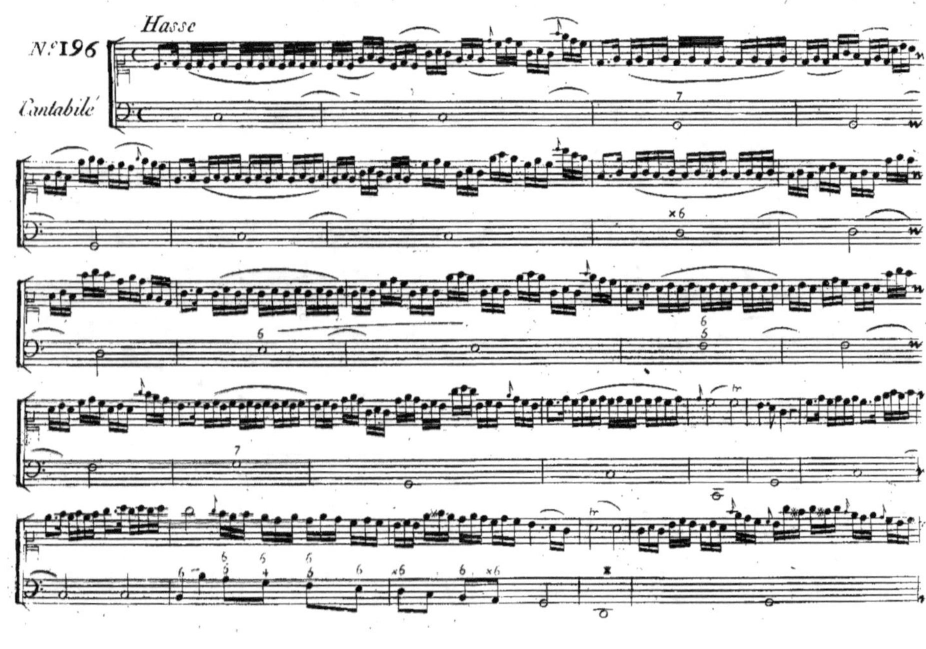
Pour exercer le gosier sans nommer les notes
Hasse
N.º 196
Cantabile

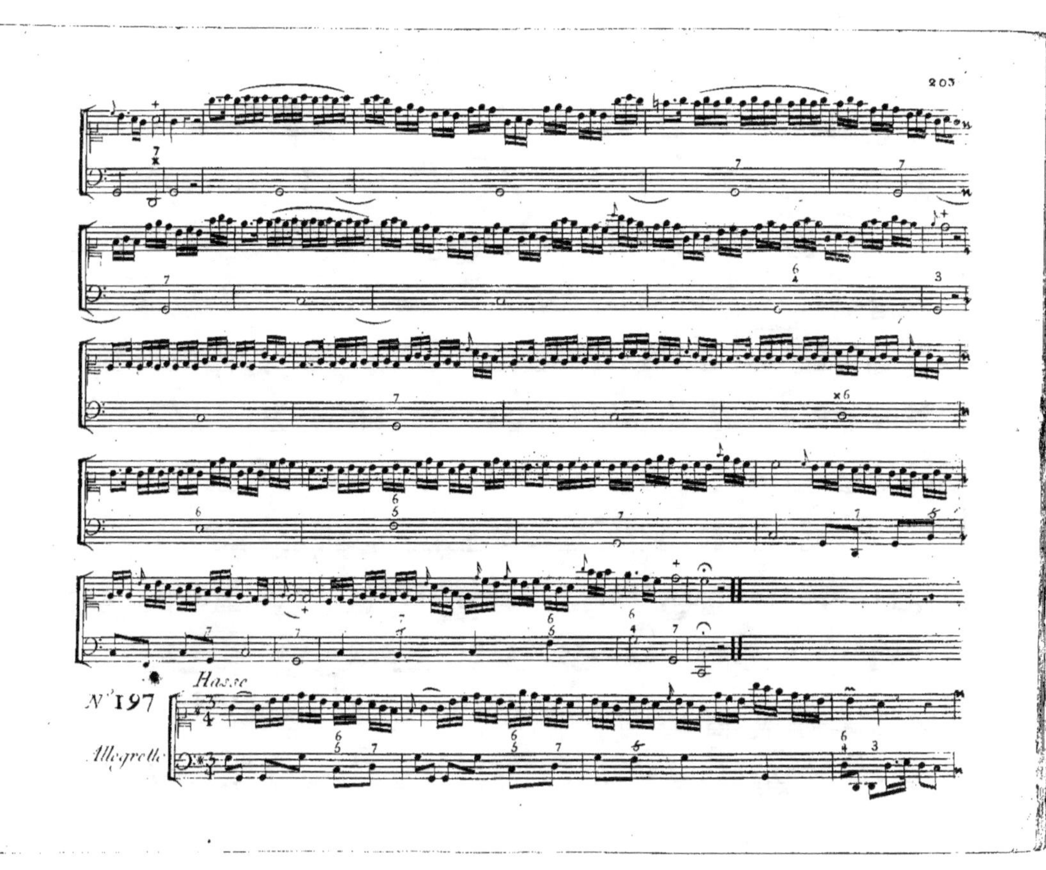

N° 197
Hasse
Allegretto

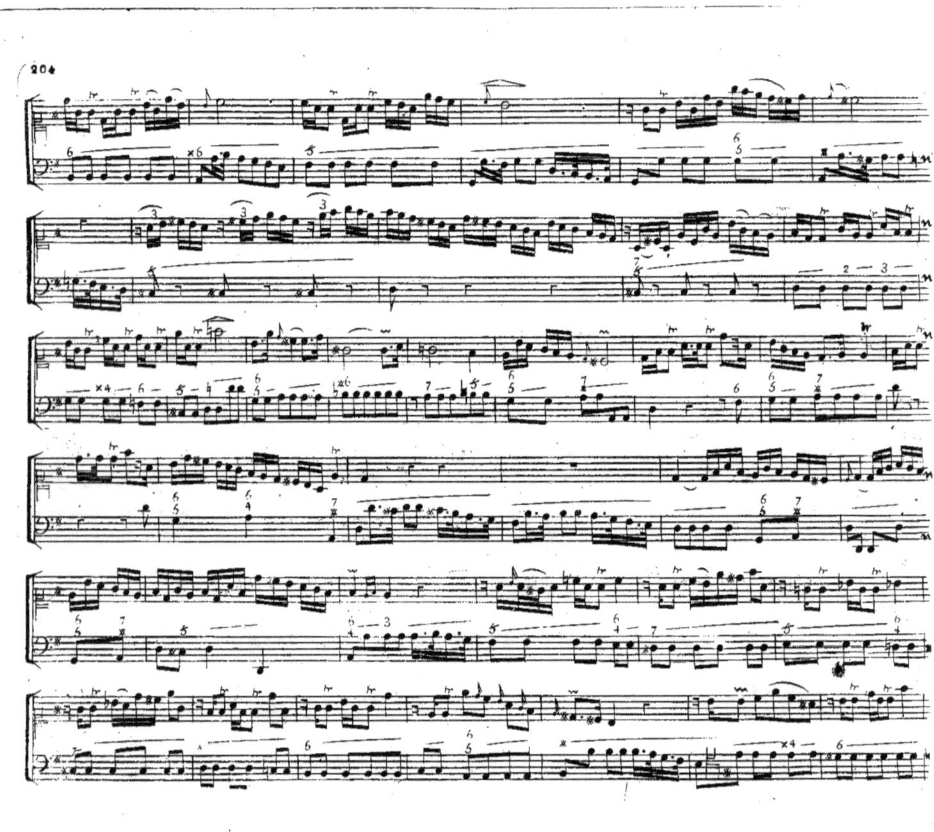
204

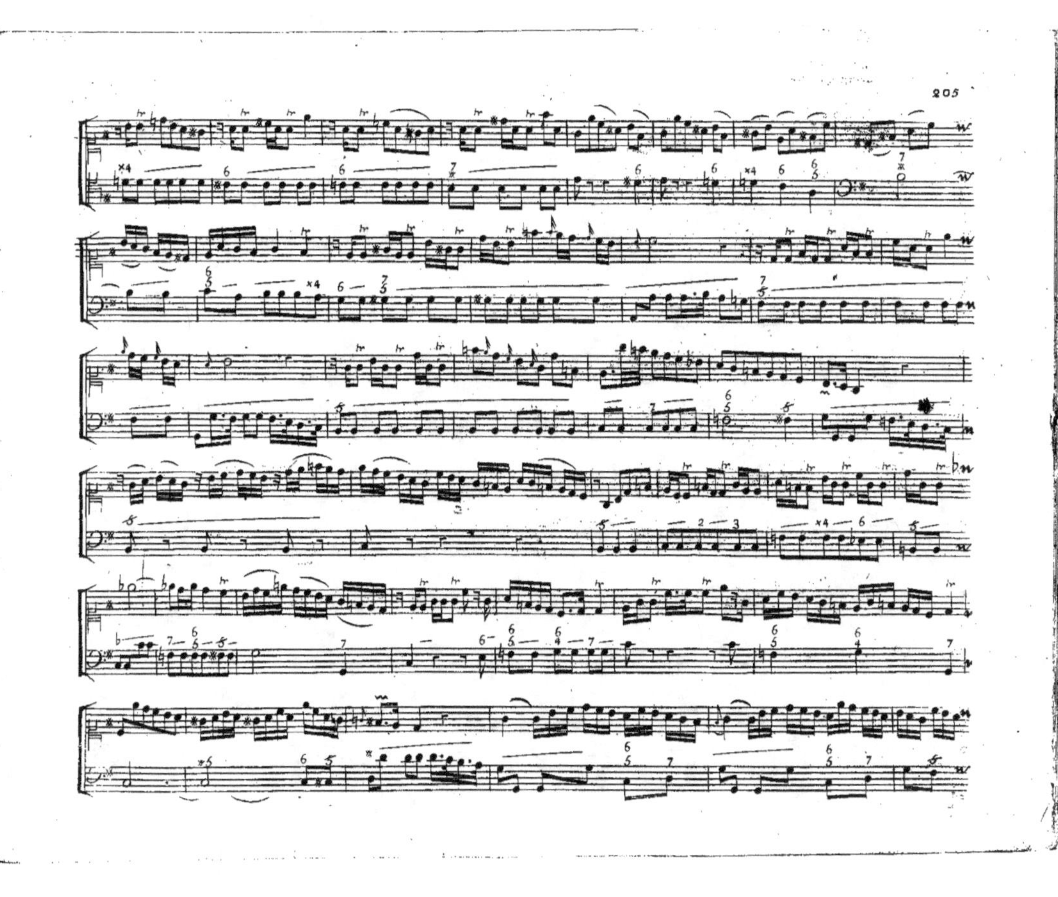

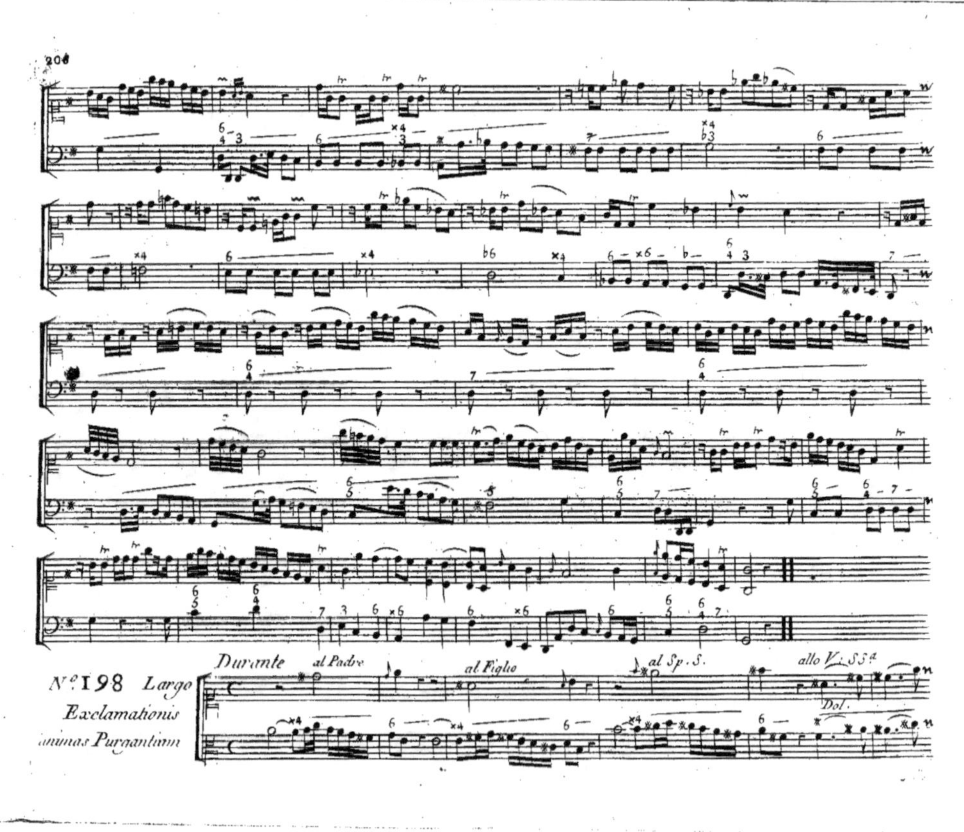
206
Durante   al Padre   al Figlio   al Sp. S.   allo V. SSª
N.º 198 Largo
Exclamationis
animas Purgantium
Dol.

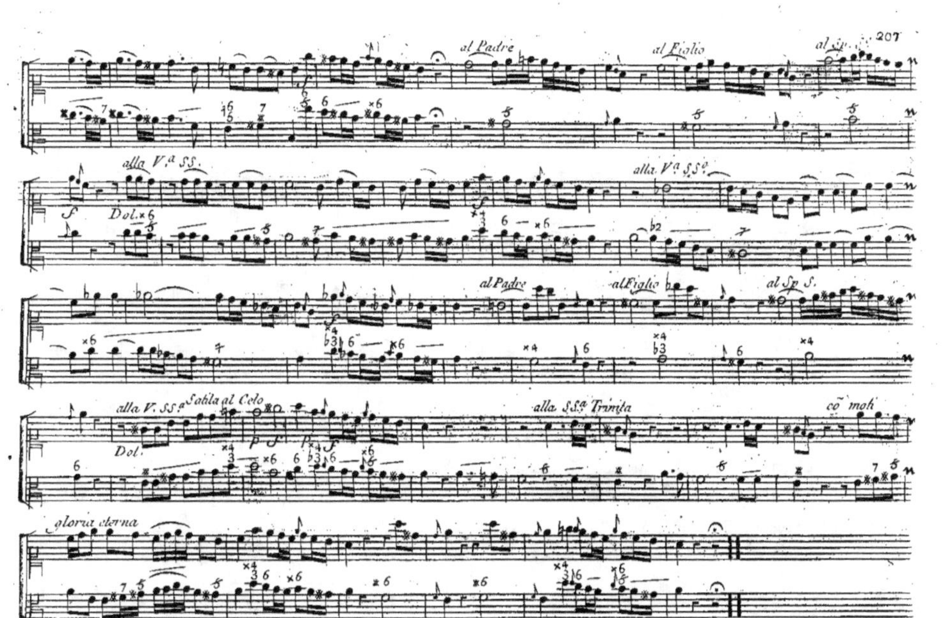

La 3.ᵉ *Partie* devoit finir ici, mais des personnes de considération ayant désiré qu'on insérât dans cette Méthode les Solféges de Bernacchi; on a jugé à propos de ne les pas entremêler avec les autres, parcequ'ils sont d'un genre tout opposé au corps de l'ouvrage. Ceux qui aiment les grandes difficultés, y trouveront de quoi se satisfaire.

SOLFEGGI DEL SIG.E ANTONIO
Bernacchi

N.º 199

Allegro

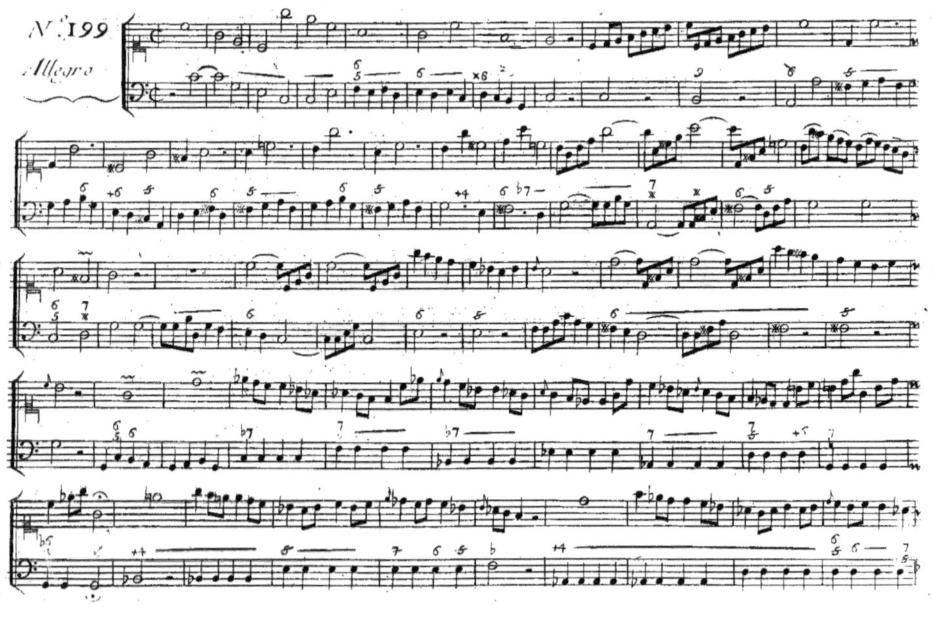

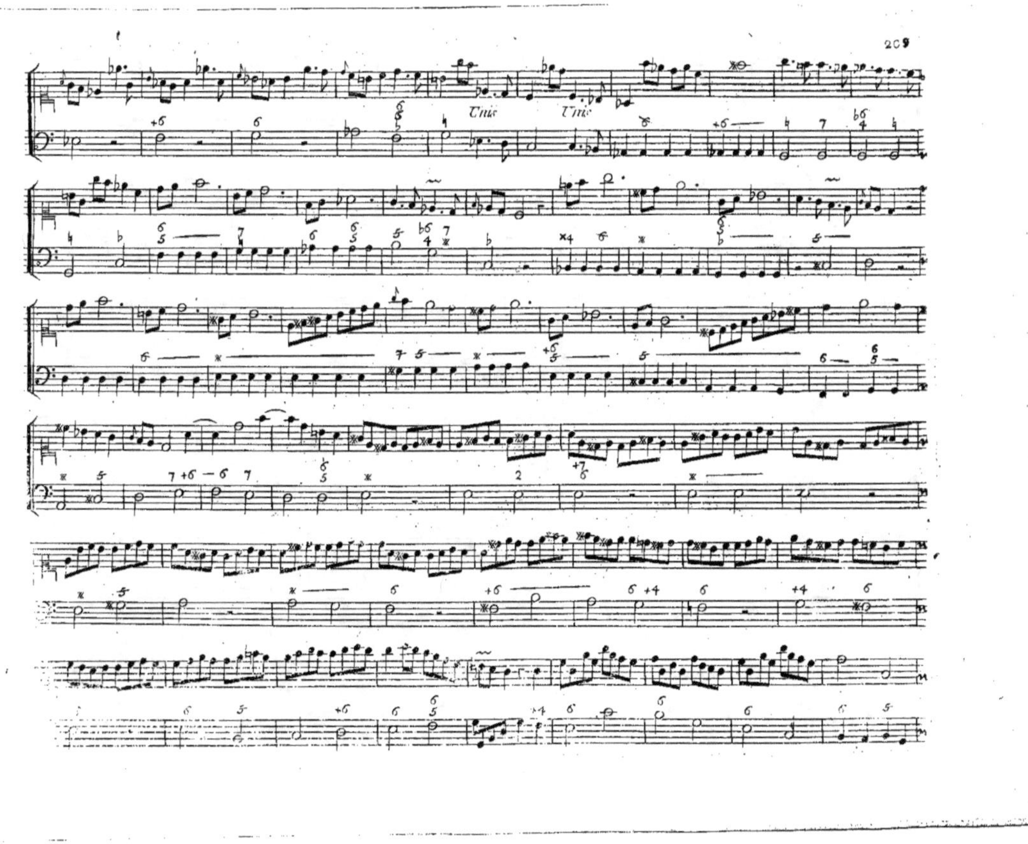

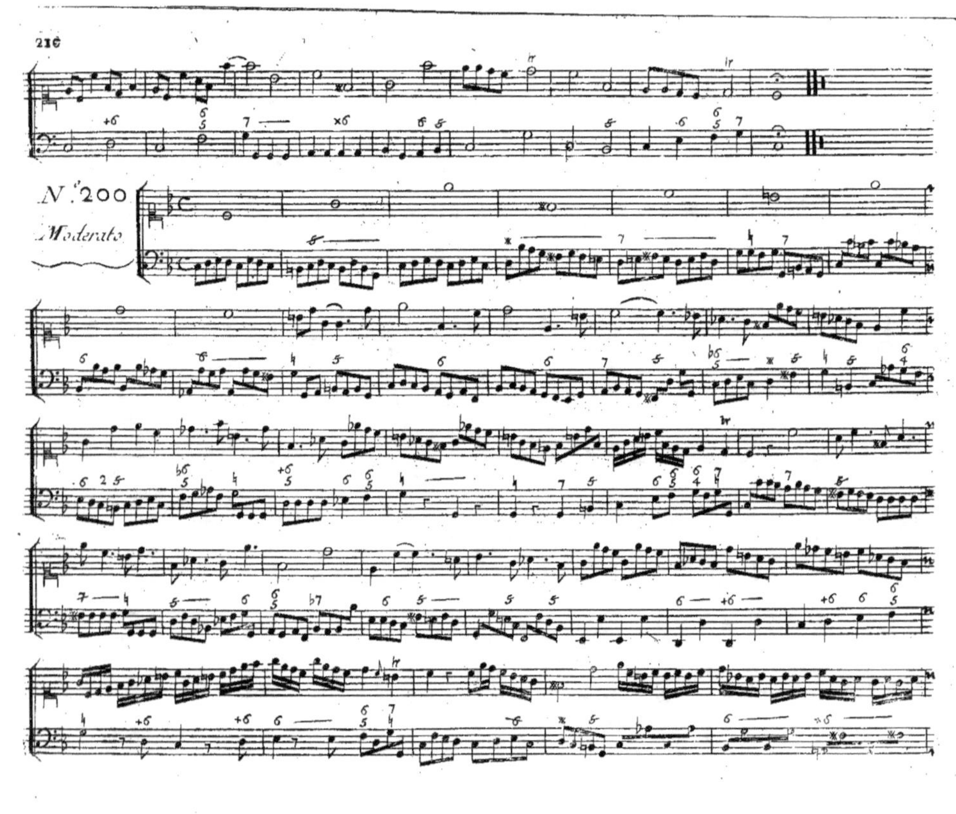
N.º 200
Moderato

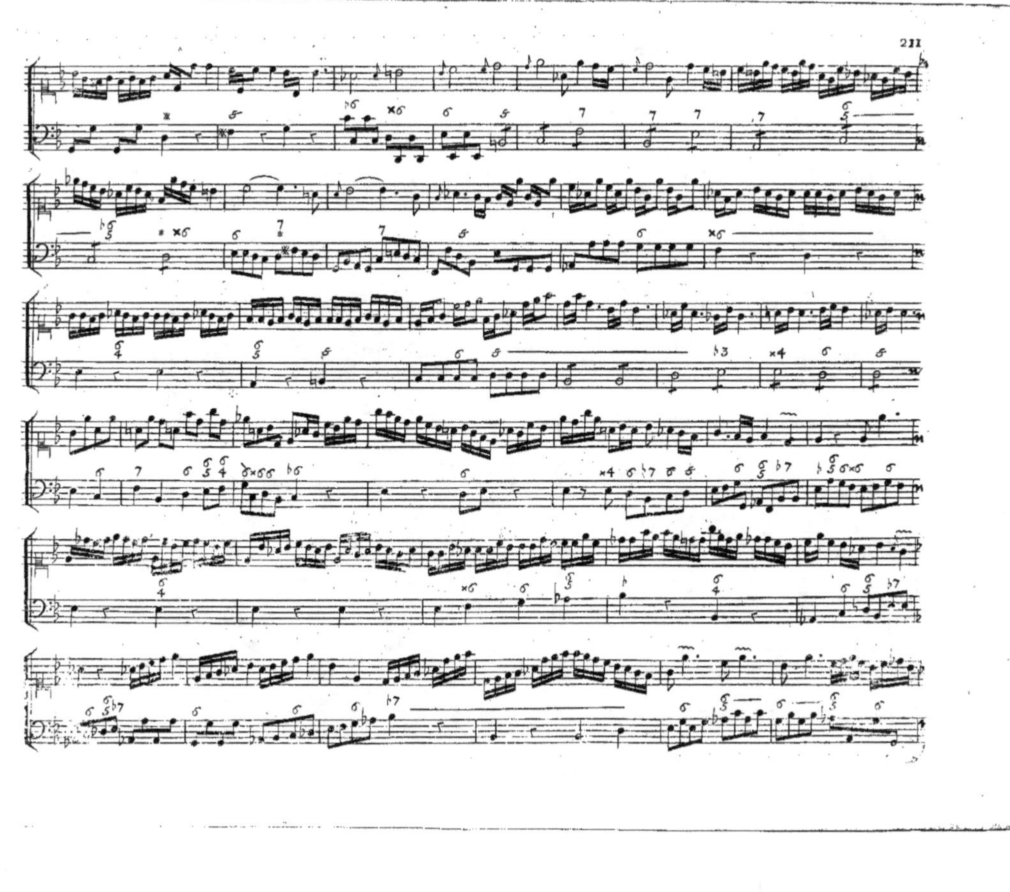

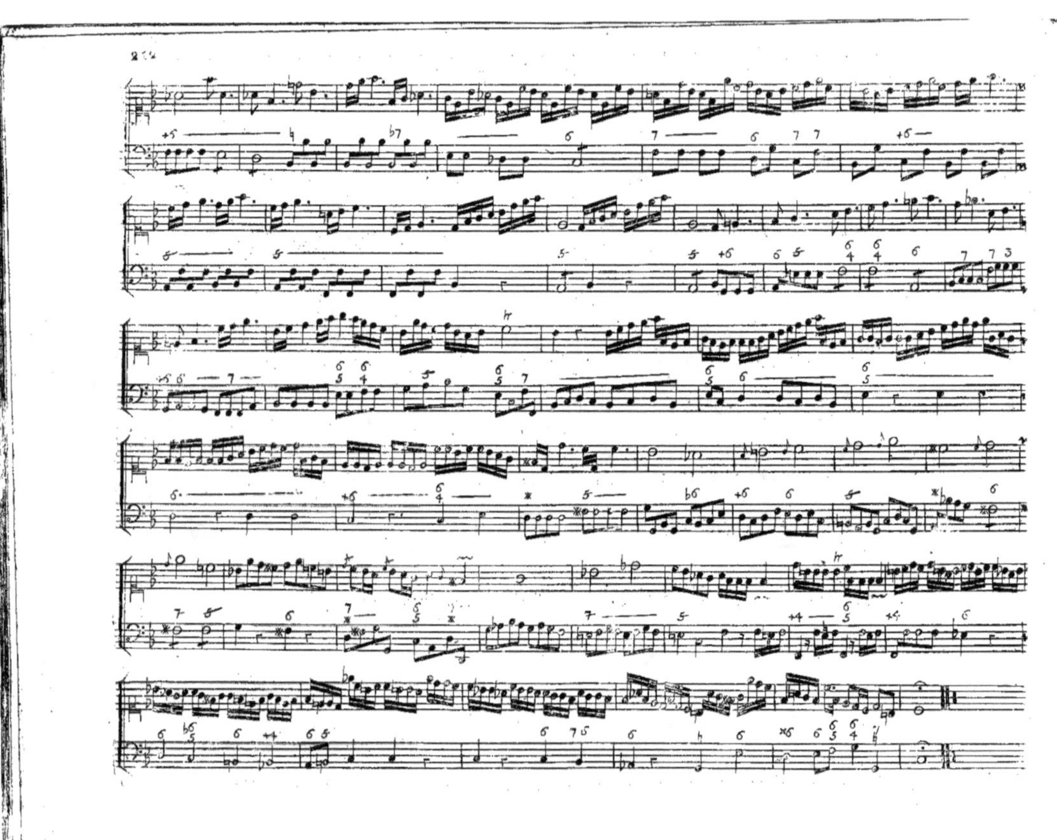

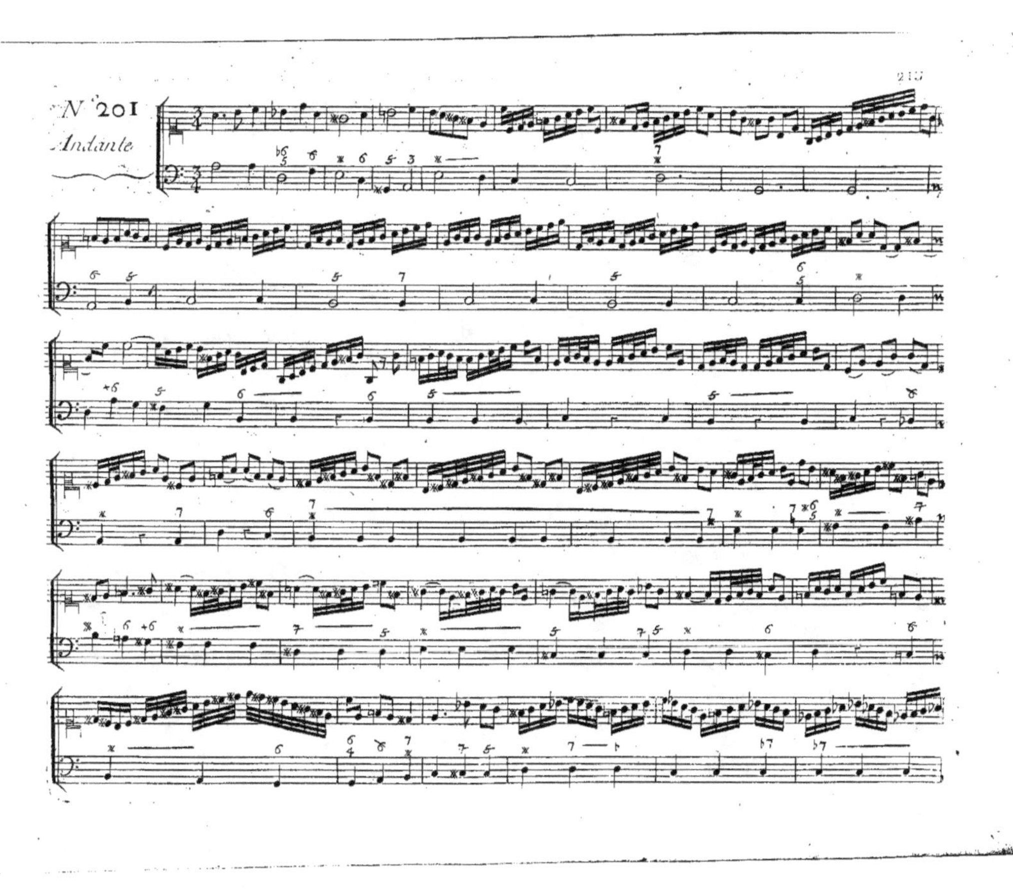

N.º 201
Andante

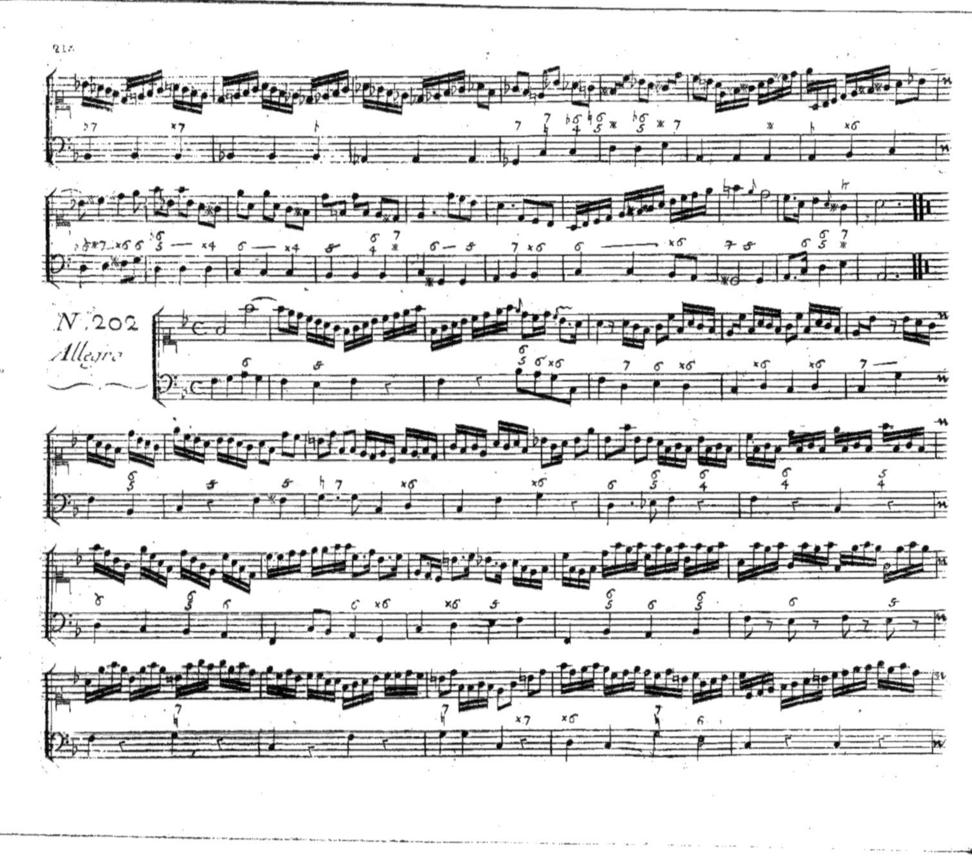
215.
N.º 202
Allegro

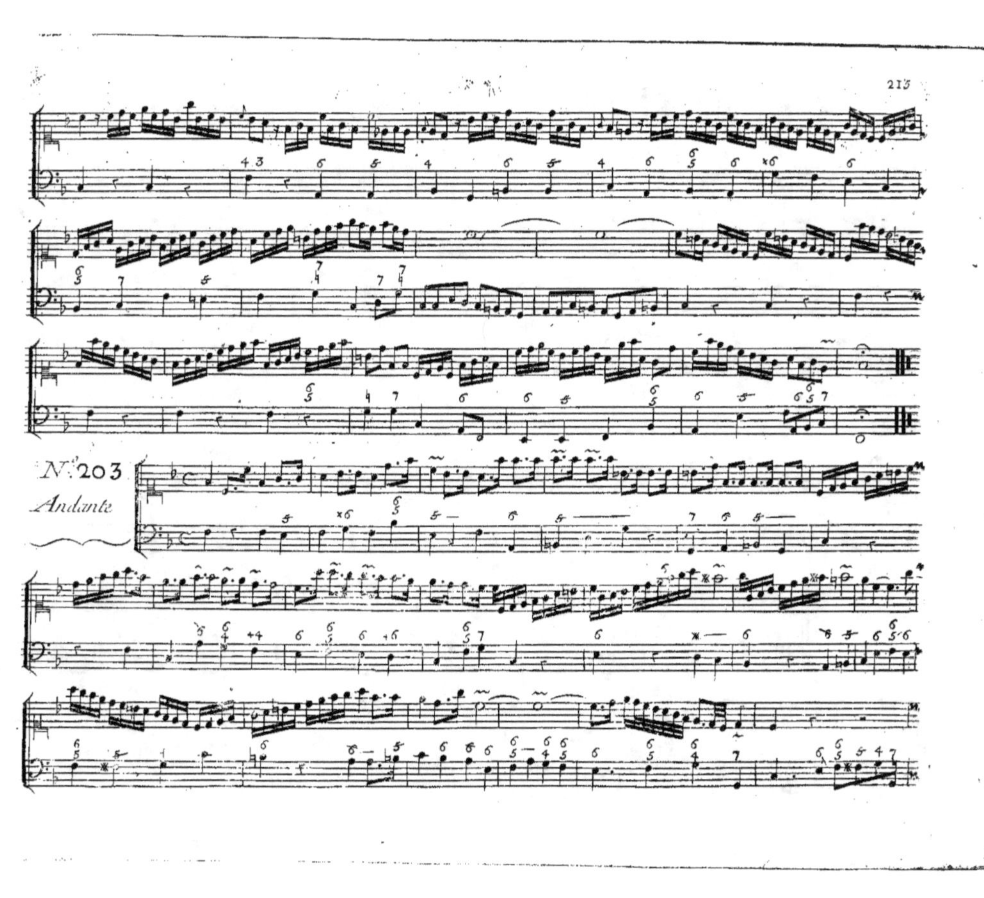
N.º 203
Andante

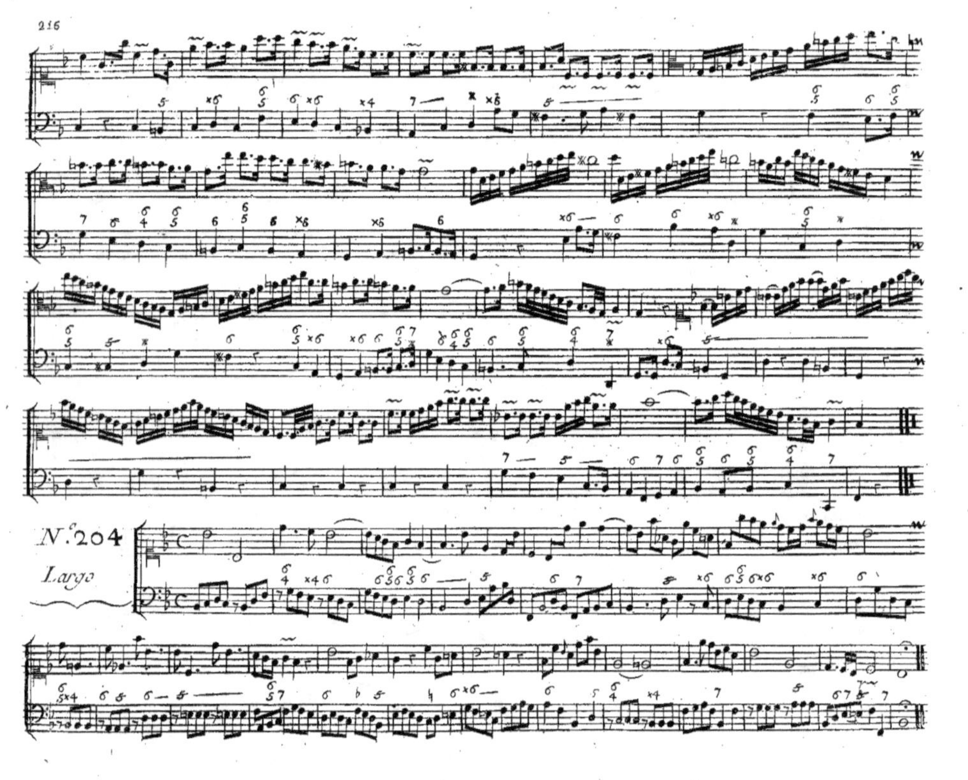

N.º 204
Largo

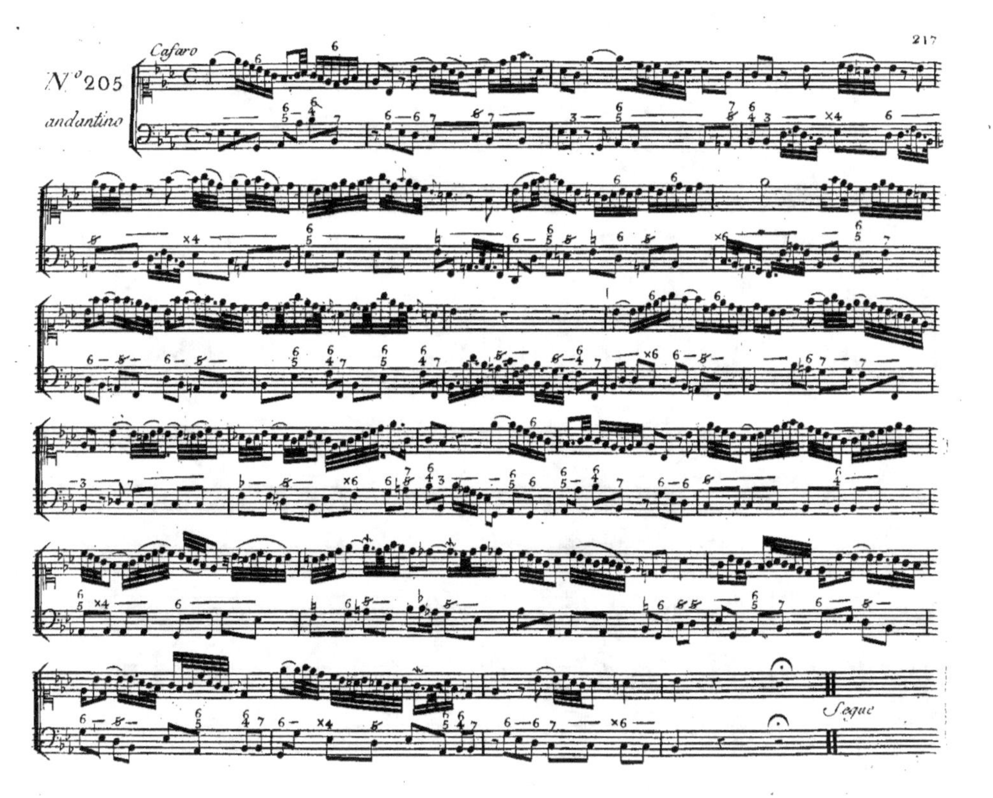

Cafaro
N.º 205
andantino
Segue

218
N.º 206
allegro

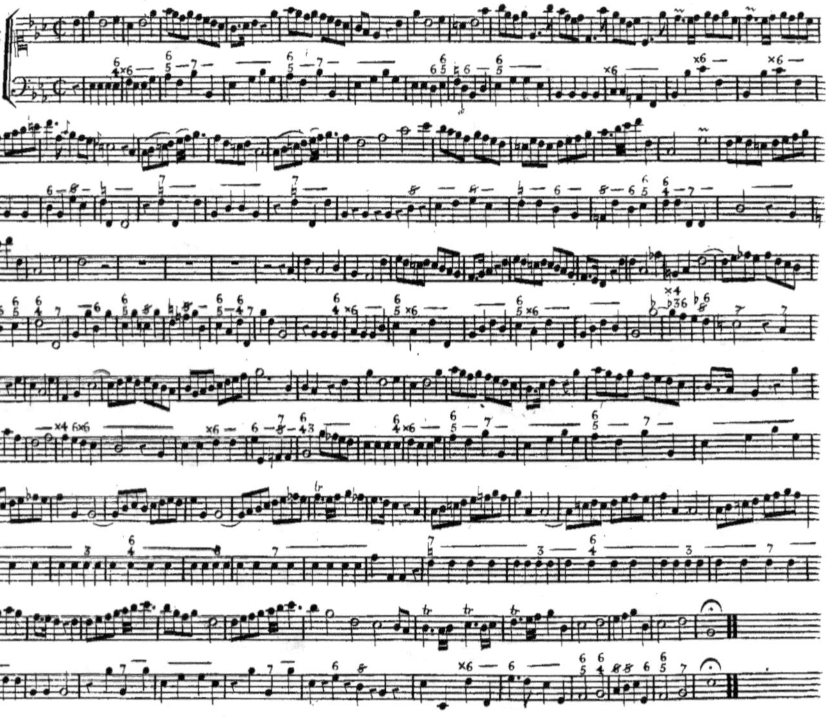

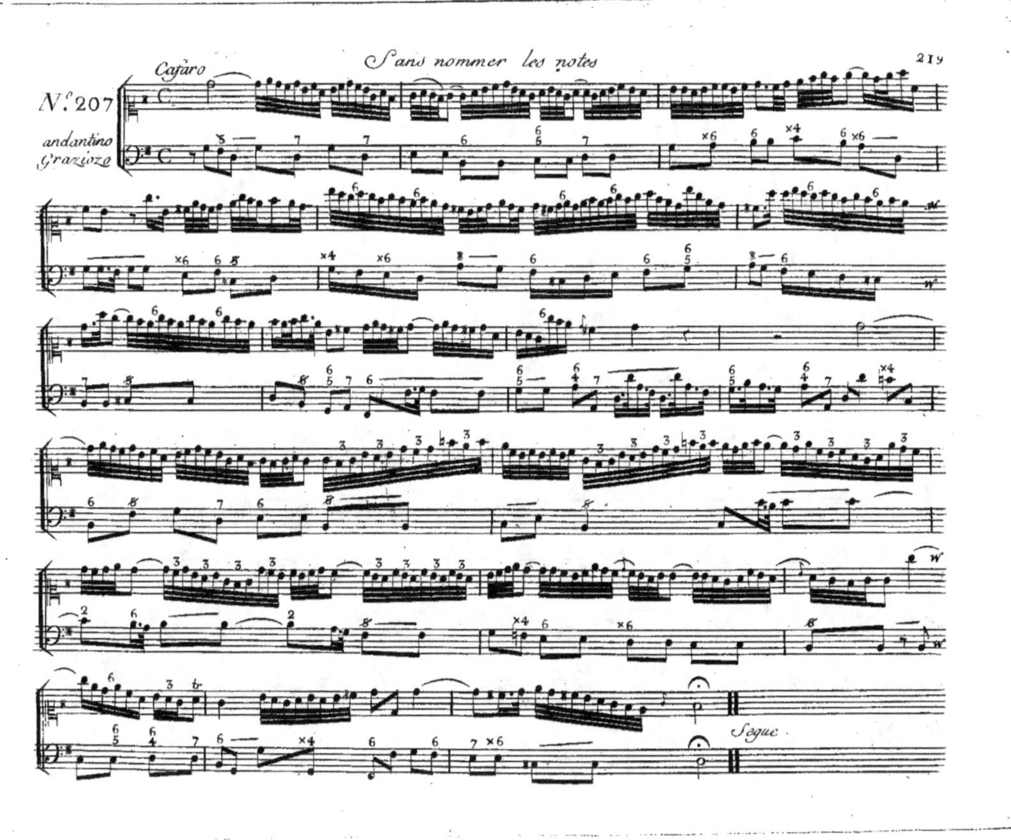
Cafaro
Sans nommer les notes
N.º 207
andantino
Grazioze
Segue.

N.º 208

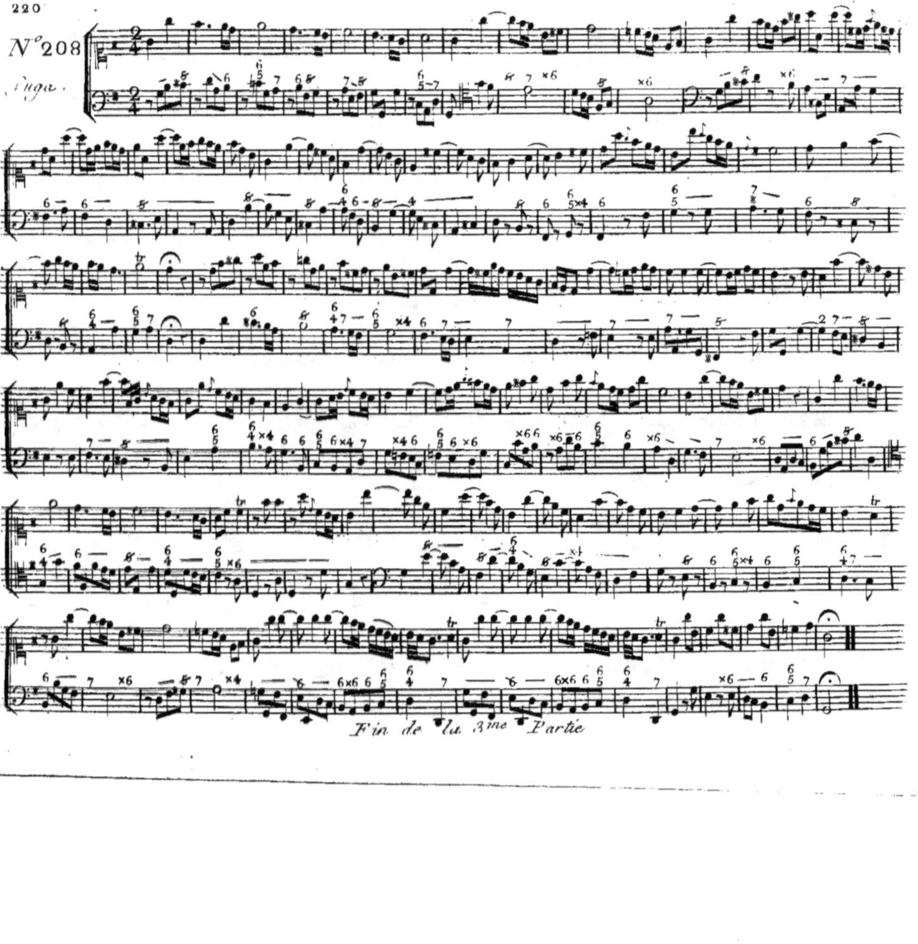

SOLFEGGI
A due Voci
DEL SIGNORE
DAVID PEREZ

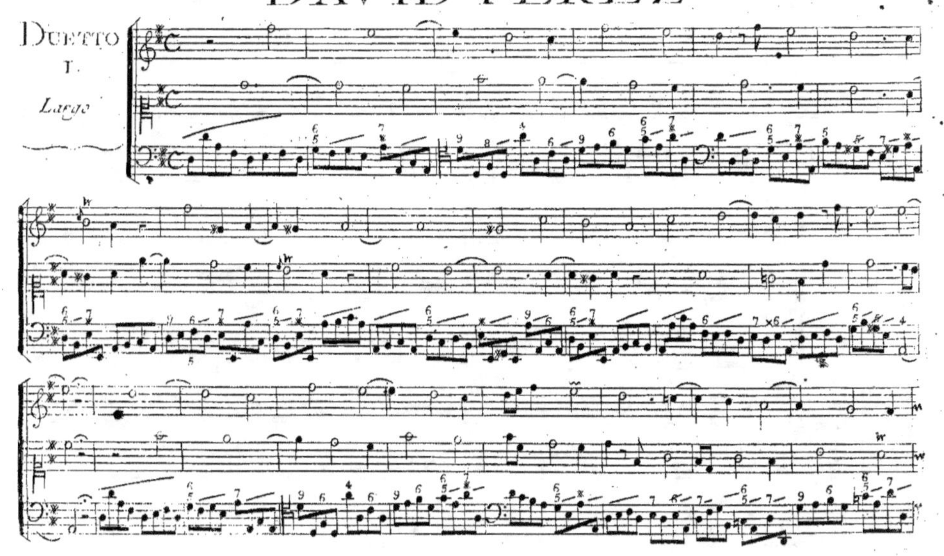

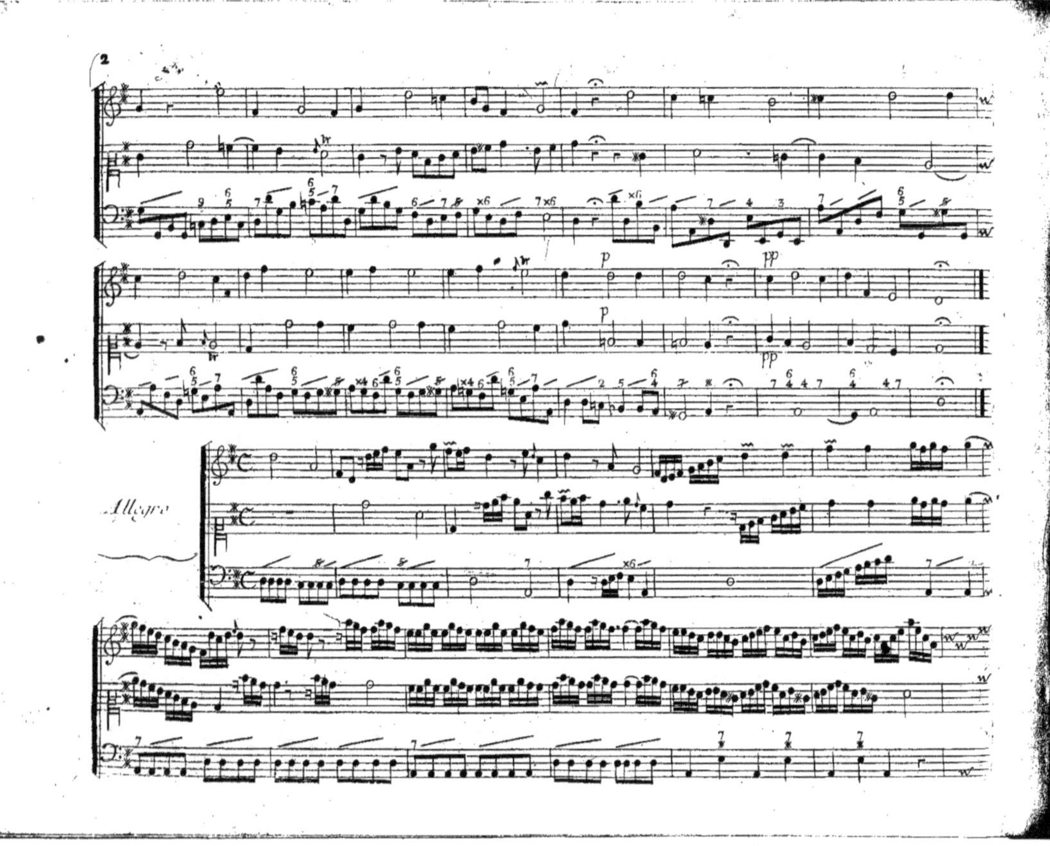
Allegro

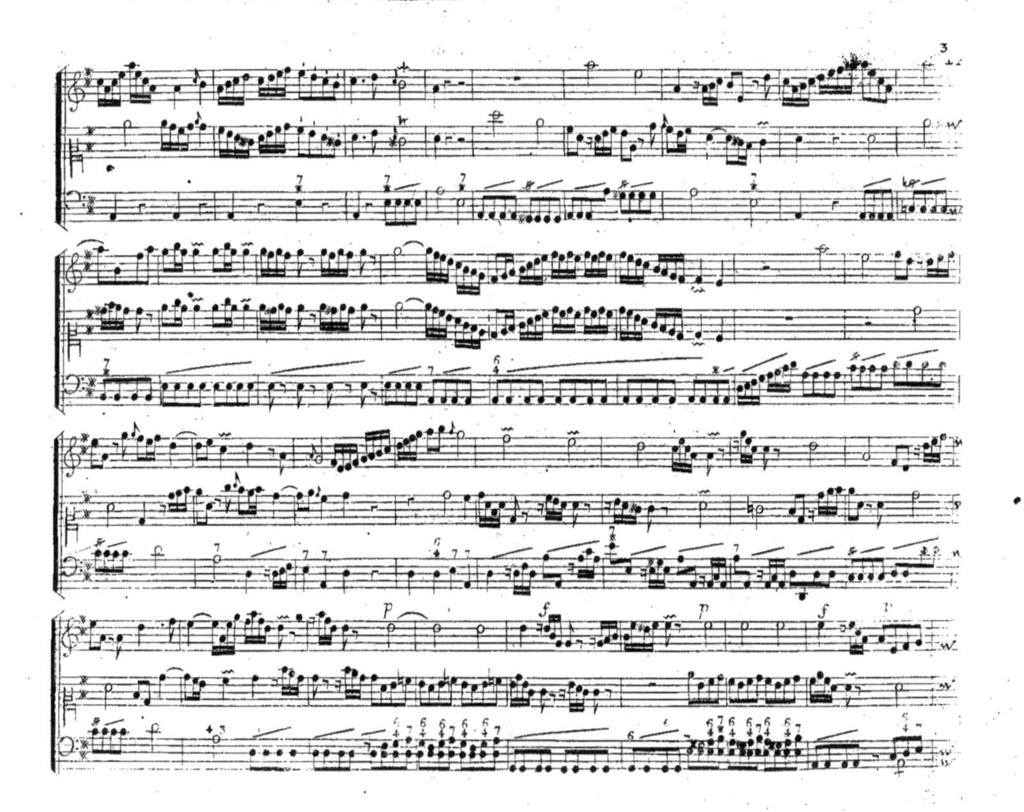

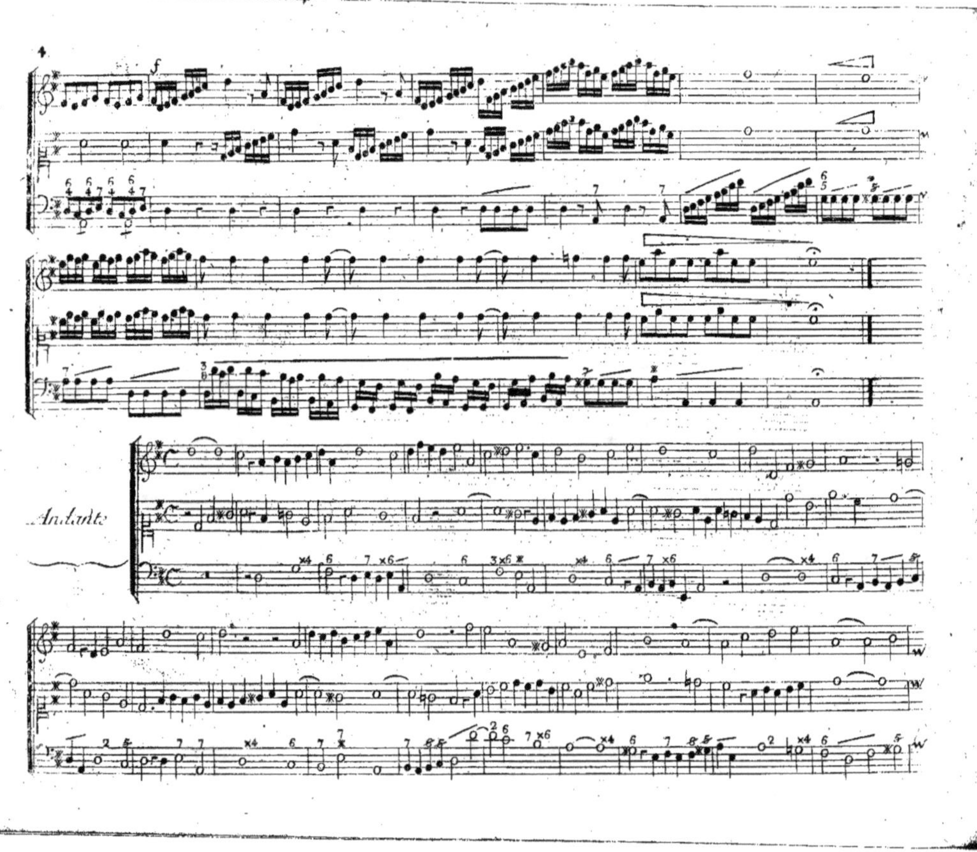
4
Andante

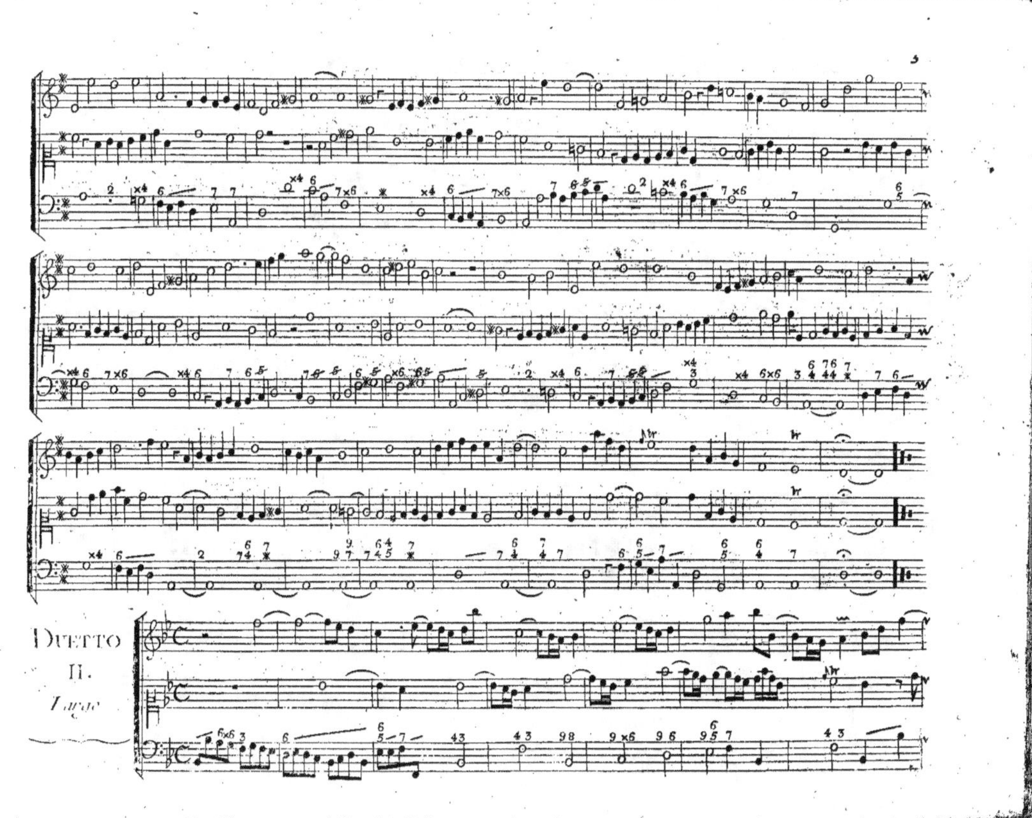
DUETTO
II.
Largo

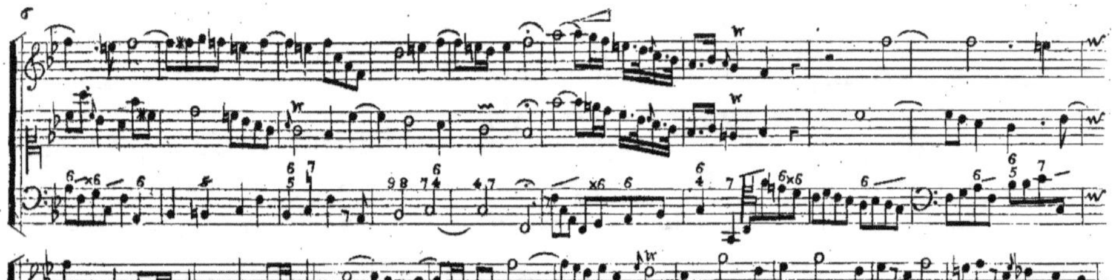

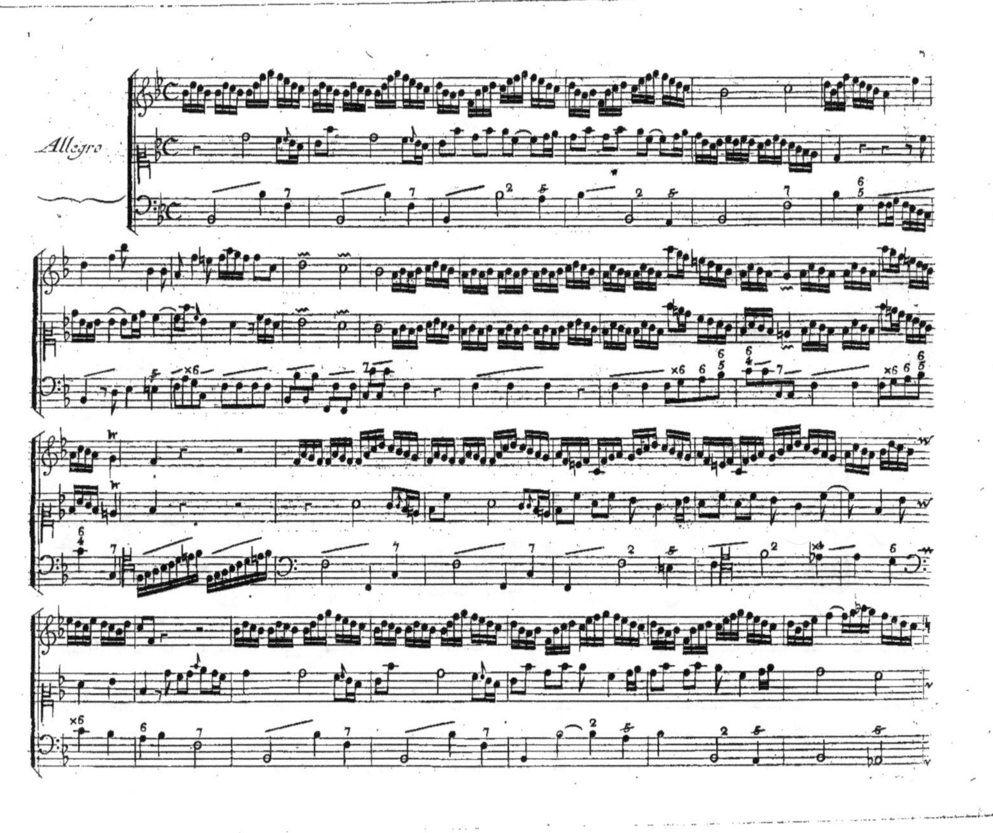
Allegro

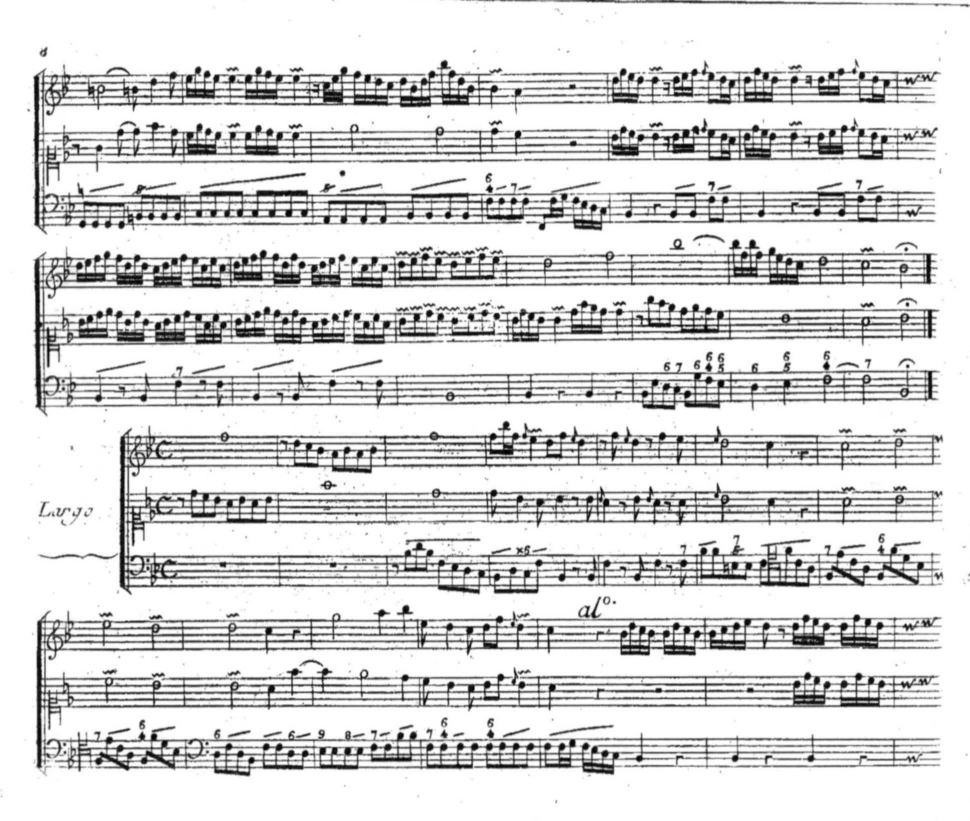
Largo
al°.

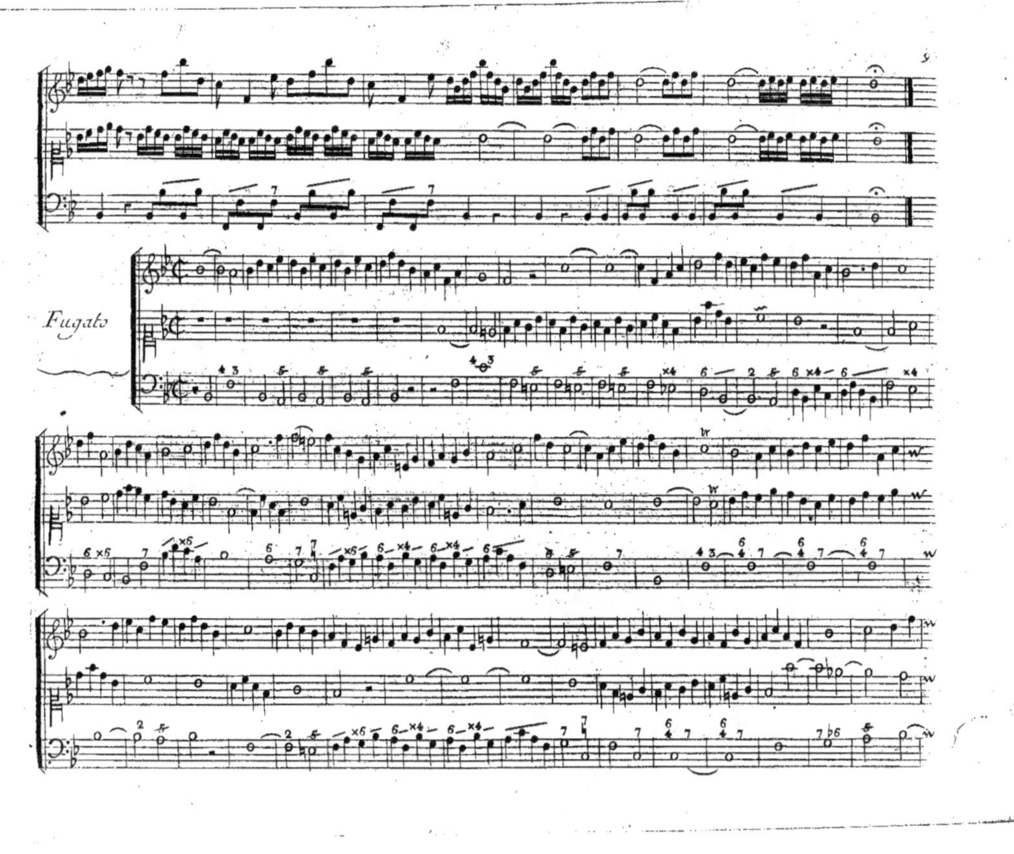

Fugato

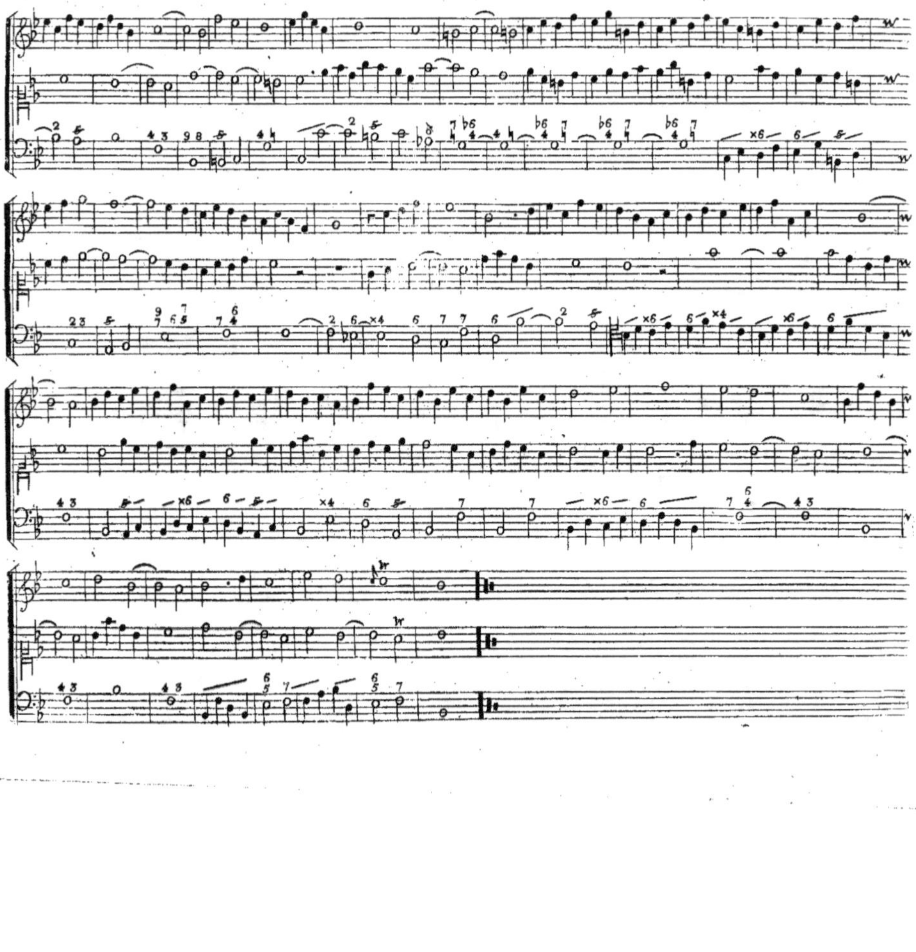

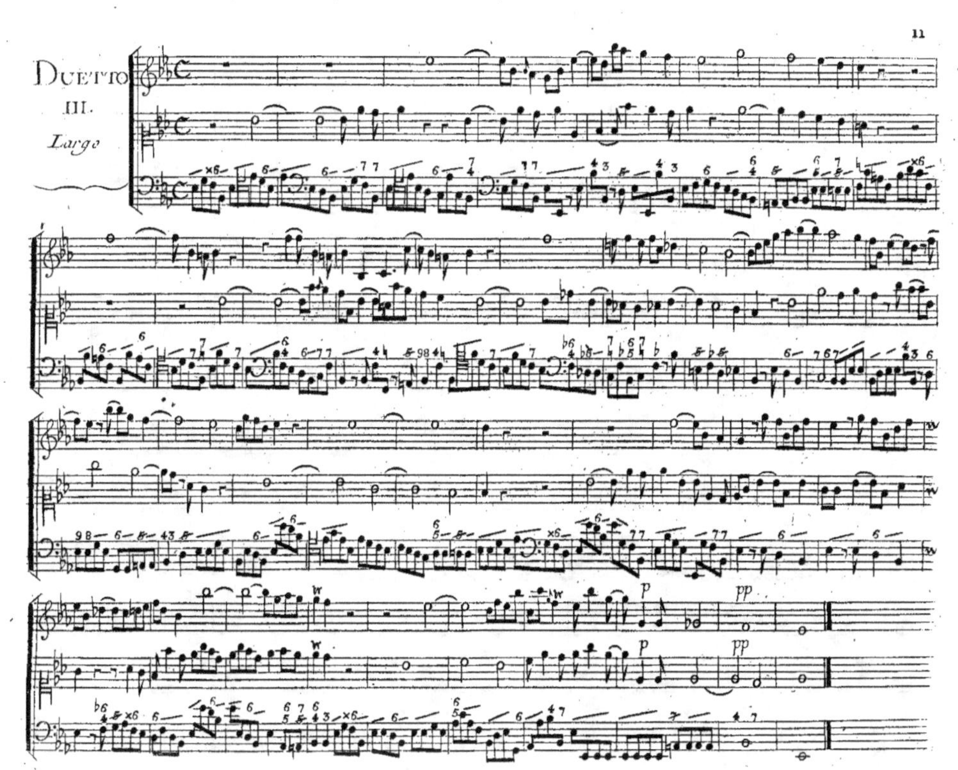

Duetto
III.
Largo
11

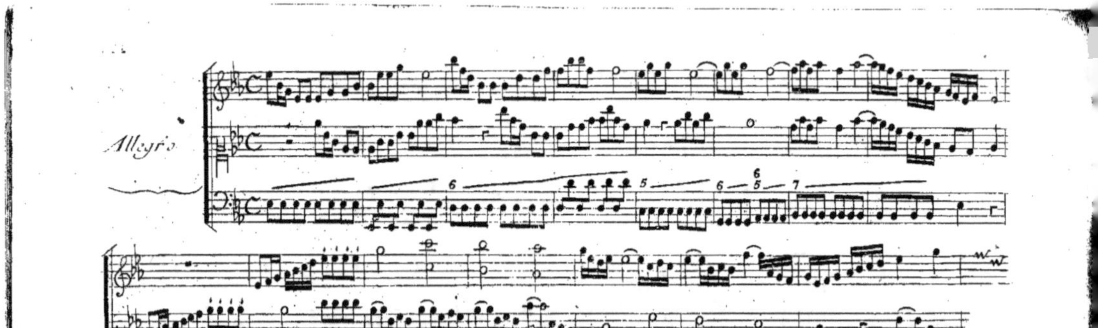

Allegro

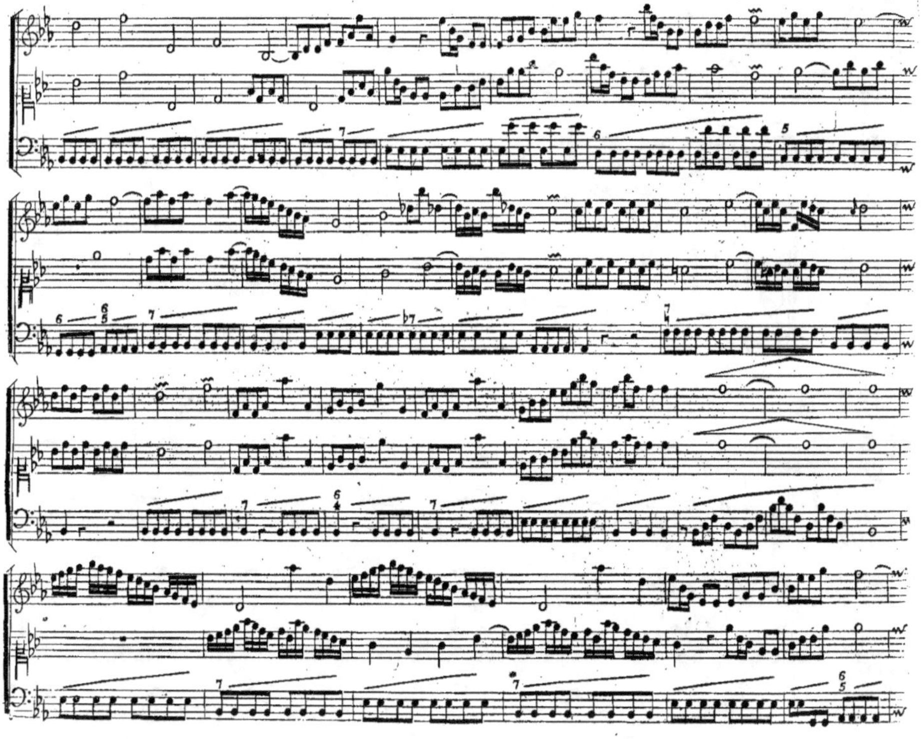

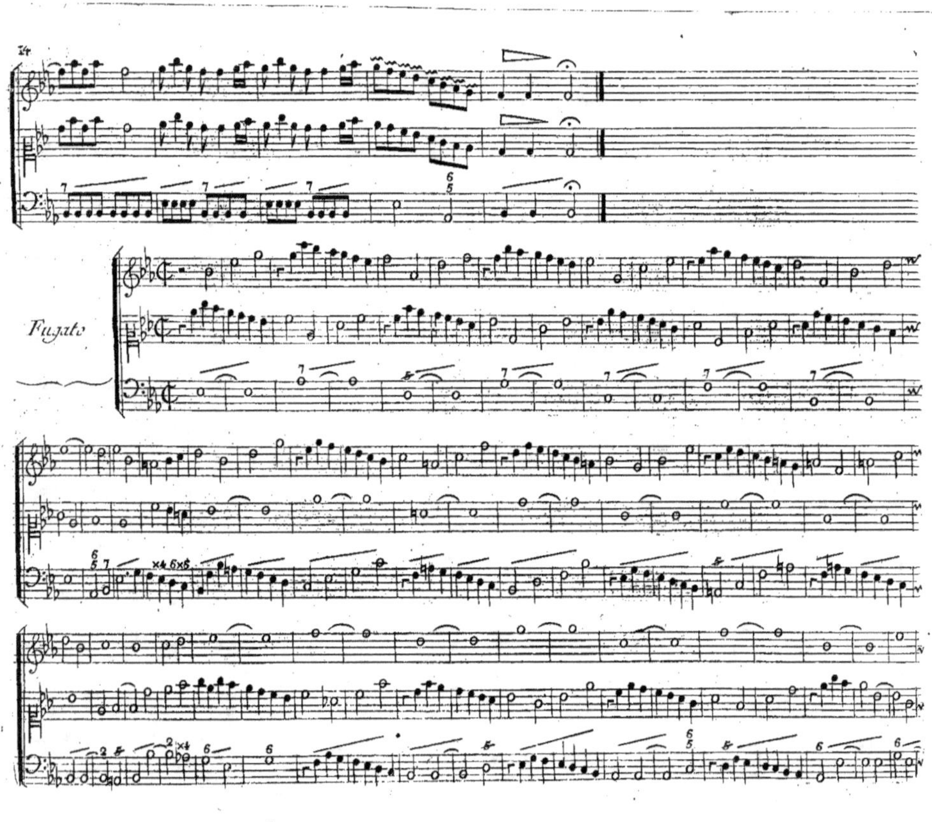

Fugato

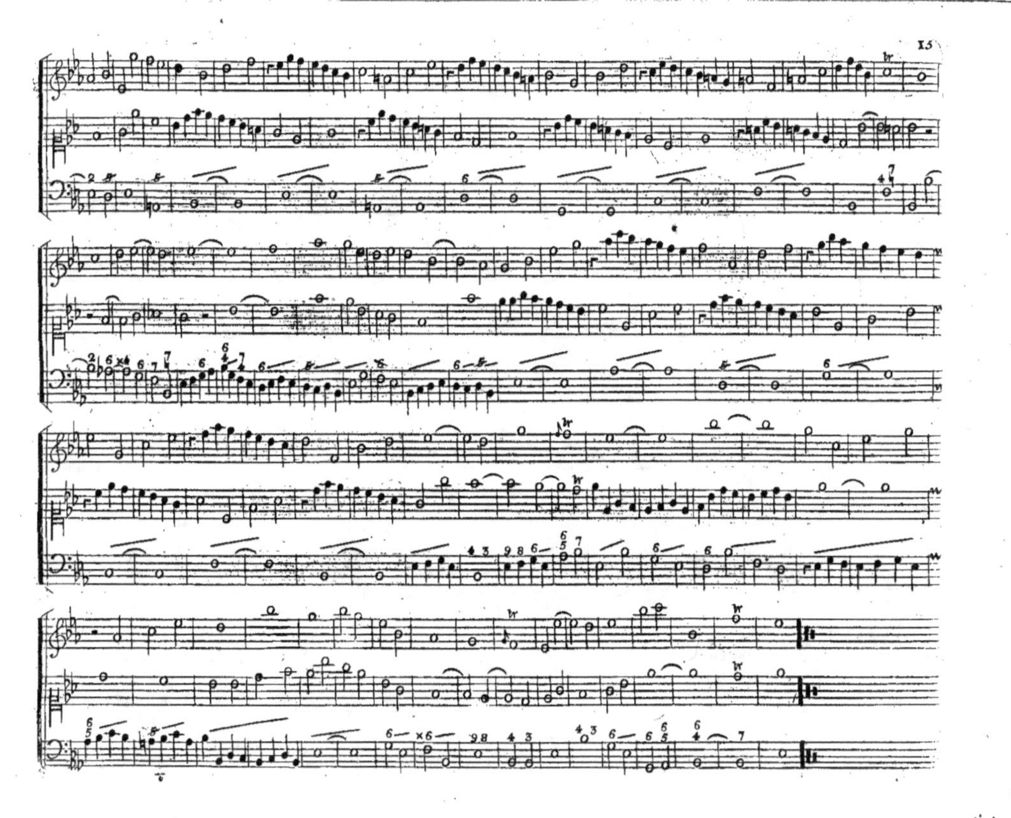

16
DUETTO
IV.
Largo

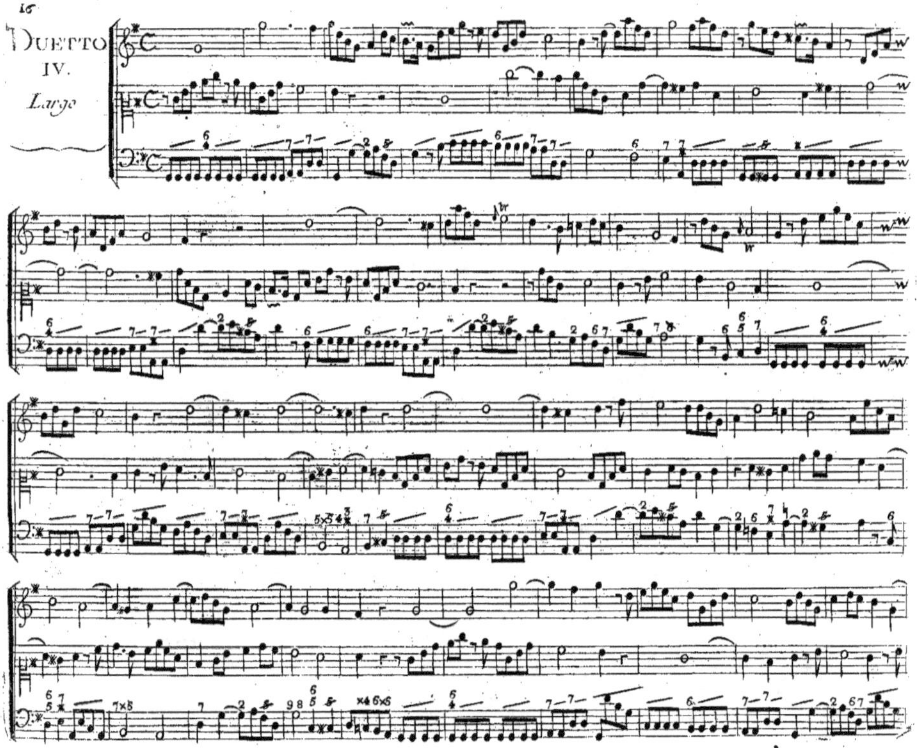

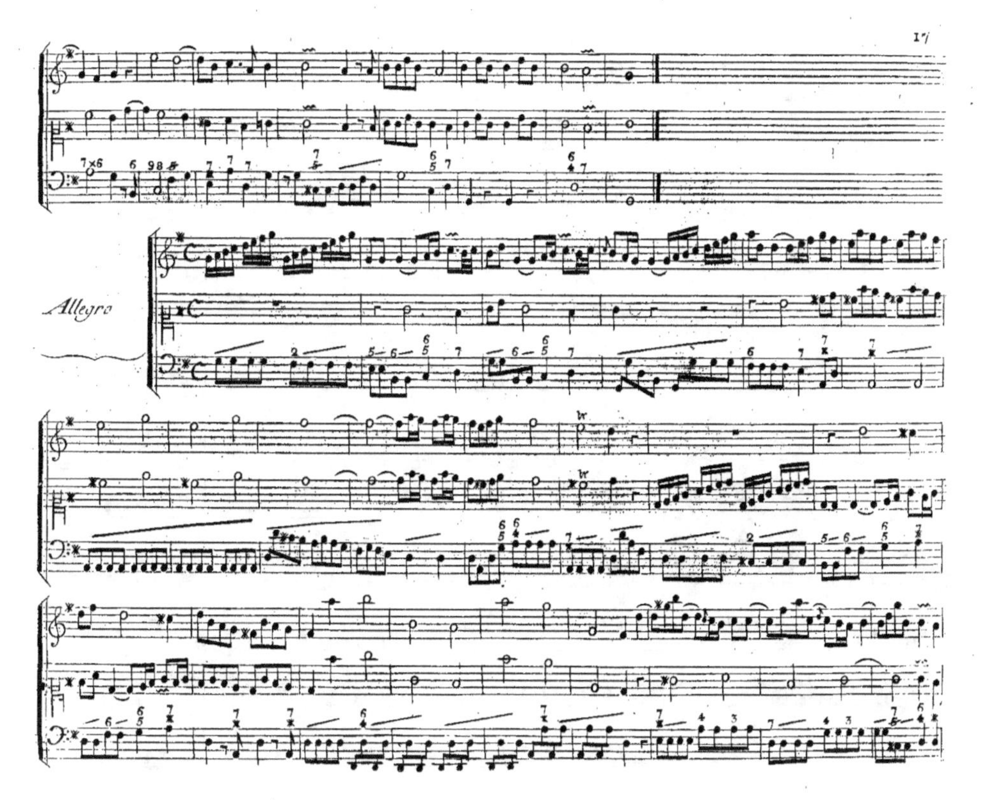

Allegro

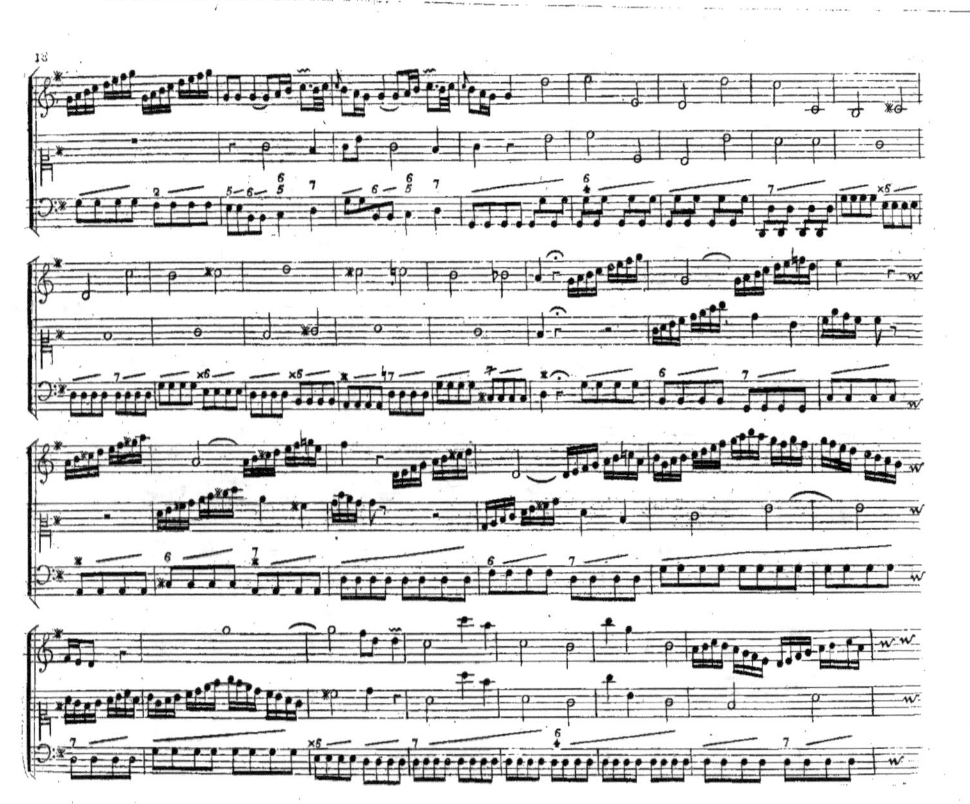
18

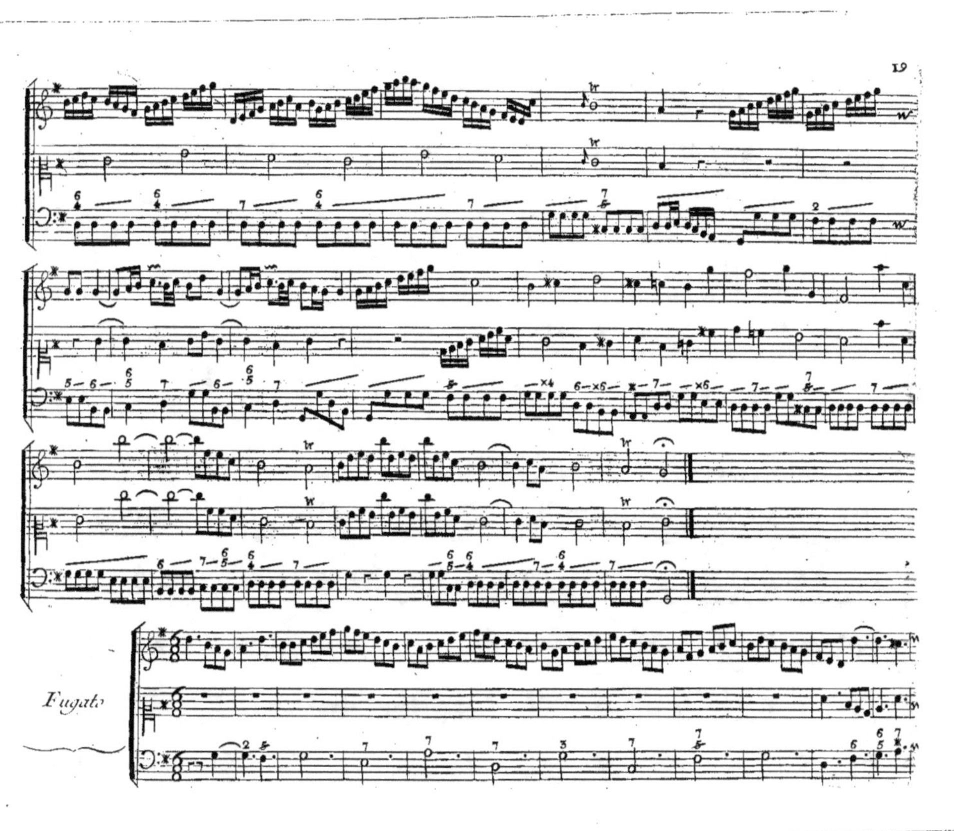
Fugato

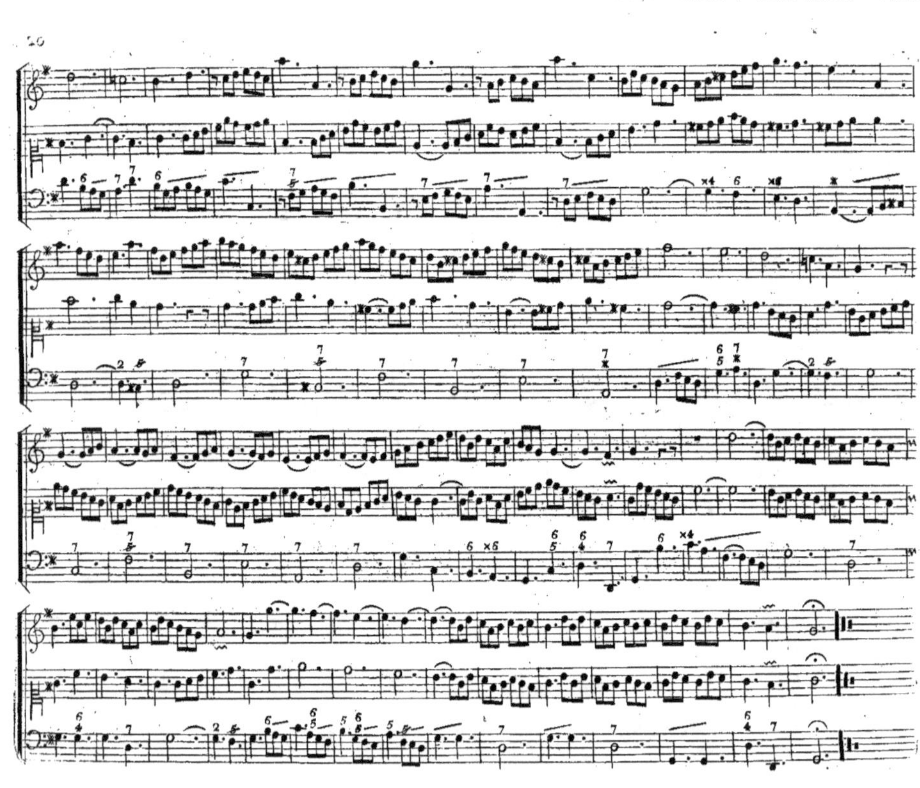

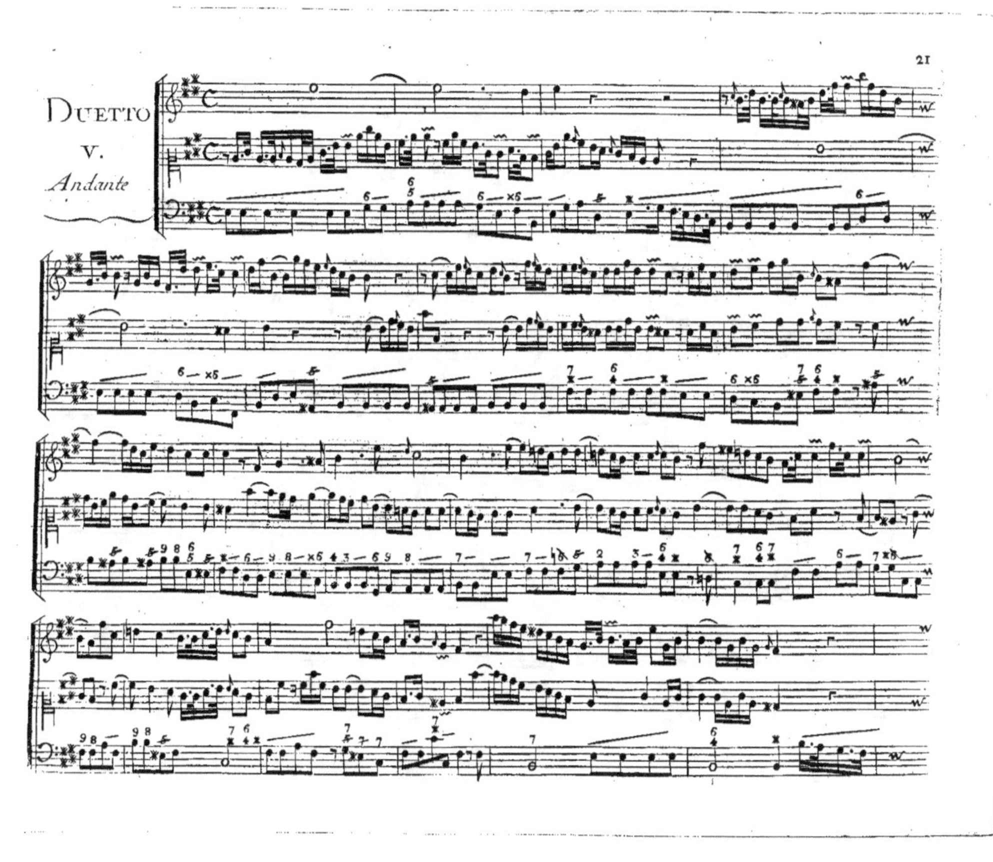
DUETTO
V.
Andante

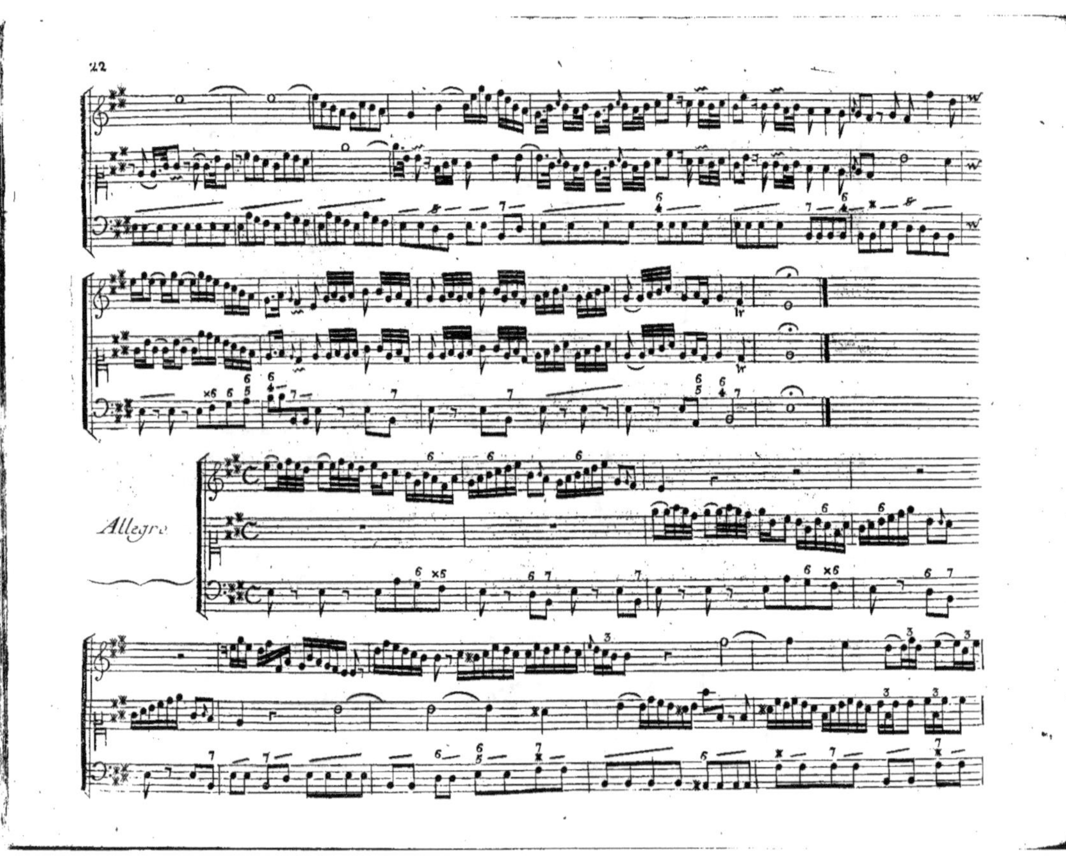
Allegro

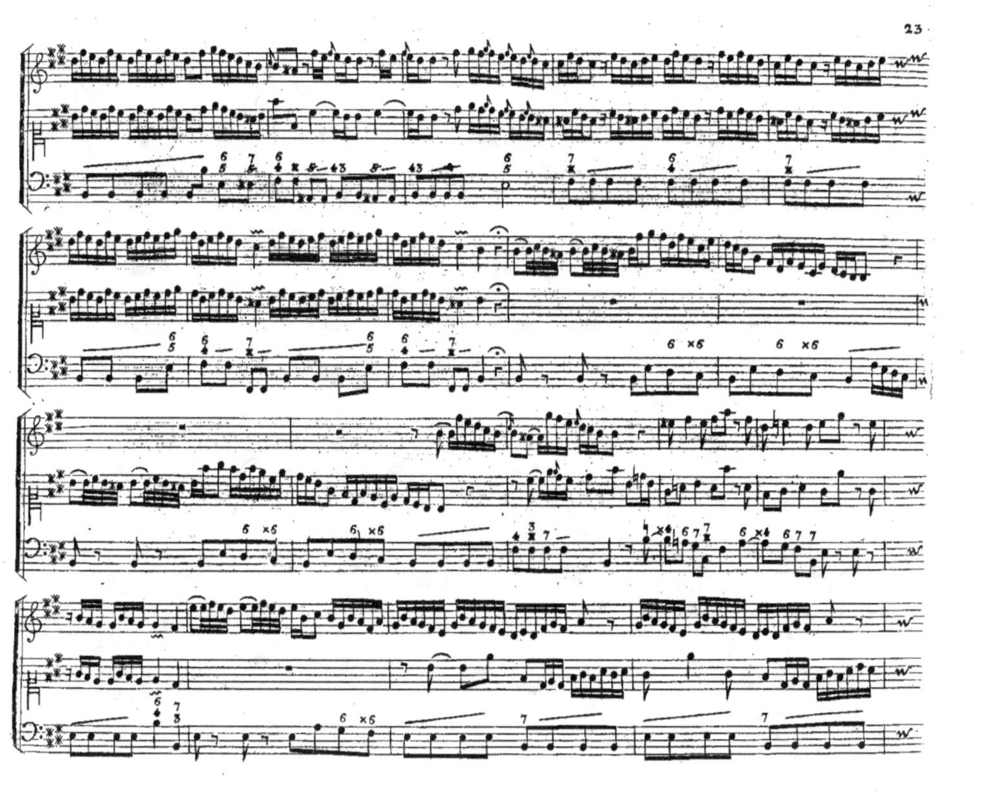

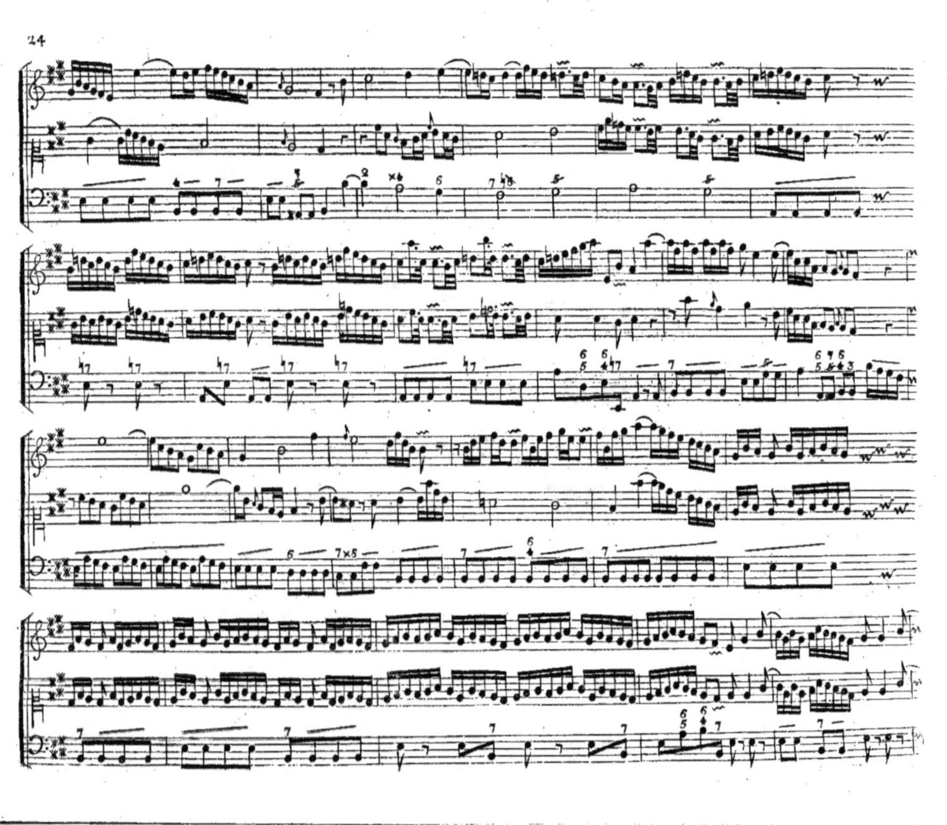

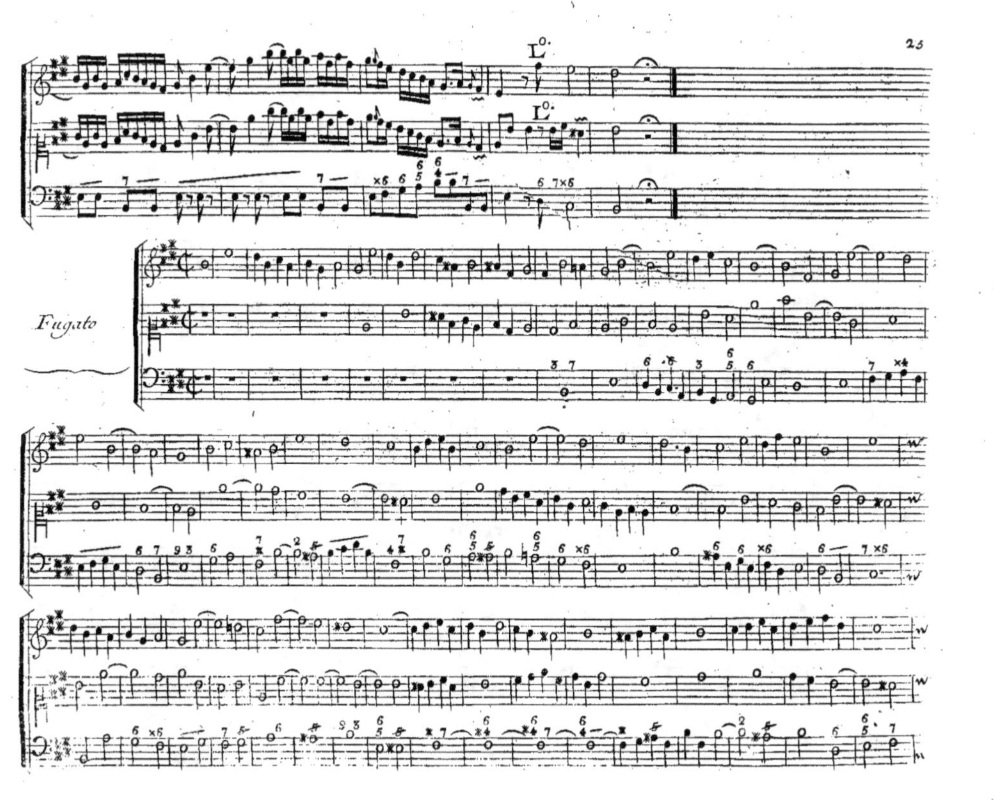
Lo.
Lo.
Fugato

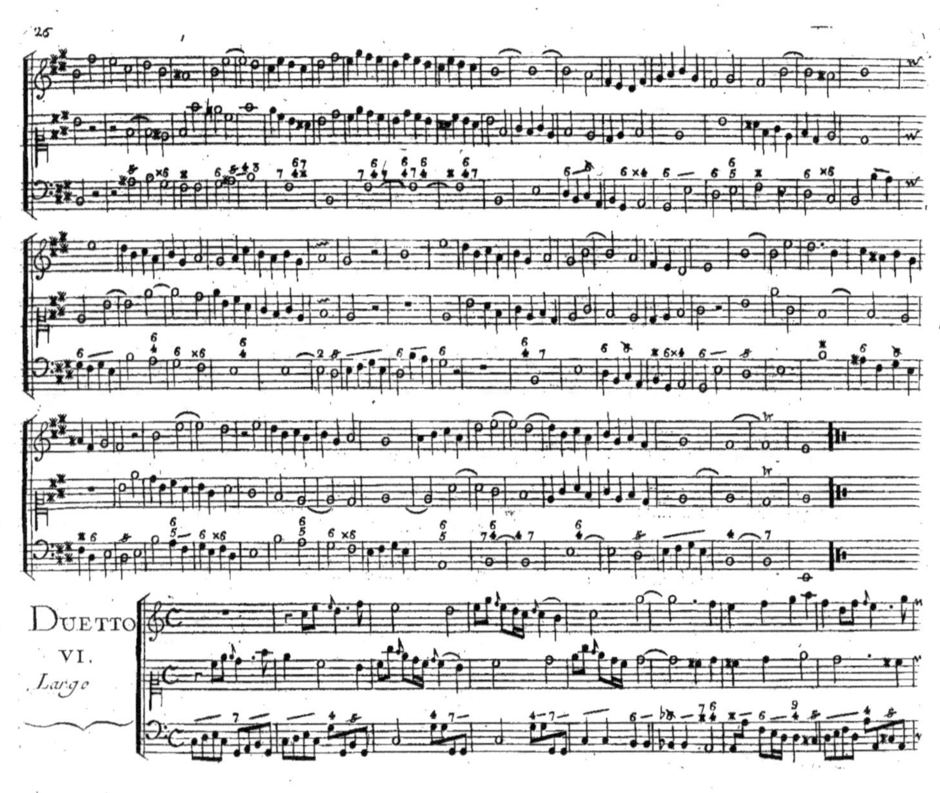
DUETTO
VI.
Largo

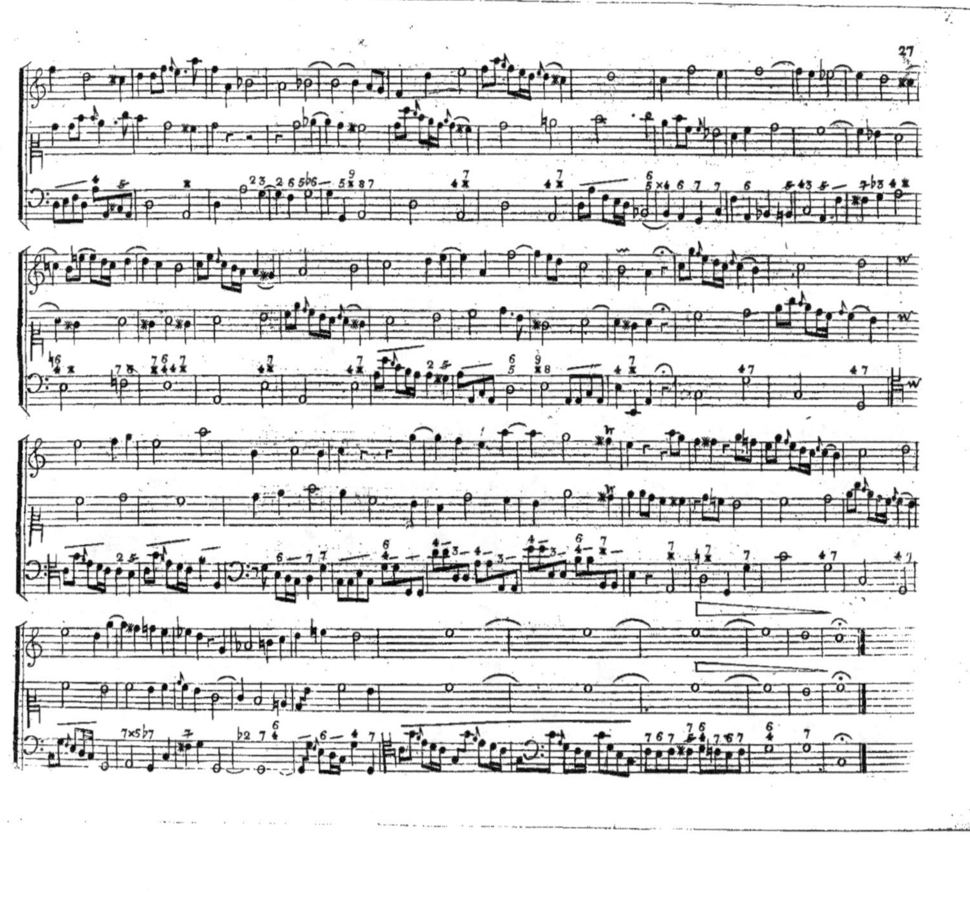

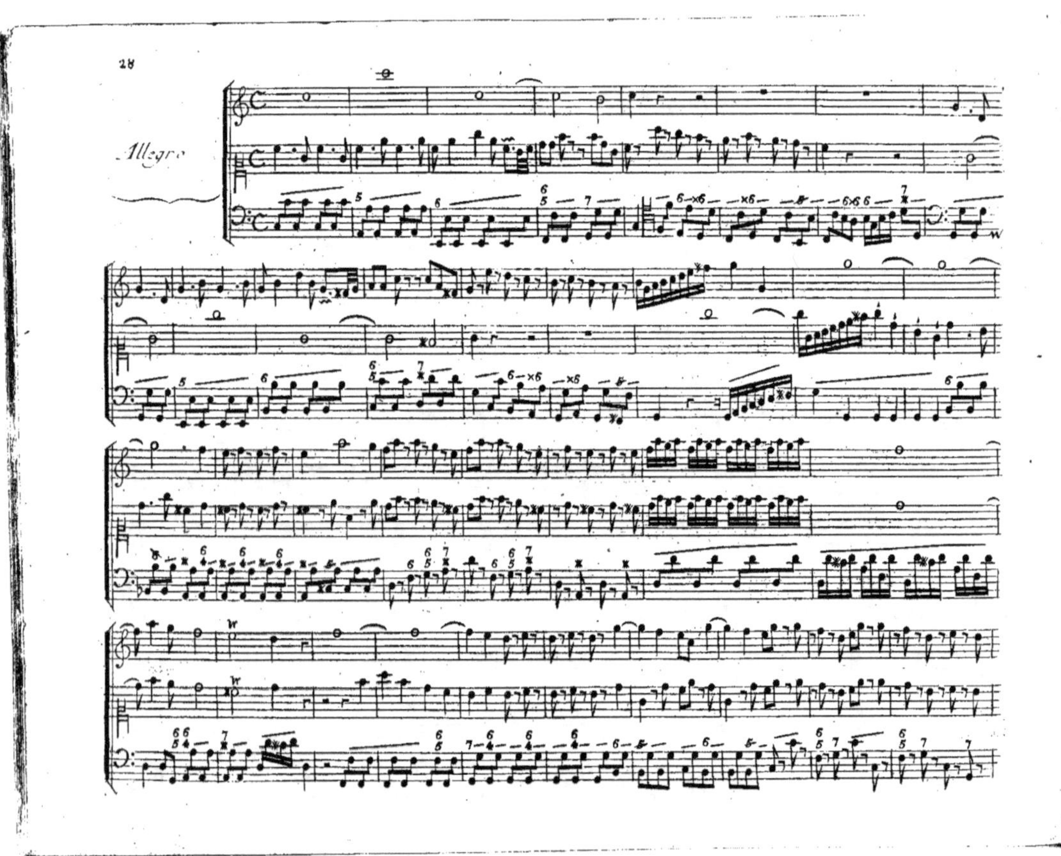

Allegro

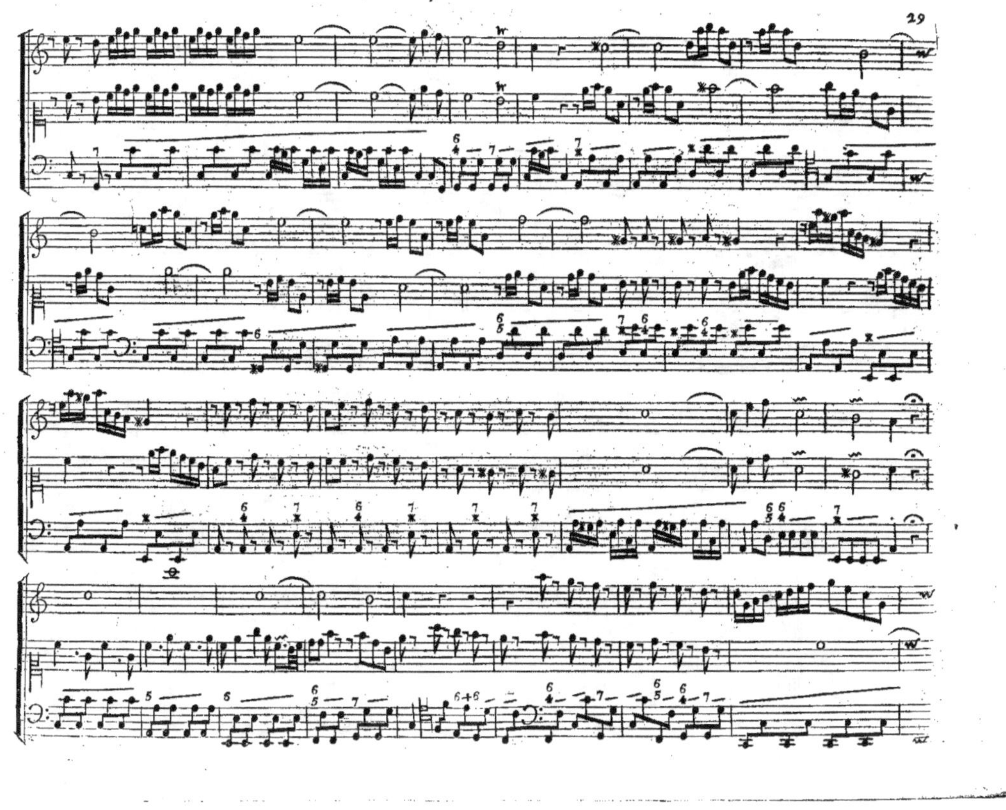

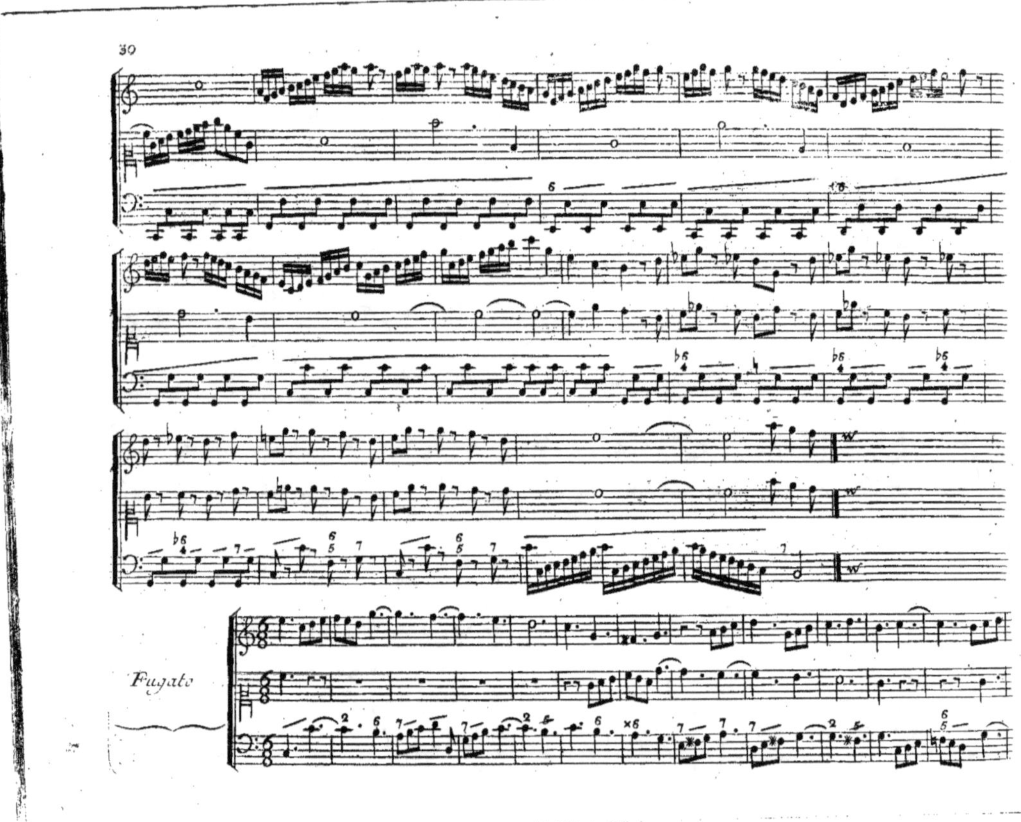

Fugato

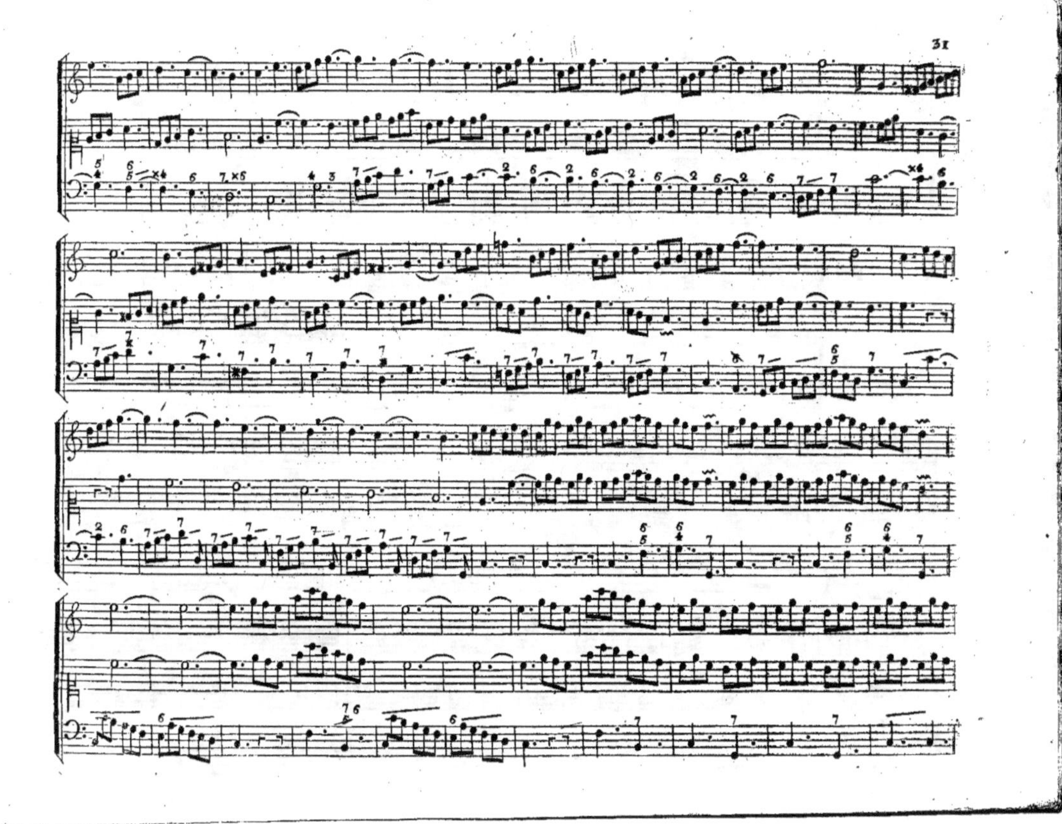

32

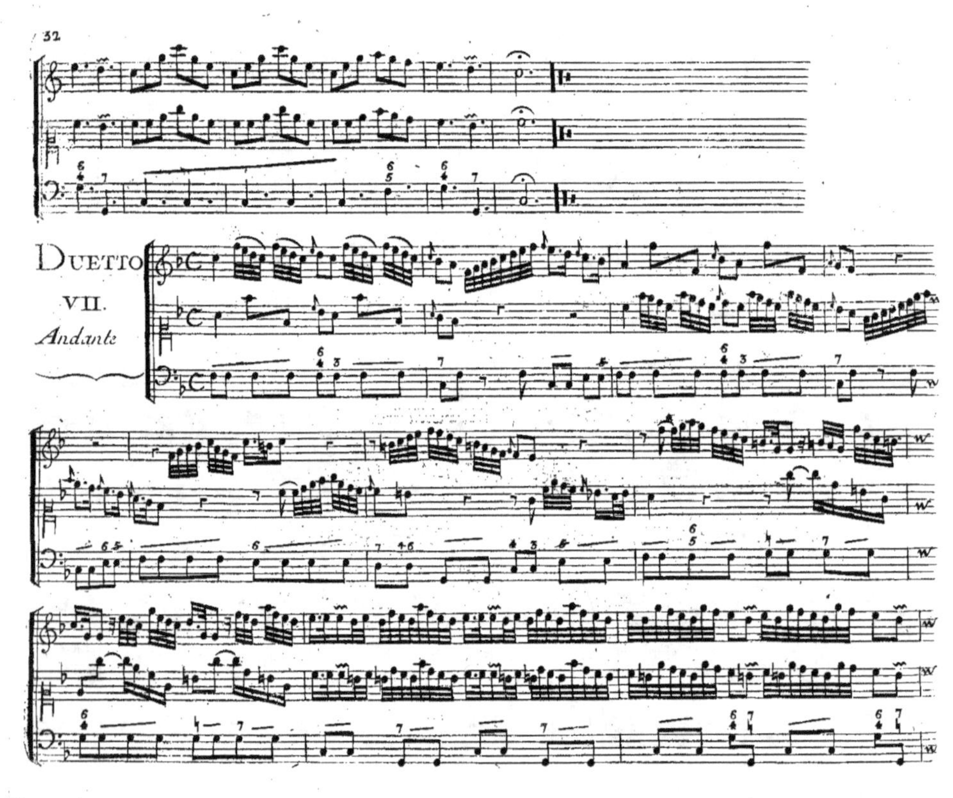
DUETTO
VII.
Andante

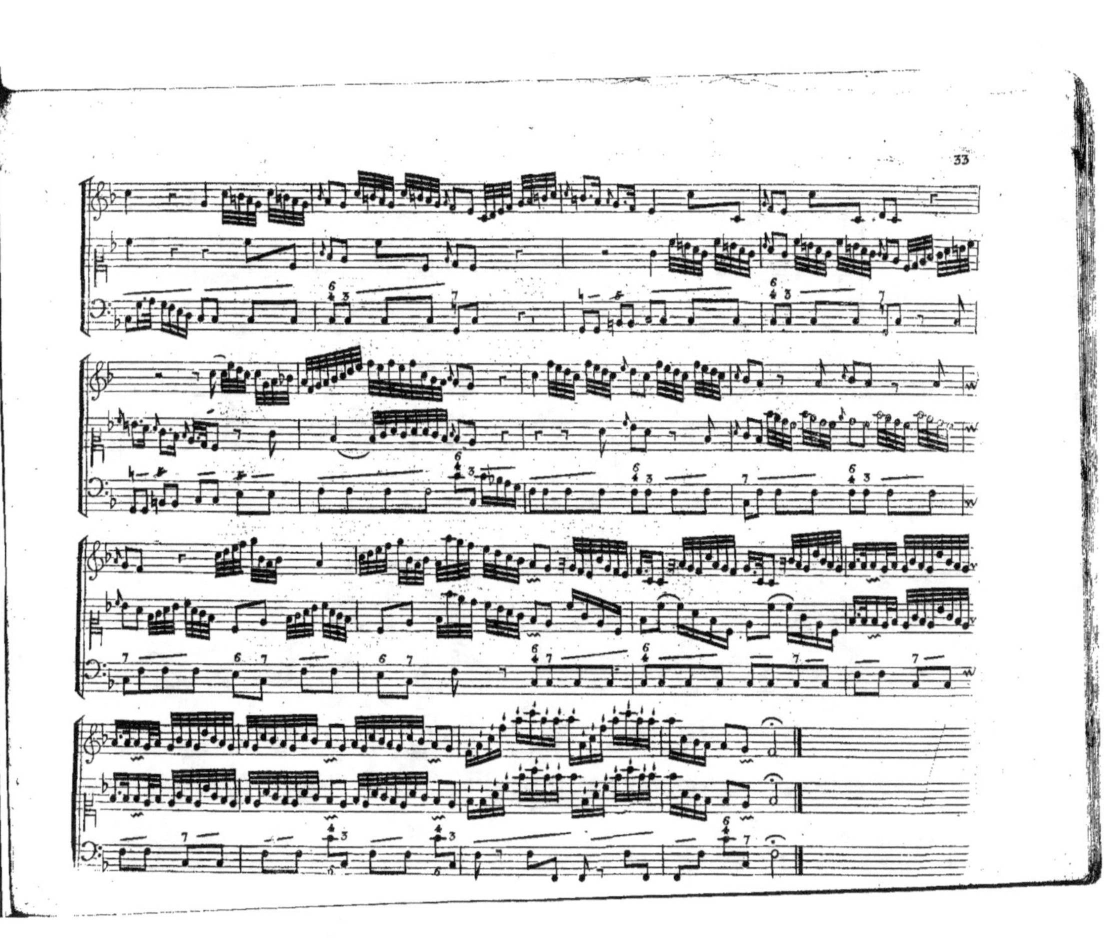

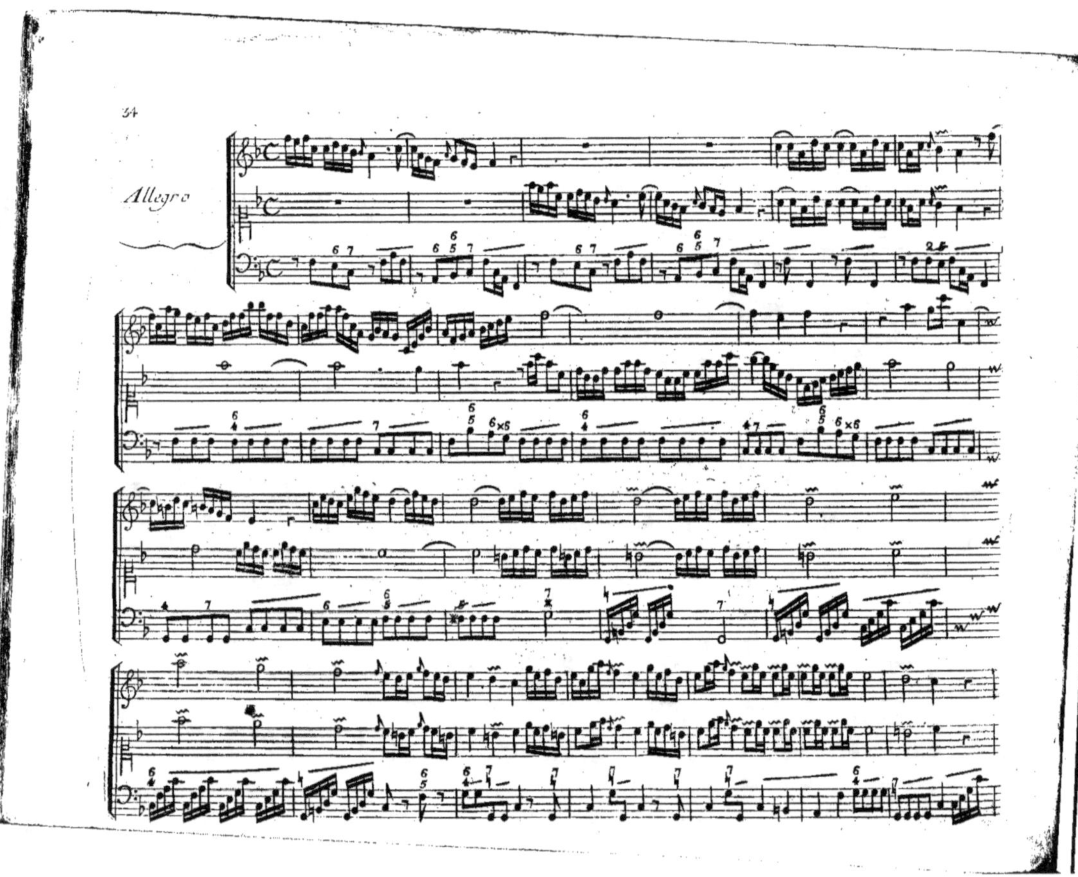
Allegro

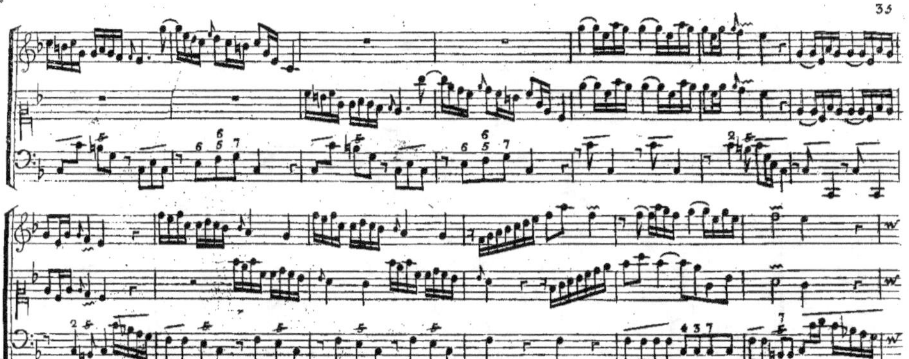

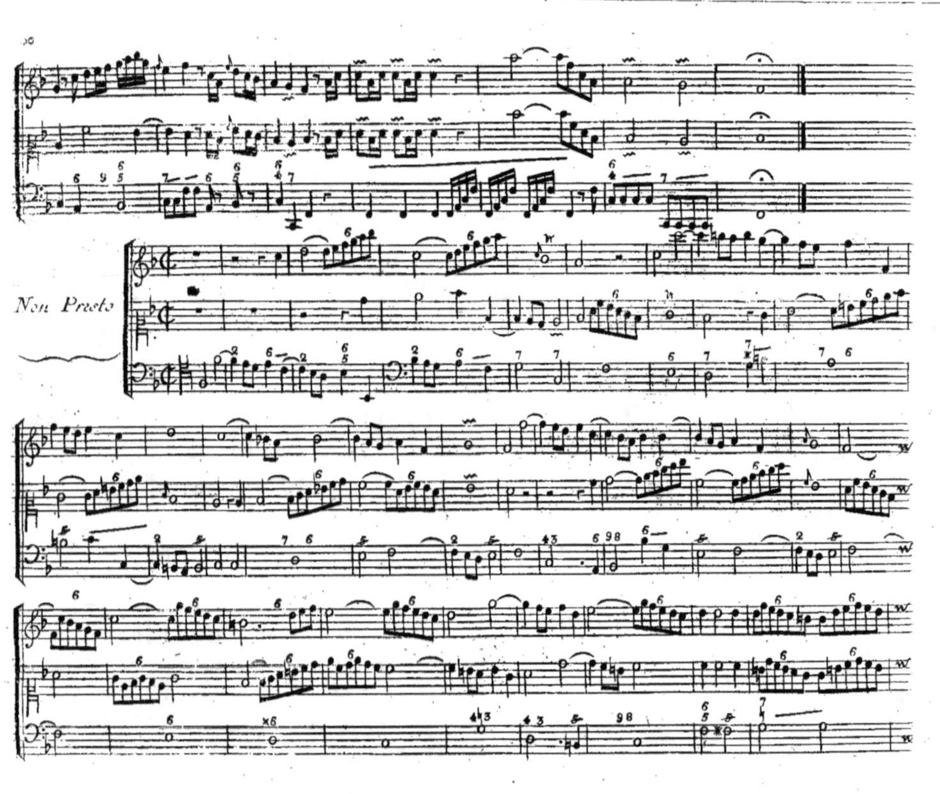

Non Presto

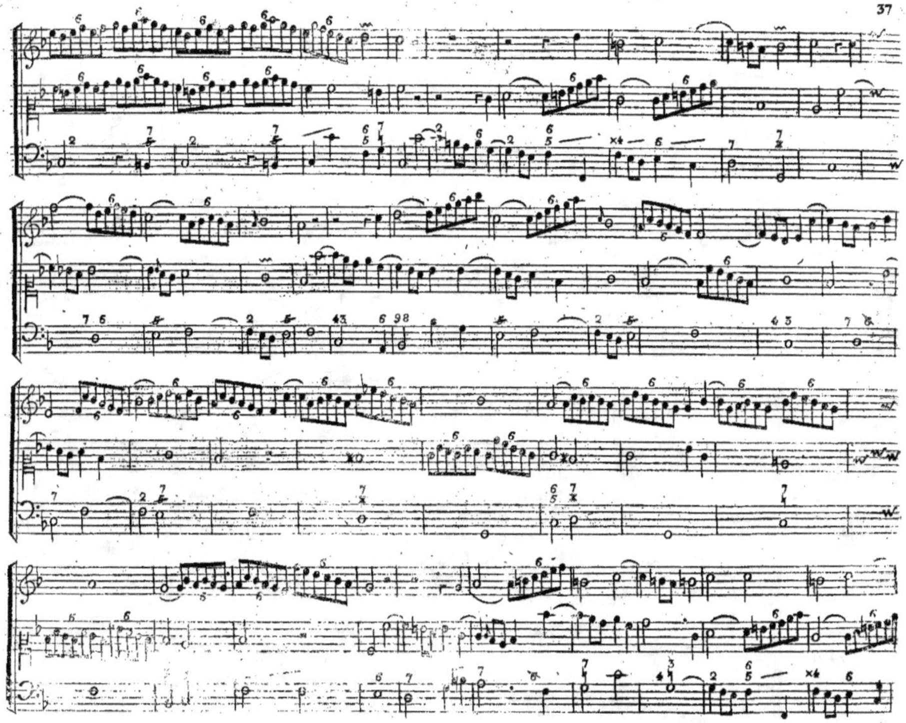

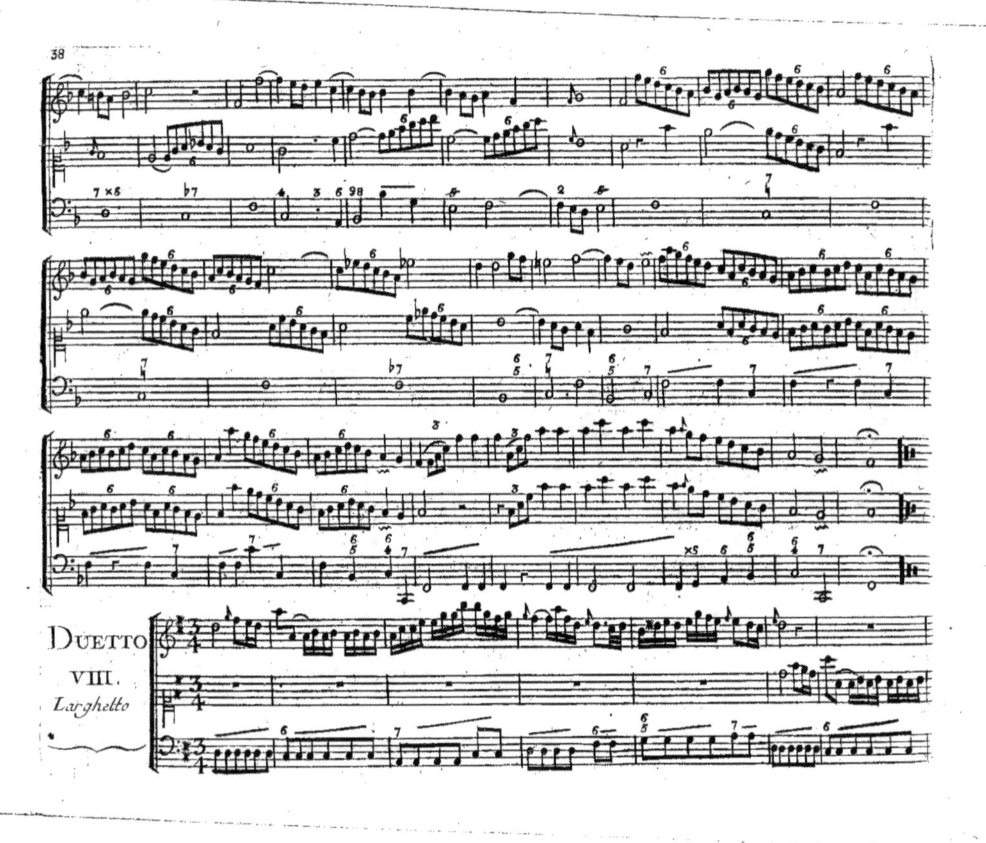

DUETTO
VIII.
Larghetto

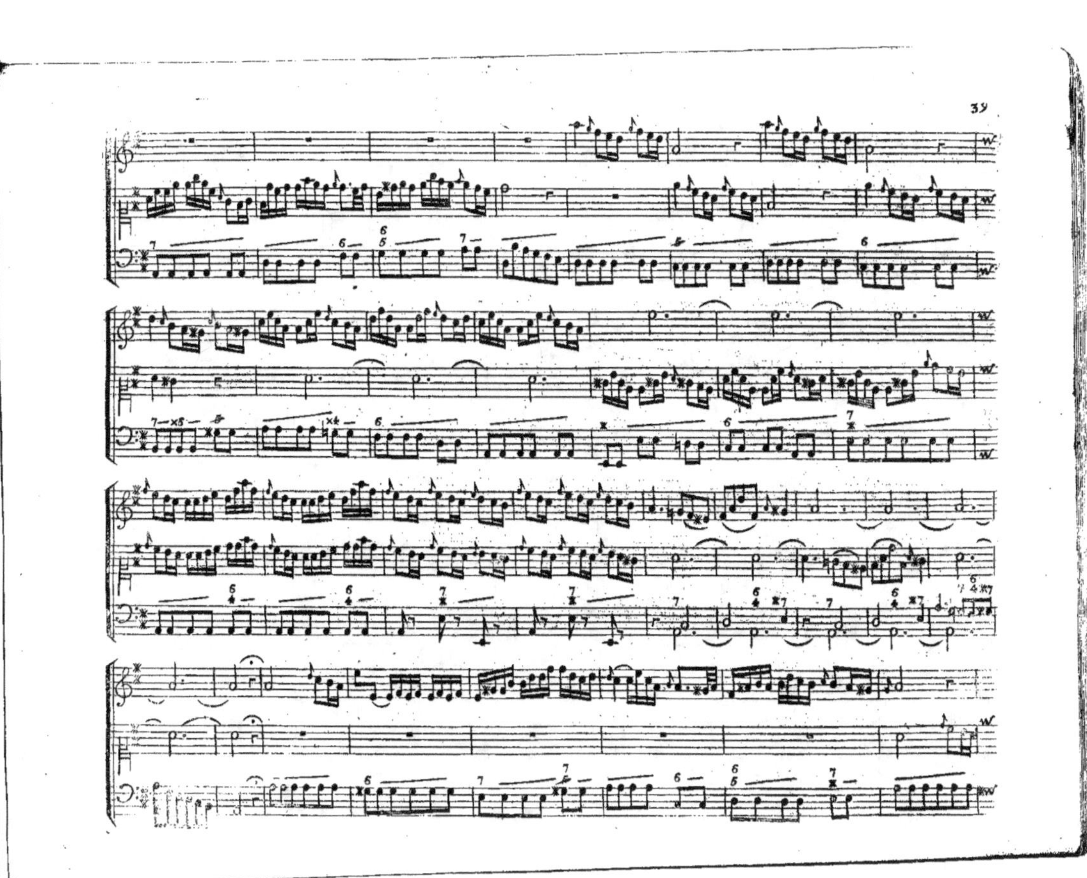

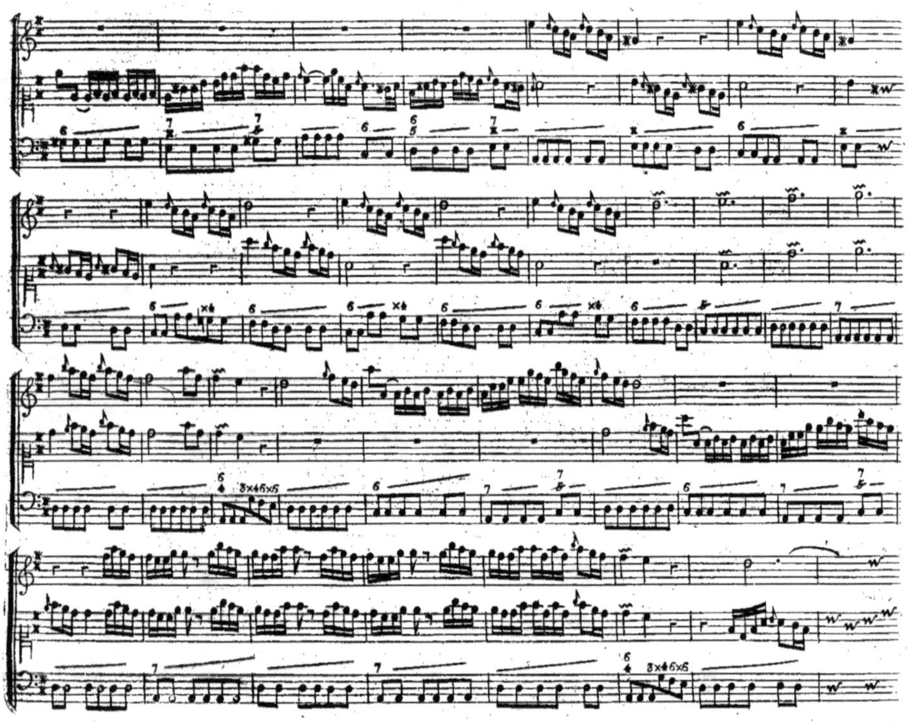

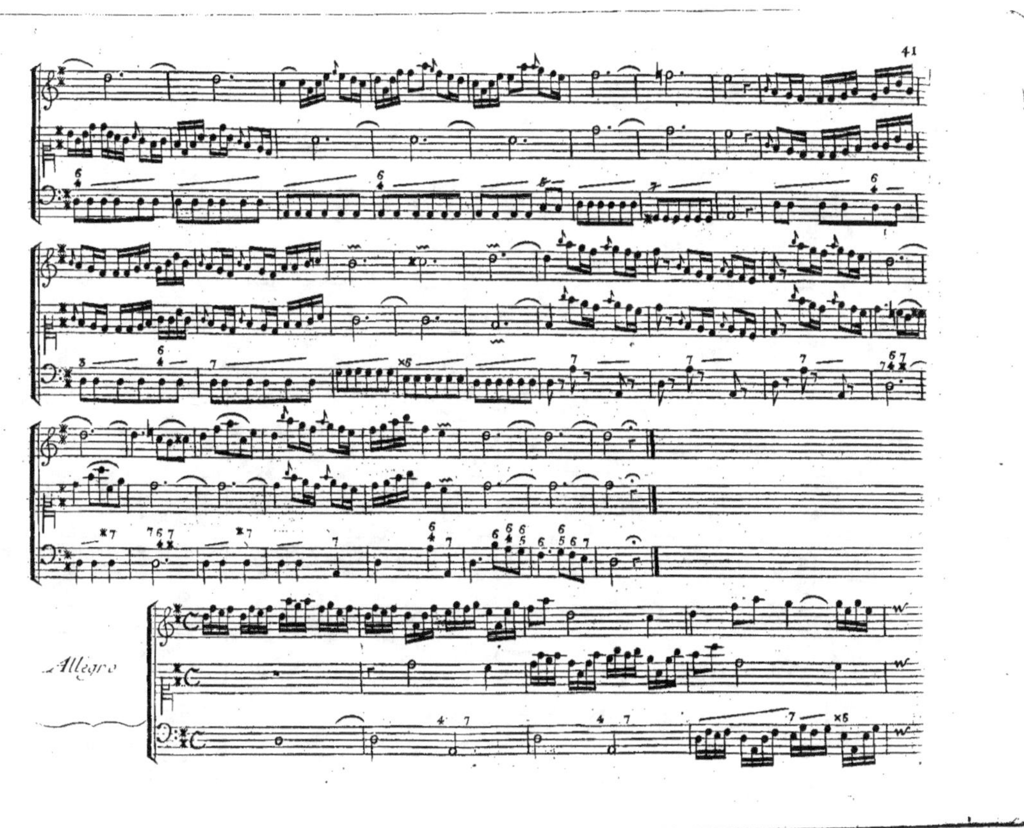
Allegro

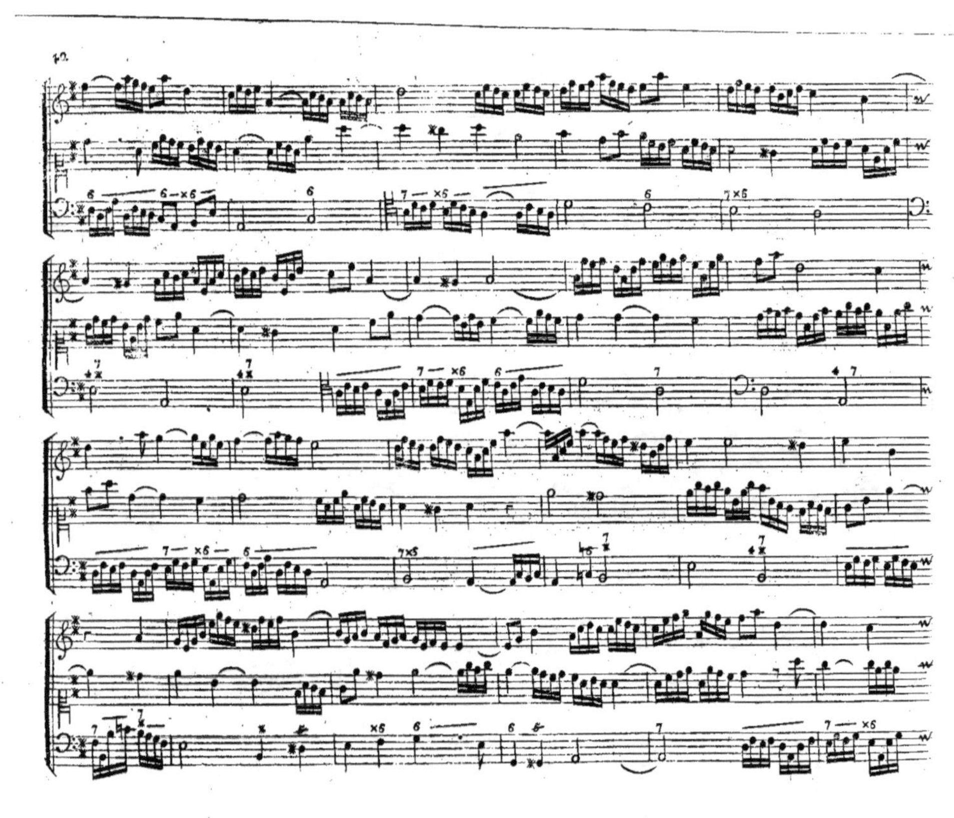

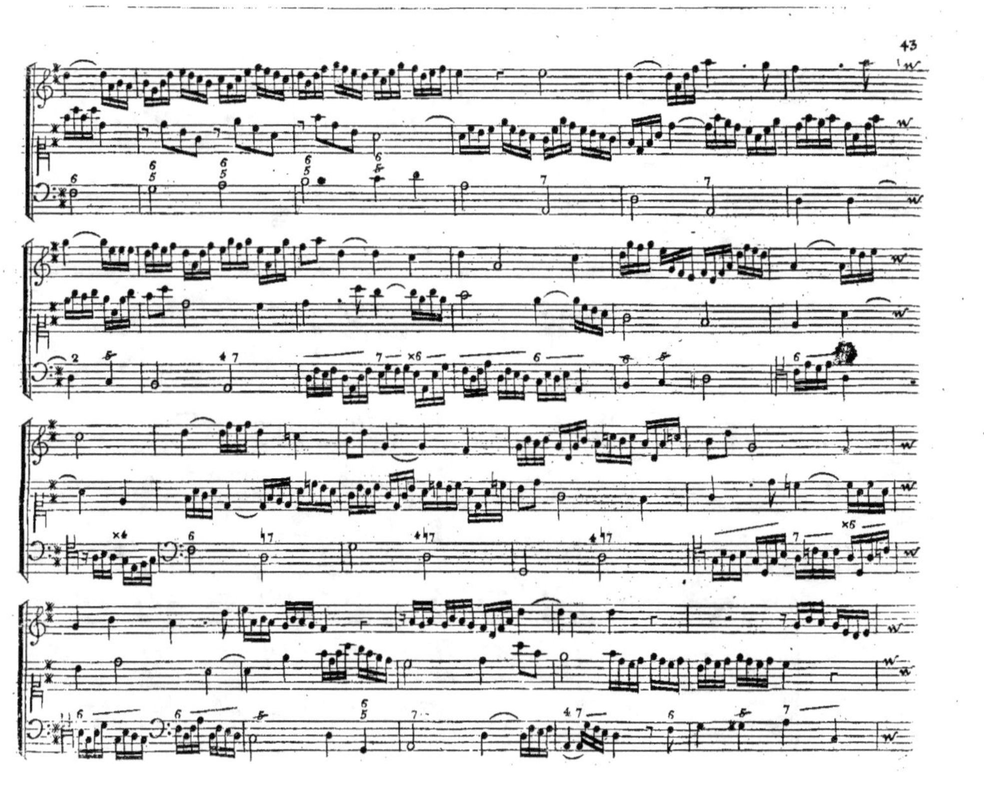

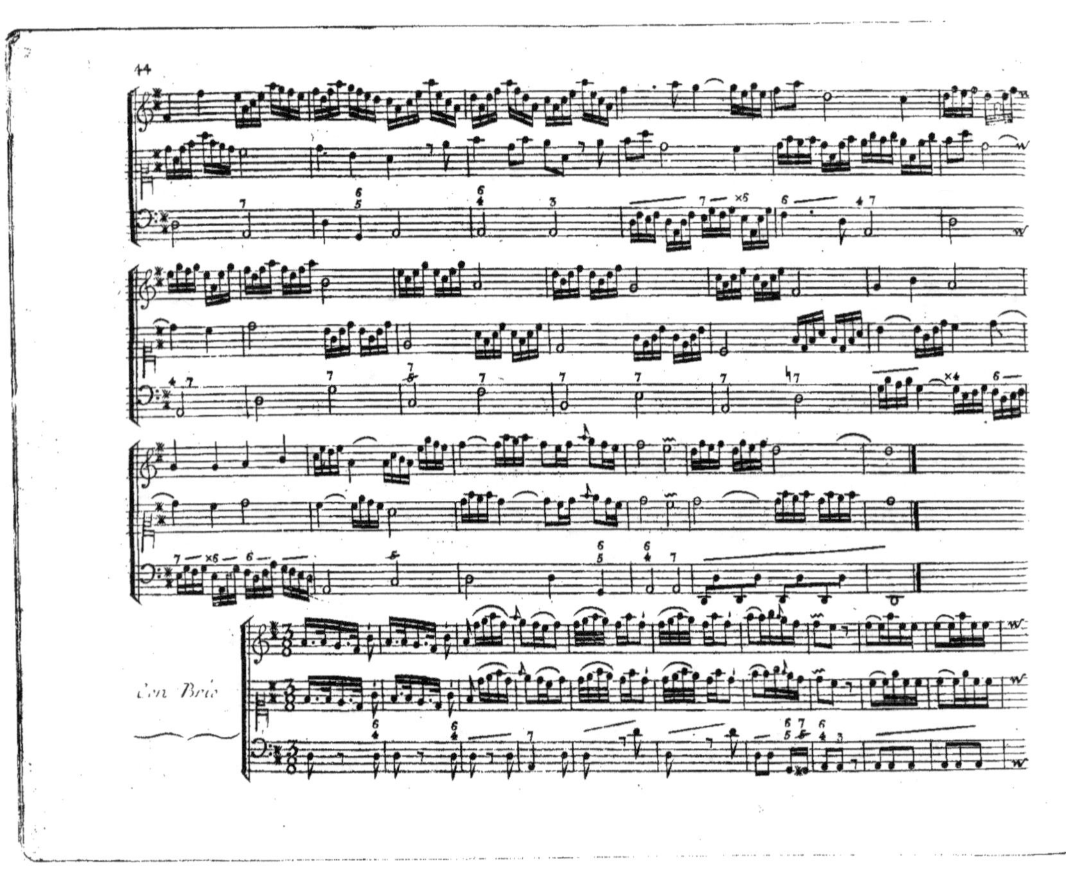
44
Con Brio

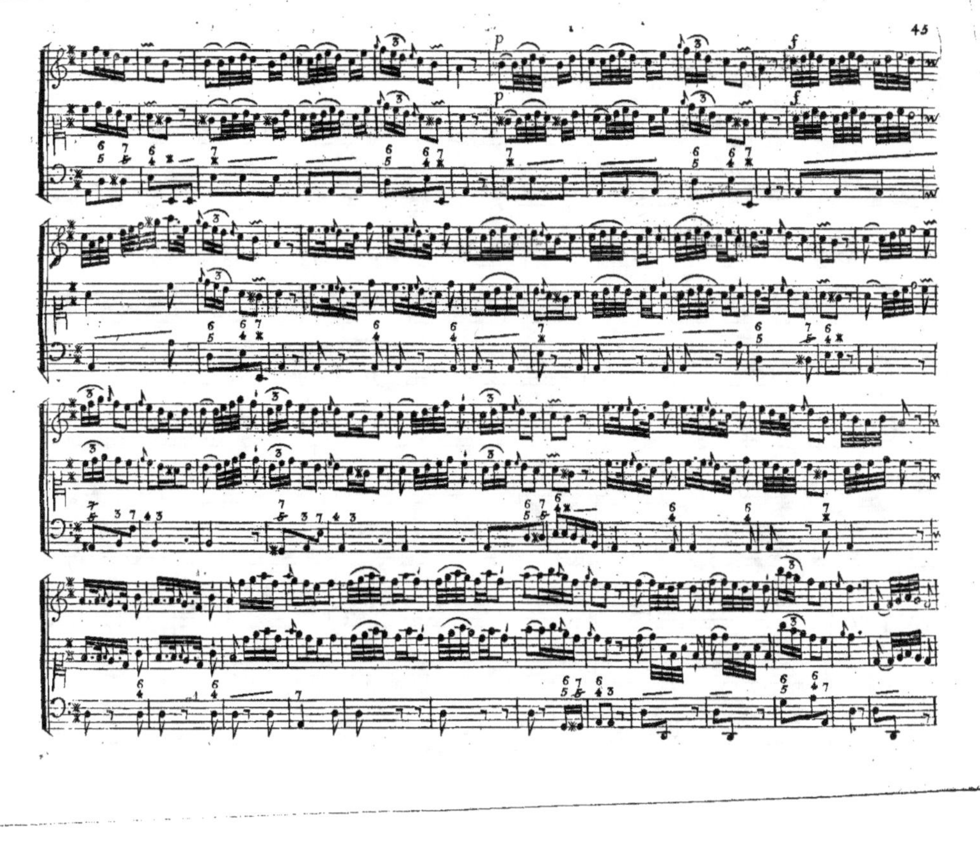

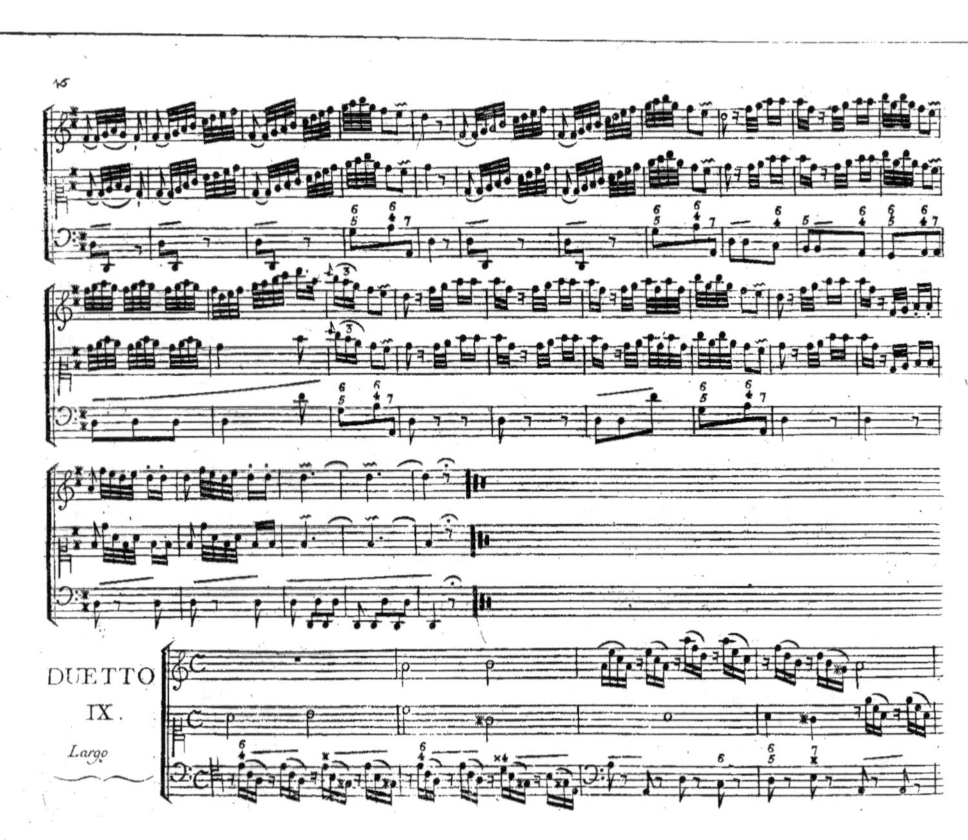
15
DUETTO
IX.
Largo

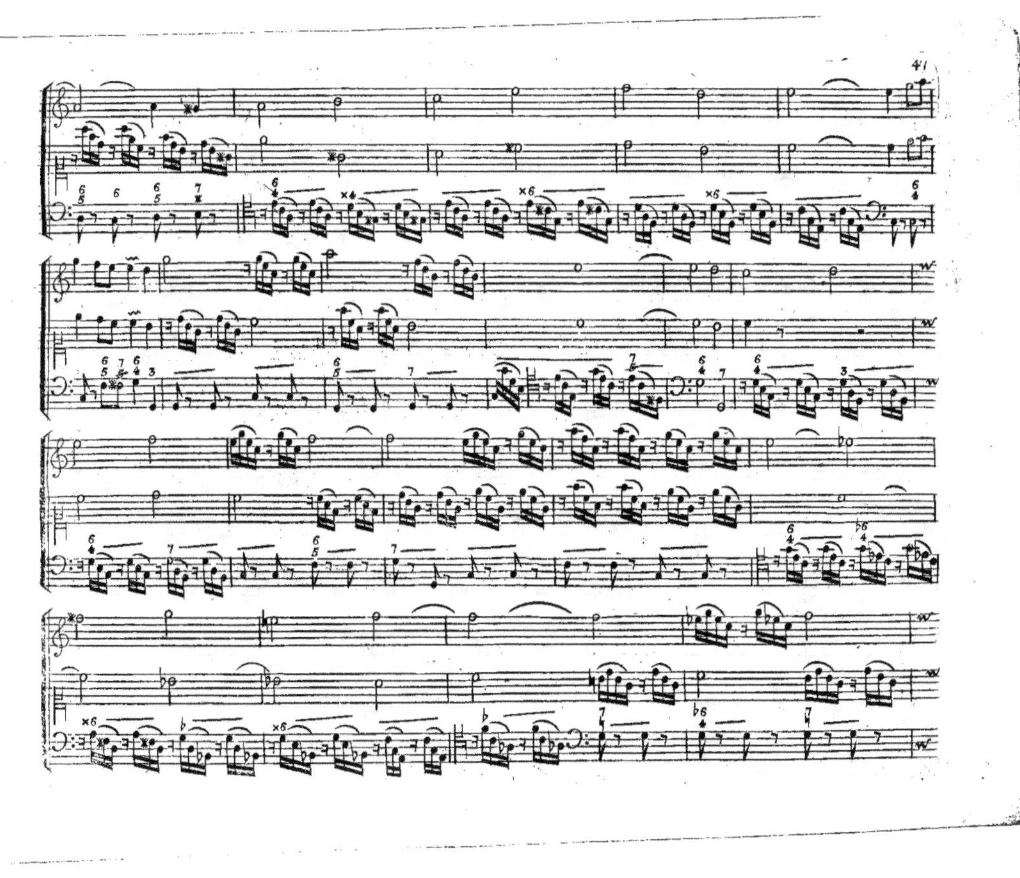

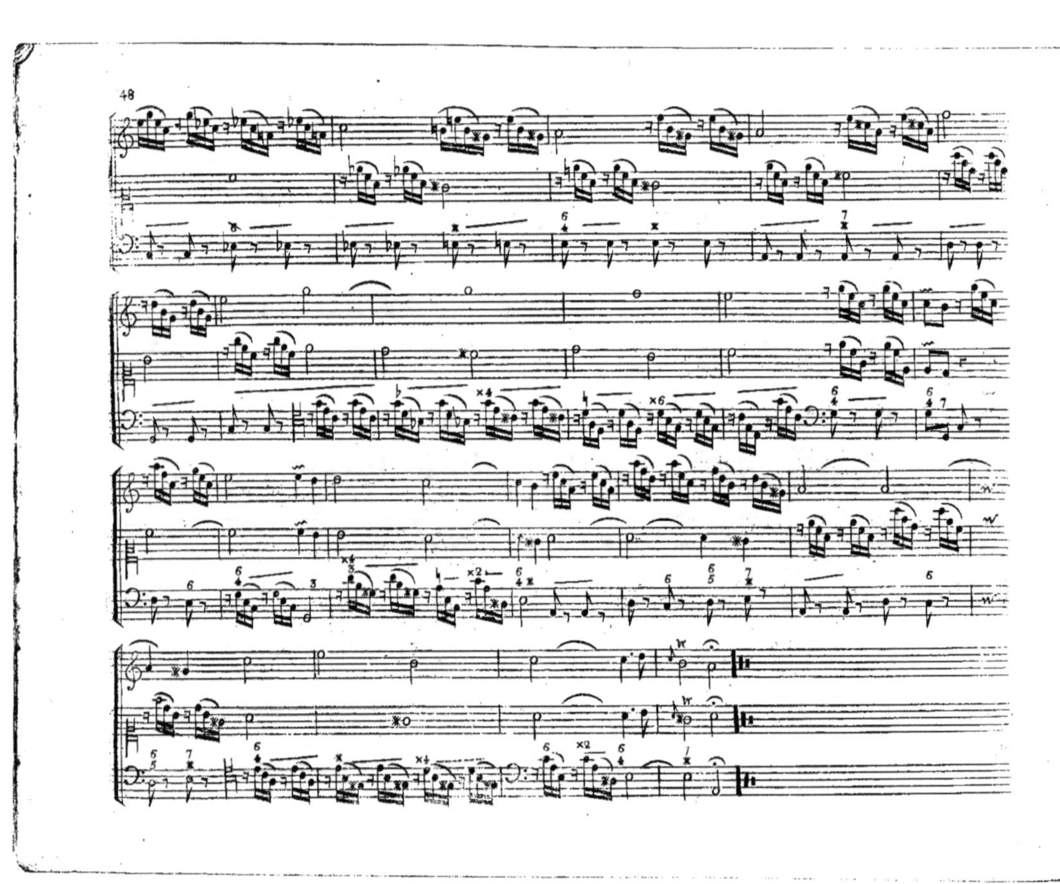
48

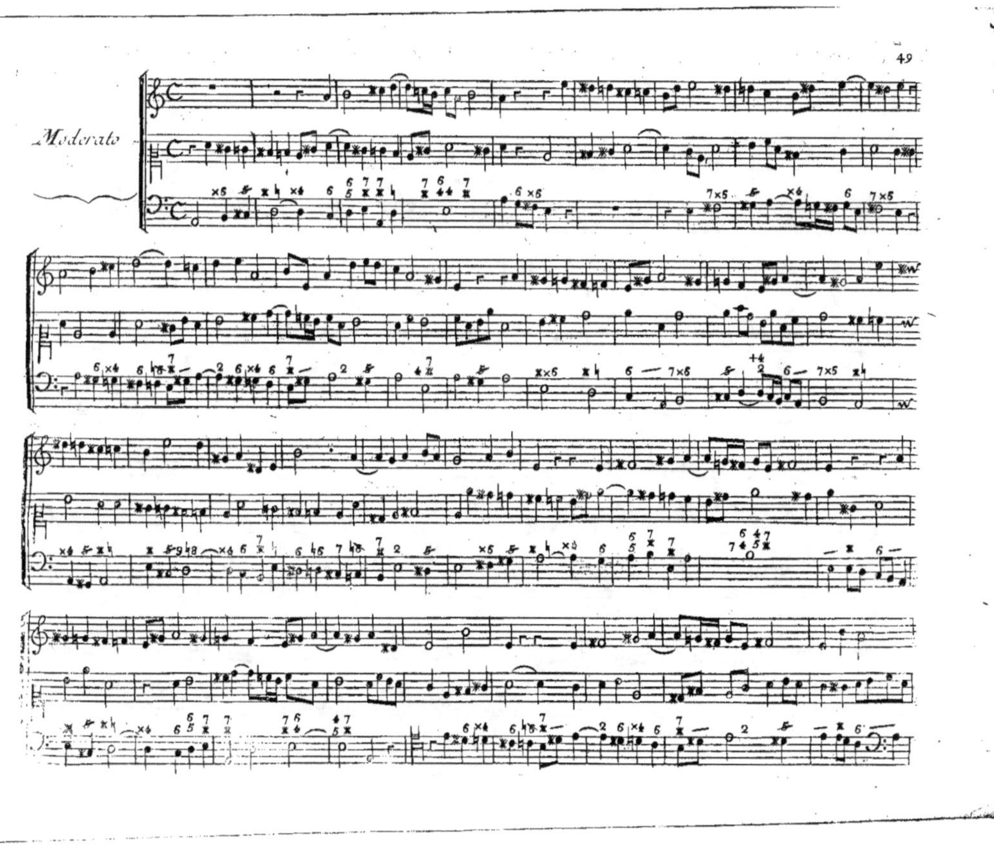
Moderato

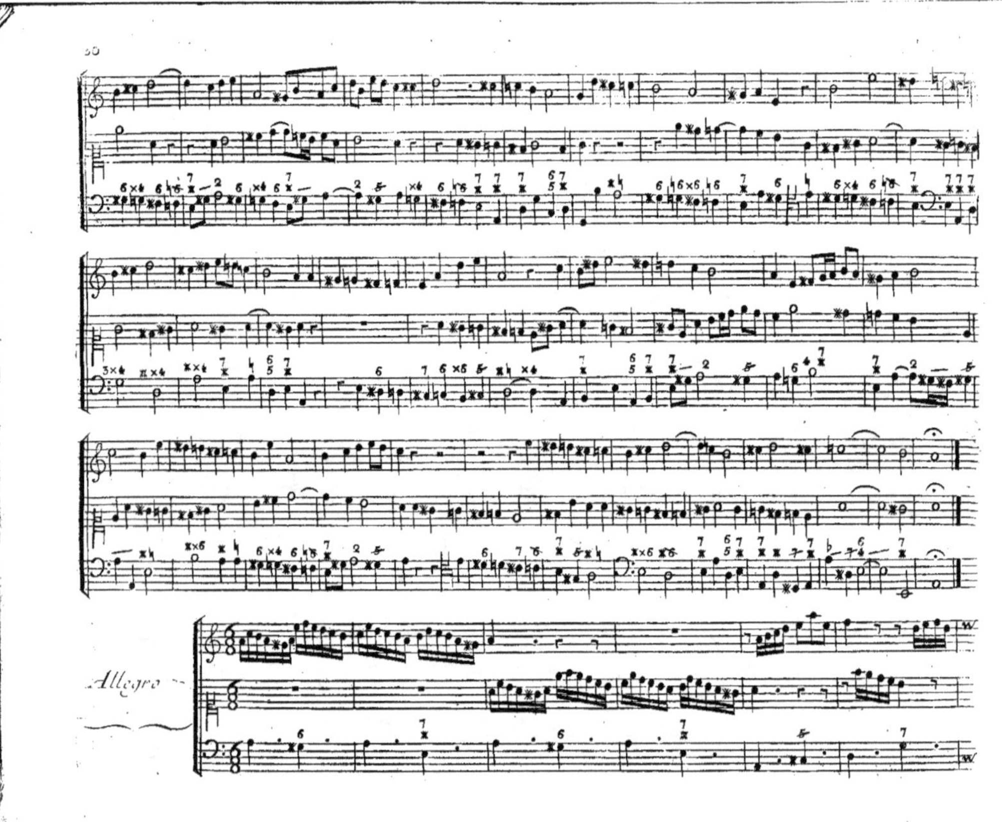

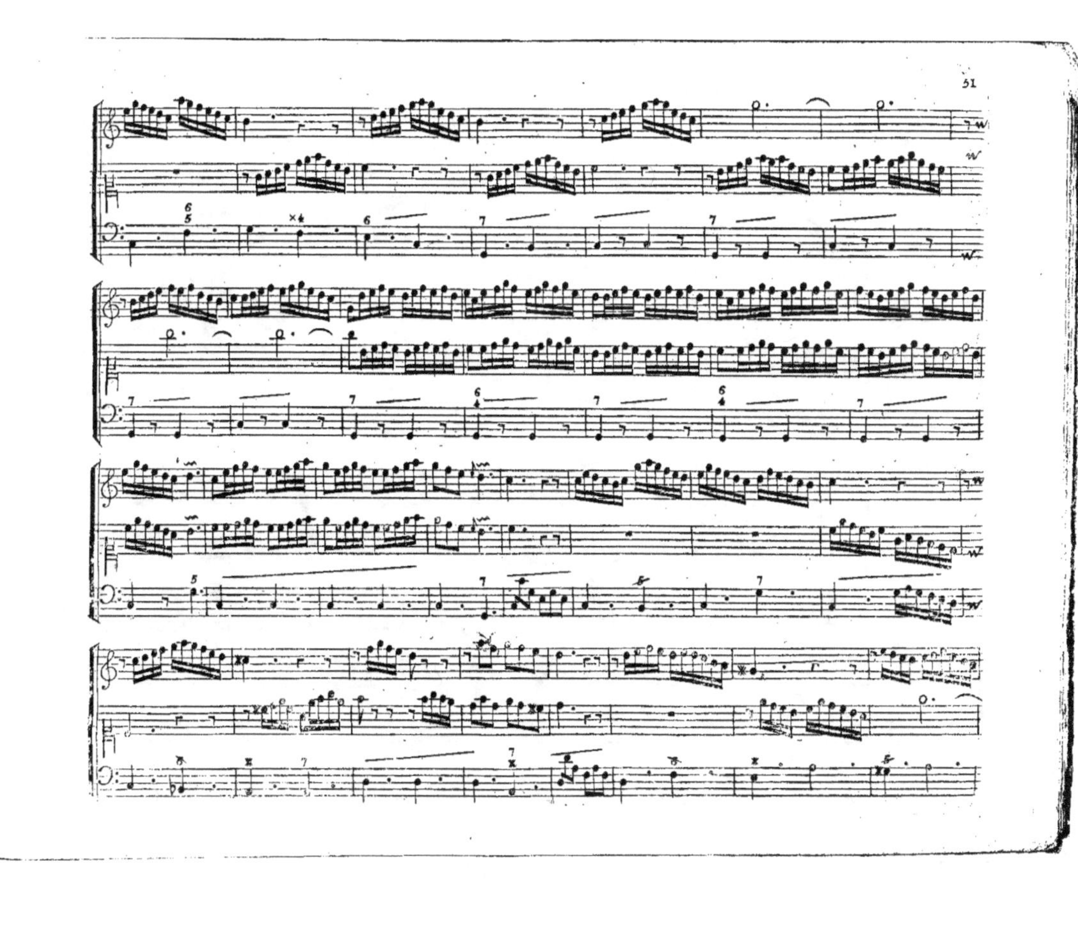

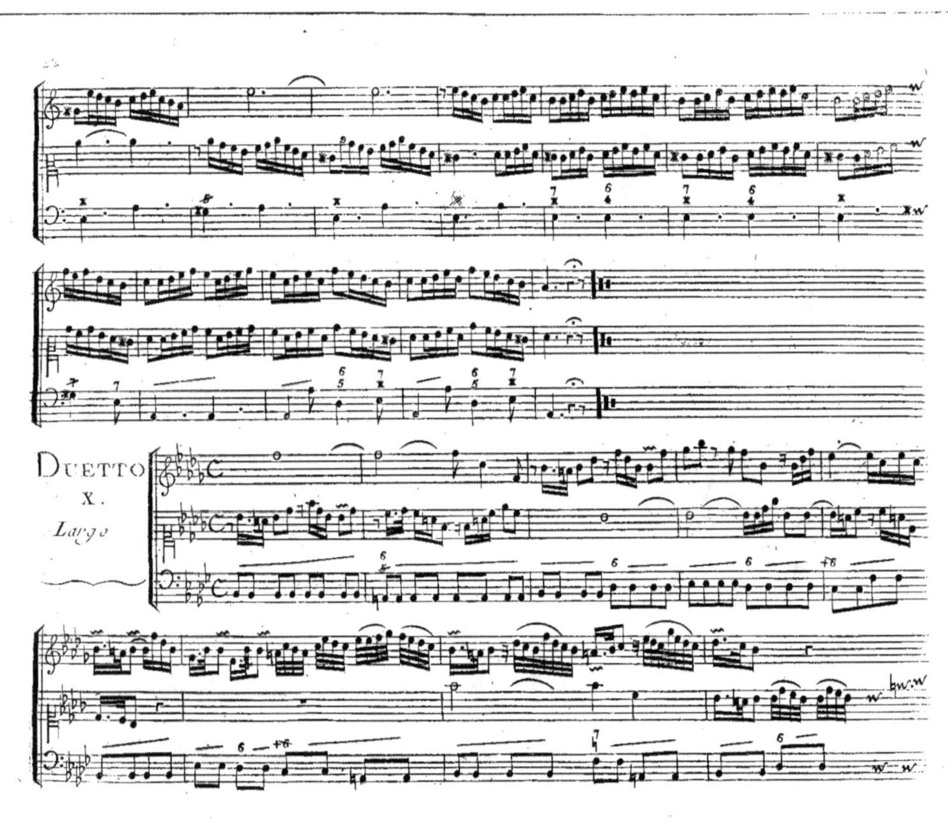
DUETTO
X.
Largo

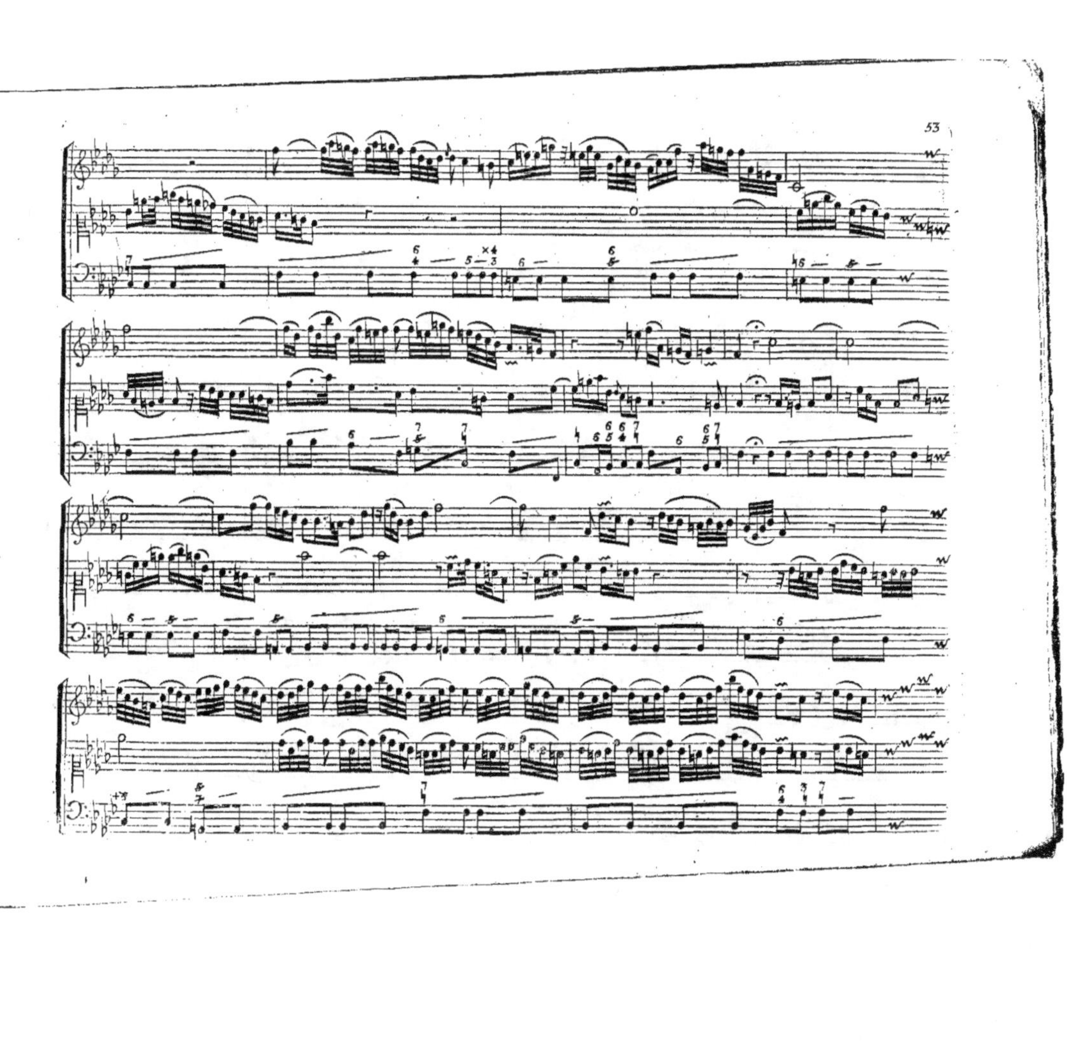

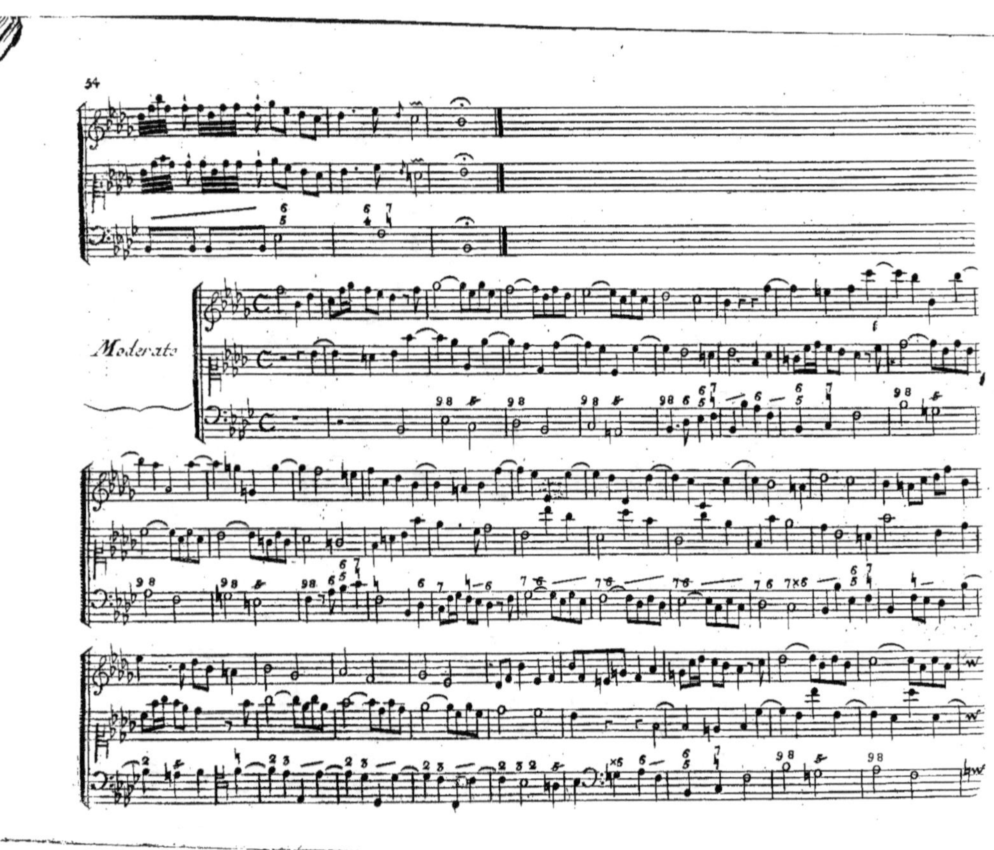
54
Moderato

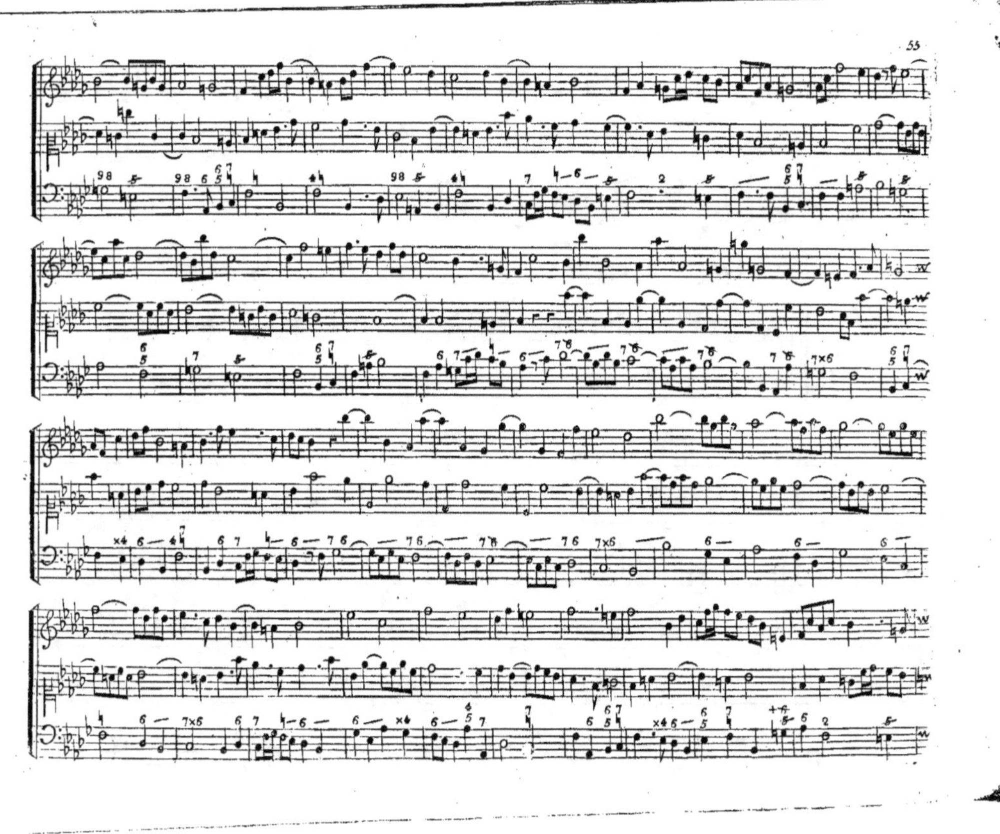

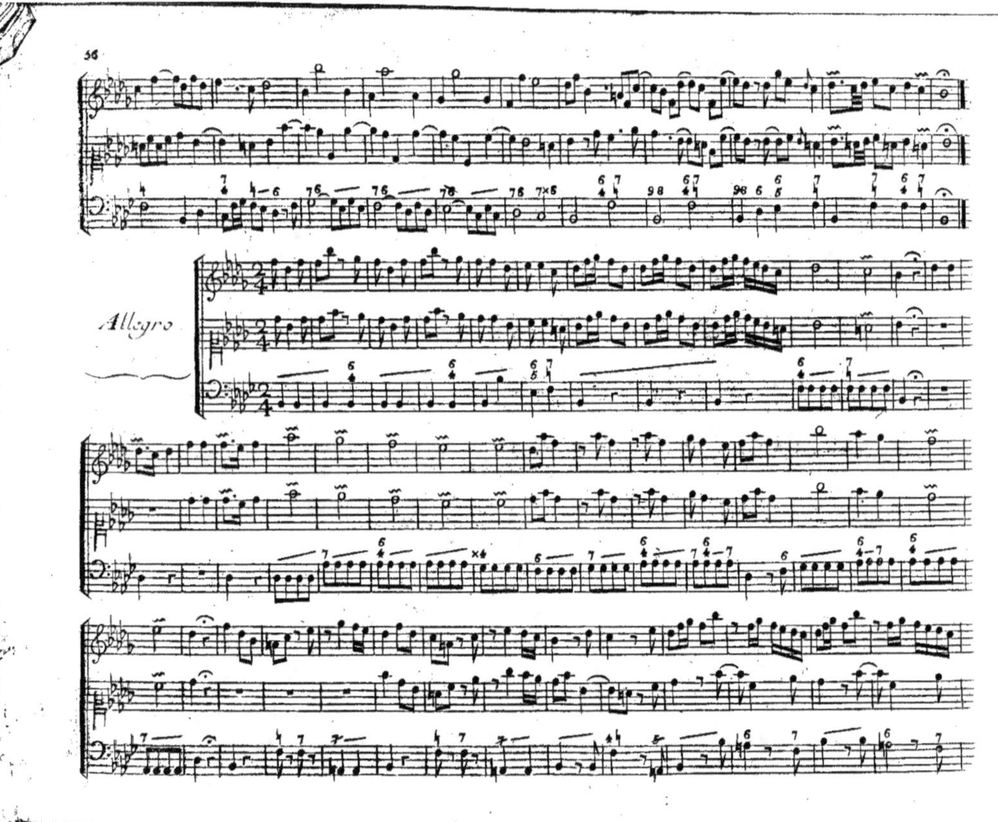
Allegro

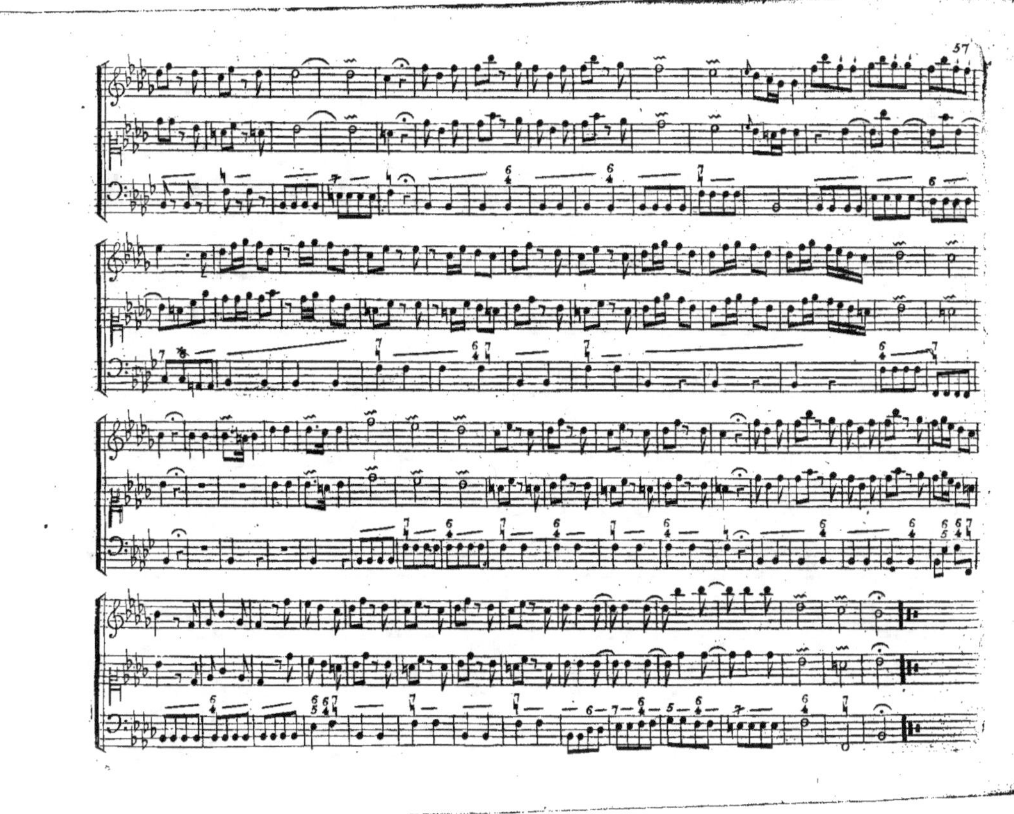
57

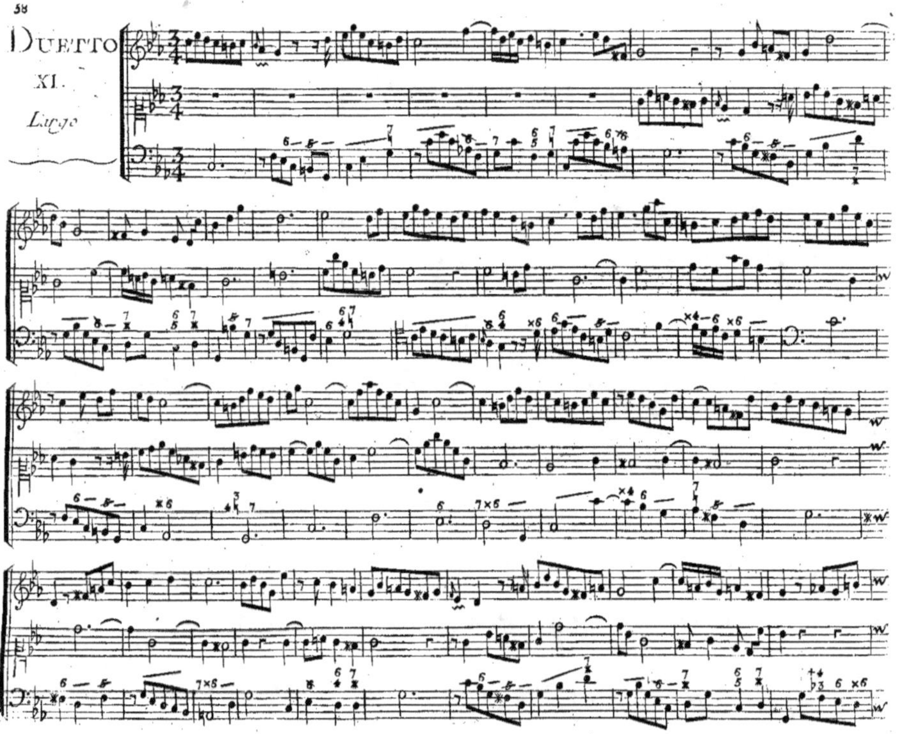

58
DUETTO
XI.
Largo

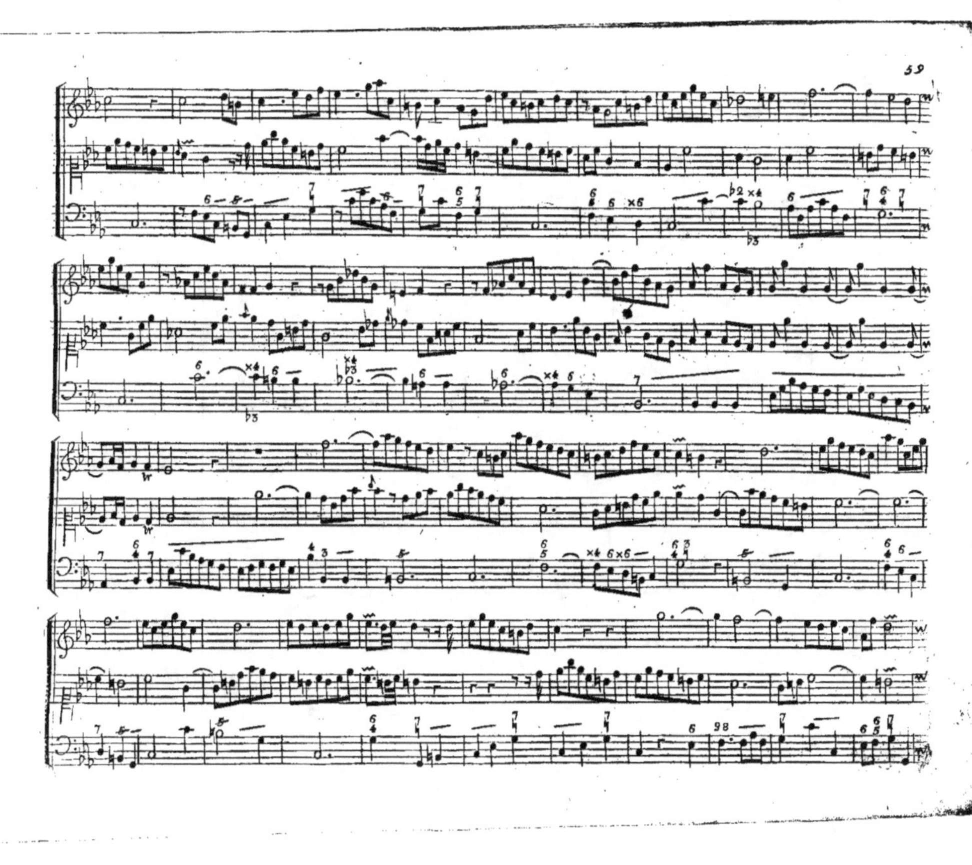

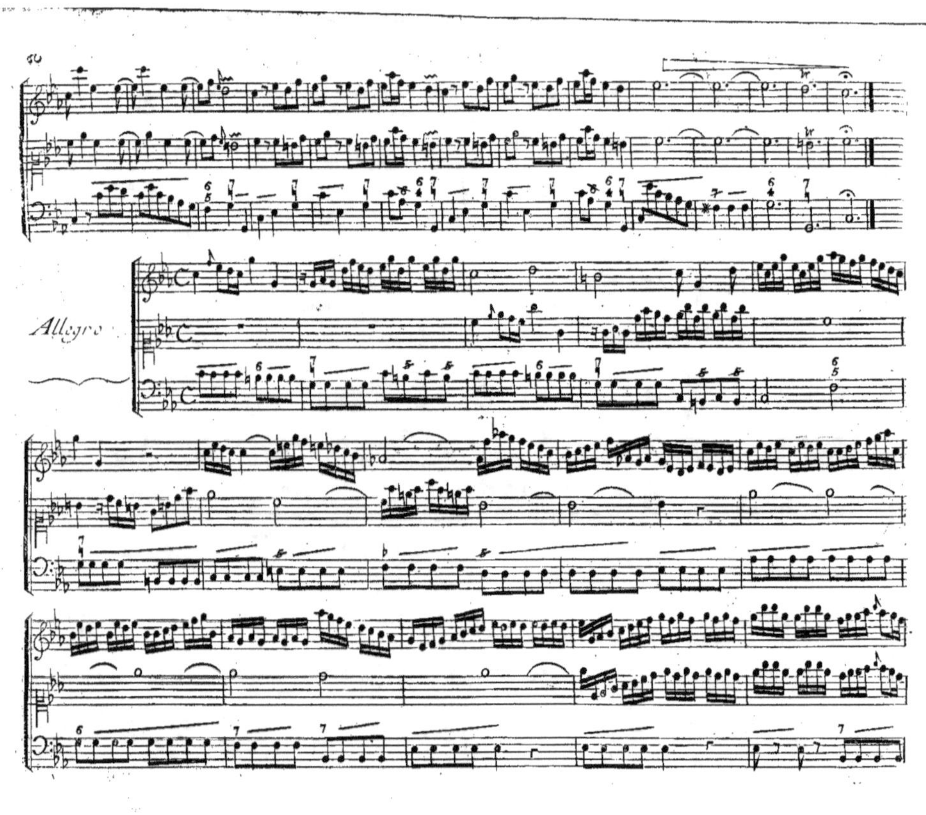
Allegro

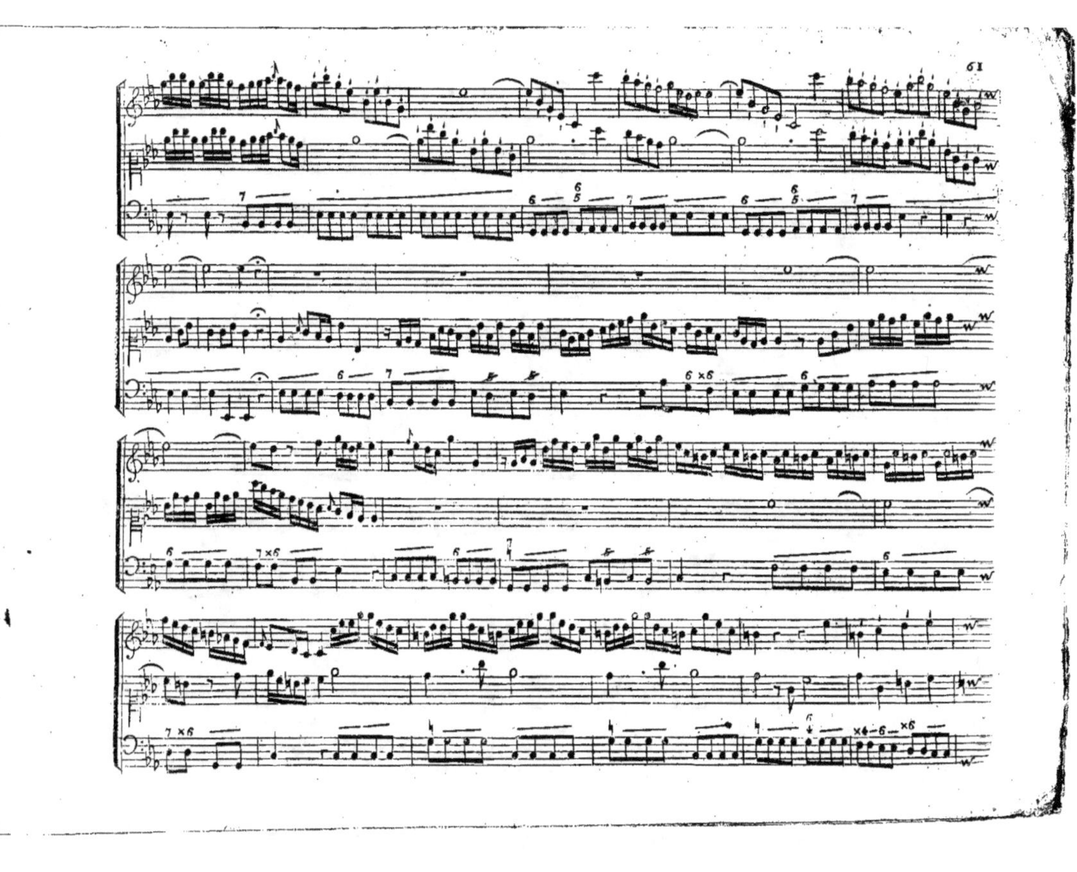

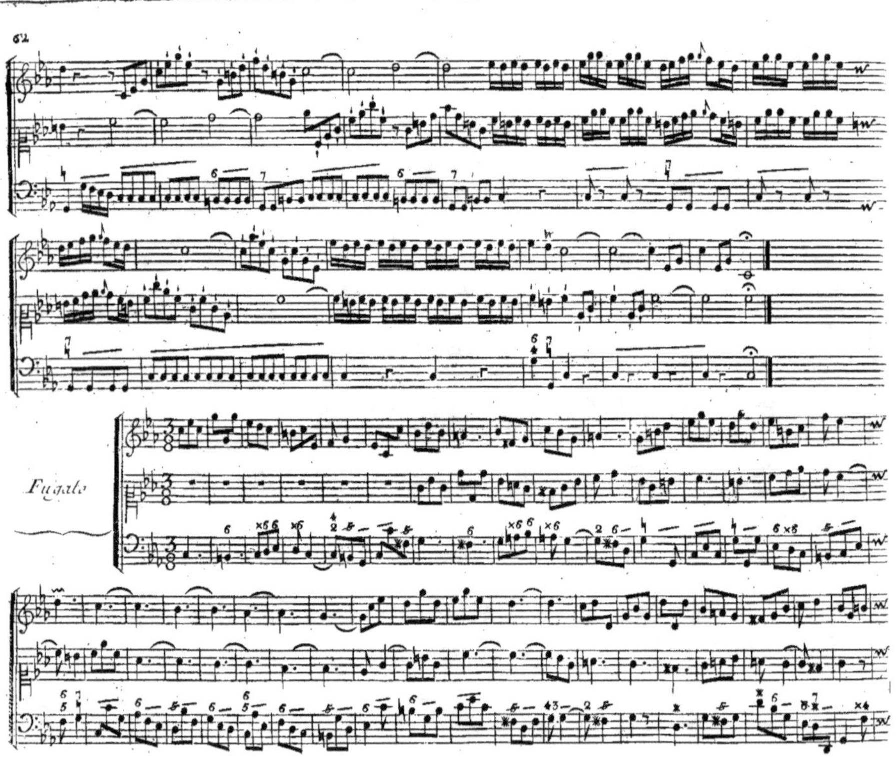

52
Fugato

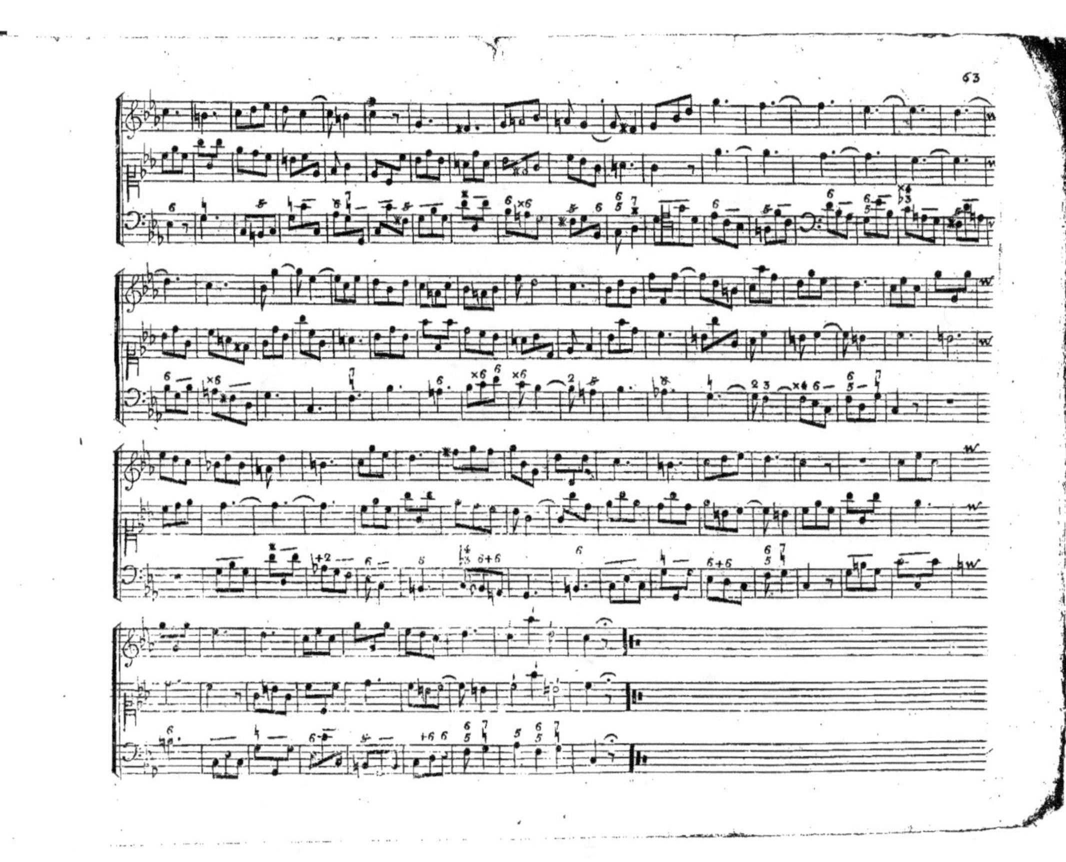

Duetto
XII.
Largo
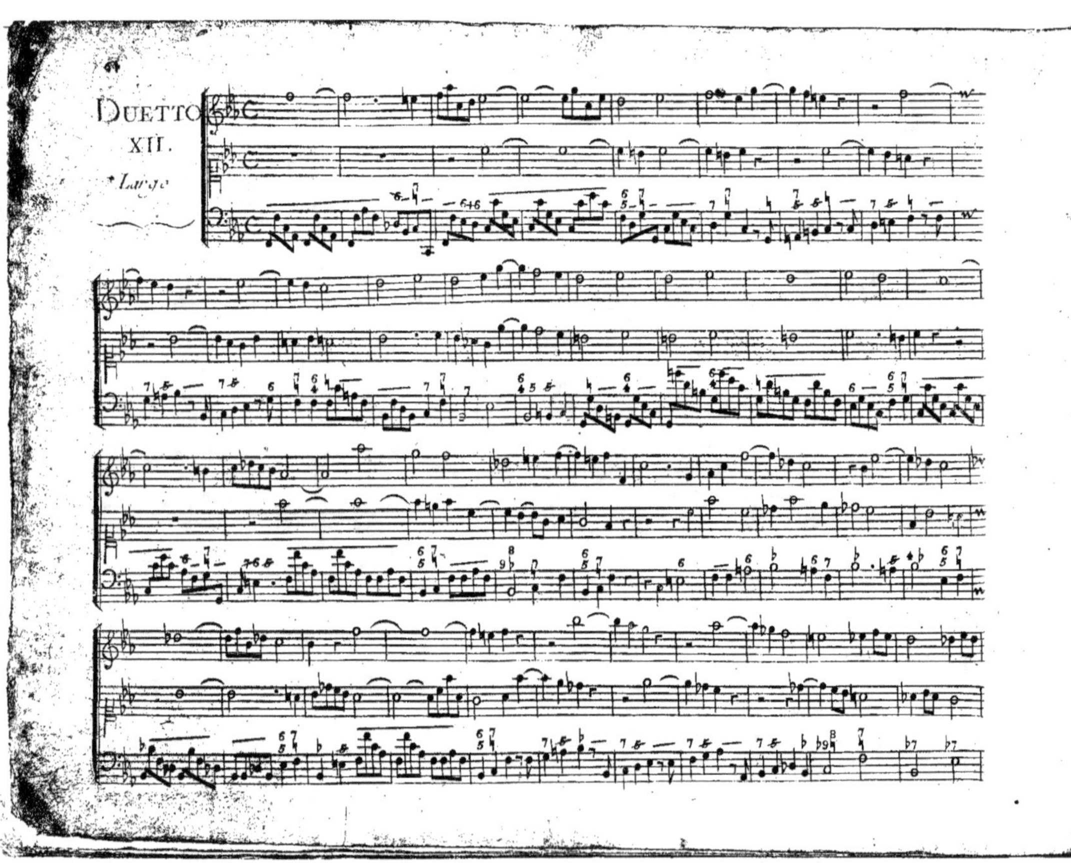